Mémento de la jurisprudence

Droit administratif

Mémento de la jurisprudence

Droit administratif

Jean-Claude Ricci
Professeur à Aix-Marseille – Université

10e édition

hachette
SUPÉRIEUR

LES FONDAMENTAUX

LA BIBLIOTHÈQUE DE L'ÉTUDIANT

Collection créée par Caroline Benoist-Lucy

PAPIER À BASE DE FIBRES CERTIFIÉES

hachette s'engage pour l'environnement en réduisant l'empreinte carbone de ses livres. Celle de cet exemplaire est de :
470 g éq. CO_2
Rendez-vous sur www.hachette-durable.fr

www.hachette-education.com

ISBN 978-2-01-140186-1

Liste des décisions commentées

Sigles et abréviations utilisés

art.	article
Ass.	Assemblée du contentieux du Conseil d'État
Cass.	Cour de cassation
CC	Conseil constitutionnel
CE	Conseil d'État
CEDH	Cour européenne des droits de l'homme
CJCE	Cour de justice des Communautés européennes
CJUE	Cour de justice de l'Union européenne (depuis le 1er décembre 2009 ; ex-CJCE, cour de justice des communautés européennes)
concl.	conclusions
Const.	Constitution
EPA	établissement public administratif
EPIC	établissement public à caractère industriel et commercial
Rec.	selon les cas, Recueil Lebon (arrêts CE, TA, CAA, TC), Recueil des décisions du Conseil constitutionnel (décisions CC) ou Recueil des arrêts de la CJUE (arrêts CJUE)
Sect.	Section du contentieux du Conseil d'État
SPA	service public administratif
SPIC	service public à caractère industriel et commercial
TA	tribunal administratif
TC	Tribunal des conflits

Mode de citation des arrêts :

Les décisions indiquées **sans référence à la juridiction qui les a rendues** émanent du **Conseil d'État.**

Les arrêts d'une **cour administrative d'appel** sont désignés par **le nom de la ville où siège ladite cour.**

Toutes les **autres juridictions** sont désignées par leurs **initiales** (CC, CEDH, CJCE, TA, TC) ou en **abrégé** (Cass.).

N.B. - Lorsque les décisions citées ci-après font l'objet d'un commentaire dans ce *Mémento*, leur nom est suivi d'un astérisque (*).

BLANCO
TC – 8 février 1873 (Rec. 1er supplt 61)

L'accident dont a été victime la petite Agnès Blanco est l'occasion, pour le Tribunal des conflits, de l'une des plus importantes décisions de l'histoire du droit administratif. Précédé par la décision *Rothschild* (6 déc. 1855), l'arrêt *Blanco* intéresse à la fois la notion même de droit administratif, la détermination de la compétence du juge administratif, et le régime juridique de la responsabilité administrative.

I. Sur la notion de droit administratif

Pour le Tribunal des conflits l'action administrative repose sur des rapports de droit inégalitaires car elle vise la satisfaction de *l'intérêt général*, ce qui explique les prérogatives et les moyens exorbitants reconnus à l'Administration pour cela. Le droit civil, fondé, au contraire, sur l'égalité entre les citoyens, est à base égalitaire. Par suite, le code civil ne saurait, sauf exception (TC, 26 avr. 2004, *X. c/ Commune d'Hardricourt*), être appliqué aux personnes publiques. Ainsi est posée avec une particulière netteté l'**autonomie du droit administratif** (13 déc. 1889, *Cadot*).
Cette autonomie est assise sur le *service public*, à la fois activité concrète et organisation structurelle de la satisfaction de l'intérêt général.

II. Sur la compétence juridictionnelle

En donnant les raisons théoriques de l'inapplicabilité du droit civil à l'action menée par des personnes publiques, le Tribunal des conflits établissait le fondement de la compétence du juge administratif. Celui-ci doit être déclaré compétent toutes les fois qu'existent des rapports de droit inégalitaires fondés sur la satisfaction de l'intérêt général, c'est-à-dire en présence, normalement, de personnes publiques, plus rarement d'une personne privée. C'est le critère dit de la « **liaison de la compétence et du fond** ». Pour déterminer l'ordre de juridiction compétent (judiciaire ou administratif), il faut déceler quel est le régime de droit applicable (droit privé ou droit public) en l'espèce : 20 avr. 2000, *Mme T.* ; 19 déc. 2007, *Sté Campenon-Bernard et autres.*

III. Sur la responsabilité administrative

La décision *Blanco* est également importante en ce qu'elle fixe des règles nouvelles en matière de **responsabilité extracontractuelle** de l'administration. *En premier lieu*, c'est une responsabilité de principe : l'administration doit répondre des dommages qu'elle cause (3 mars 2004, *Min. de l'Emploi et de la Solidarité*, quatre espèces). C'en est fini du système antérieur qui limitait les hypothèses de responsabilité administrative aux seuls cas où une loi en décidait expressément ainsi. *En deuxième lieu*, cette responsabilité civile n'est pas régie, normalement, par les principes et les règles fixés aux articles 1382 et suivants du code civil, mais par des règles **propres au droit administratif**. En *troisième lieu*, cette responsabilité est, normalement, **une responsabilité pour faute**.

PRINCE NAPOLÉON
CE – 19 février 1875 (Rec. 155)

Les péripéties de la « grande » histoire permettent ici au Conseil d'État d'apporter un élément décisif à la construction de la **théorie de l'acte de gouvernement**. Traditionnellement, l'acte de gouvernement, parce qu'il était à « mobile politique », échappait au contrôle du juge et au droit (1er mai 1822, *Laffitte*). Avec l'arrêt commenté l'acte administratif même fondé sur des mobiles politiques n'est plus soustrait au regard du juge administratif. Toute la jurisprudence ultérieure va poursuivre sur la lignée de l'arrêt *Prince Napoléon* : réaffirmation du régime juridique de l'acte de gouvernement et cantonnement strict de la notion, avec une tendance à son progressif déclin.

I. Sur le régime juridique de l'acte de gouvernement : un acte bénéficiant d'une immunité juridictionnelle quasi absolue

Un acte qualifié « acte de gouvernement » ne peut être censuré par aucune juridiction (TC, 2 févr. 1950, *Radiodiffusion française*) : il constitue un motif d'incompétence.

S'agissant de la **légalité** de l'acte de gouvernement, celle-ci ne peut en aucun cas être examinée par le juge, y compris pour ceux des actes *rattachables* à un acte de gouvernement (13 juill. 1979, *S.A. COPAREX*). Il n'y a d'exception que pour les seuls actes dits *détachables* d'un acte de gouvernement (30 mai 1952, *Dame Kirkwood*, à propos d'une extradition ; TC, 2 déc. 1991, *Préfet de Paris et COFACE** : certaines mesures d'exécution d'un traité international).

S'agissant de la **responsabilité** résultant des conséquences dommageables d'un acte de gouvernement, le principe est l'incompétence du juge, sauf dans deux hypothèses : soit le dommage est causé par un acte détachable ; soit le dommage résulte de l'incorporation d'une convention internationale en droit français (30 mars 1966, *Cie générale d'énergie radioélectrique**; 11 févr. 2011, *Susilawati*).

II. Strict cantonnement de la notion d'acte de gouvernement

La jurisprudence va réduire sans cesse le champ de l'acte de gouvernement (18 déc. 1998, *SARL du parc d'activités de Blotzheim* ; 27 nov. 2000, *Comité « Tous frères »* ; 19 oct. 2005, *Jean-Pierre X.*), qui ne se rencontre plus que dans deux cas : **1°**) ou bien **l'acte concerne les relations entre les pouvoirs publics constitutionnels** (nomination d'un membre du Conseil constitutionnel : 9 avr. 1999, *Mme Ba*, ou d'un parlementaire en mission : 25 sept. 1998, *M. Mégret* ; mise en vigueur de l'art. 16 de la Constitution : 2 mars 1962, *Rubin de Servens et autres** ; refus de demander au CC de statuer d'urgence : 9 oct. 2002, *Meyet et Bouget* ; refus de déposer un projet de loi : 26 nov. 2012, *Grégoire X. et a.*, 350492) ; convocation du Parlement en Congrès : 18 juil. 2008, X., 318567), **2°**) ou bien **l'acte concerne la conduite des relations diplomatiques de la France** (conclusion des traités : 29 mars 1935, *Eudes et Cie* ; défense d'intérêts français à l'étranger : 4 oct. 1968, *Lévy* ; suspension d'un accord international : 18 déc. 1992, *Préfet de la Gironde* ; faits de guerre : 17 juill. 1950, *Sté des Établissements Ranisse* ; 5 mars 1950, *Clémencelle* ; 23 sept. 1992, *GISTI* et *MRAP* ; 5 juill. 2000, *Mégret* ; 30 déc. 2003, *Comité contre la guerre en Irak* ; reprise d'essais nucléaires : 29 sept. 1995, *Assoc. Greenpeace*).

PARISET
CE – 26 novembre 1875 (Rec. 934)

Un préfet, se fondant sur les pouvoirs qu'il détient au titre de la police des établissements dangereux, incommodes ou insalubres, ordonne la fermeture de l'usine de fabrication d'allumettes que possède le sieur Pariset. En réalité, le préfet usait de ses pouvoirs de police dans l'intérêt financier de l'État. Le Conseil d'État aperçoit un **détournement de pouvoir** dans l'utilisation, par une autorité administrative, de ses pouvoirs dans un but autre que celui en vue duquel ils lui ont été conférés.

I. La notion de détournement de pouvoir

Le détournement de pouvoir est un **cas d'ouverture du recours pour excès de pouvoir**. Il se produit quand l'administration use de ses pouvoirs dans un but autre que celui pour lequel ils lui ont été attribués. Le juge recherche, à cet effet, quel but poursuivait l'auteur de l'acte au moment où il a pris celui-ci. C'est un contrôle de l'intention subjective de l'auteur de l'acte. L'existence d'un contrôle du détournement de pouvoir, et son affirmation dans l'arrêt *Pariset*, montrent le degré de raffinement du contrôle juridictionnel. La subjectivité de ce moyen explique la difficulté de prouver l'existence d'un détournement de pouvoir, l'administration ne révélant pas toujours les véritables mobiles de ses décisions. C'est pourquoi le juge se contentera parfois de **présomptions sérieuses** (28 mai 1954, *Barel et autres* * ; 21 déc. 1960, *Premier ministre c/ Vicat-Blanc*) en l'absence d'une véritable preuve. Le grief de détournement de pouvoir ne joue qu'un rôle subsidiaire par rapport aux autres cas d'ouverture du recours pour excès de pouvoir. Il est examiné en dernier par le juge.

Voisin du détournement de pouvoir est le **détournement de procédure**, par lequel l'autorité administrative use d'une procédure autre que celle qu'elle aurait dû employer, afin de poursuivre un but inavoué ; souvent l'administration veut éviter une procédure trop lourde, trop longue ou particulièrement gênante pour elle (24 juin 1960, *S^té Frampar* * : utilisation, par un préfet, de pouvoirs de police judiciaire au lieu des pouvoirs de police administrative ; 8 juin 1962, *Dibon*).

II. Les hypothèses de détournement de pouvoir

Deux hypothèses se rencontrent principalement. Tout d'abord, **l'autorité administrative utilise ses pouvoirs dans un intérêt privé** : cet intérêt peut être un intérêt personnel à l'auteur de l'acte (23 juill. 1909, *Fabrègue* ; 14 mars 1934, *D^elle Rault* ; 25 mai 1998, *Féd. franç. d'haltérophilie*), l'intérêt d'une autre personne privée (4 mars 1964, *Dame Vve Borderie* ; 3 oct. 1980, *Schwartz et autres* ; Lyon, 6 nov. 2003, *S^té de chasse La Nicéenne*) ou un intérêt idéologique ou politique (11 févr. 1927, *Abbé Veyras*). Ensuite, il peut y avoir détournement de pouvoir lorsque **l'autorité administrative utilise ses pouvoirs dans un but d'intérêt général autre que celui qu'elle pouvait légalement poursuivre** (8 juin 1962, *Dibon*). Ce sera le plus souvent, comme dans l'arrêt *Pariset*, un intérêt financier. Cependant, il n'y aura, en ce cas, détournement de pouvoir que si le mobile financier a joué un rôle véritablement déterminant et pas seulement « important », dans la prise de décision (6 févr. 1951, *Vila et Ribouleau*).

ASSOCIATION SYNDICALE DU CANAL DE GIGNAC TC – 9 décembre 1899 (Rec. 731)

Des difficultés s'étant élevées entre un créancier et l'association syndicale requérante, se posait la question de la détermination de la juridiction compétente pour connaître de ce litige, donc de la nature juridique de l'« association syndicale ». Le Tribunal des conflits y a vu un **établissement public** en raison de la réunion de plusieurs prérogatives de puissance publique. Cette conception d'origine a évolué et connaît aujourd'hui une grande confusion.

I. La conception originaire de l'établissement public

Traditionnellement, et la décision *Association syndicale du canal de Gignac* en est une bonne illustration, le juge recourait à quatre critères, utilisés séparément ou de façon combinée pour déceler la présence d'un établissement public : effet obligatoire des décisions de l'organisme sur certaines personnes, détention de prérogatives de puissance publique (*Canal de Gignac*, précité), mission de service public (10 janv. 2005, *Caisse du Crédit municipal de Paris*), création par une personne publique (22 mai 1903, *Caisse des écoles du VIe arrondissement*). Ainsi, dans la décision commentée, le Tribunal des conflits a retenu les éléments suivants : adhésion obligatoire à l'association syndicale, assimilation de taxes syndicales aux impôts directs, pouvoir d'action d'office du préfet sur le budget syndical. Cette technique d'identification de l'établissement public va connaître diverses sortes de perturbations en particulier la distinction entre l'établissement public administratif (EPA) et celui à caractère industriel et commercial (EPIC). L'établissement public ne se caractérise plus par la seule possession de prérogatives de puissance publique.

II. L'obscurcissement progressif de la notion d'établissement public

Tout d'abord, vont se multiplier les organismes privés dotés des caractéristiques ordinaires de l'établissement public (13 mai 1938, *Caisse primaire « Aide et Protection »** ; 13 janv. 1961, *Magnier*). L'identification des éléments fournis par l'arrêt du *Canal de Gignac* ne suffit plus pour déterminer si l'on est en présence d'un établissement public ou d'une personne privée. Ensuite, concurrençant la notion d'établissement public, sont apparues de nouvelles catégories de personnes publiques (groupements d'intérêt public [GIP] : TC, 14 févr. 2000, *GIP Habitat*, loi du 17 mai 2011 et décr. 26 janv. 2012 ; Banque de France : TC, 16 juin 1997, *S^té La Fontaine de Mars* ; Société publique locale).

Enfin, pour qualifier d'établissements publics certains organismes, la jurisprudence ne s'arrête pas à l'un ou plusieurs des critères rappelés ci-dessus mais exige la réunion d'un « faisceau d'indices » permettant de déceler un « climat de droit public ». Ce qui n'est pas d'une très grande clarté. Ainsi, l'Institut national des appellations d'origine (INAO) (13 nov. 1959, *Navizet*) ou l'Institut de France (12 déc. 2003, *USPAC-CGT et autres*) sont des établissements publics. En revanche, les centres de lutte contre le cancer, à la suite d'une jurisprudence cahotante, ne sont point des établissements publics malgré certaines caractéristiques évidentes de droit public (TC, 20 nov. 1961, *Centre régional de lutte contre le cancer « Eugène Marquis »*), tout comme les bourses du travail (30 oct. 1987, *Commune de Levallois-Perret c/ Union des syndicats CGT de Levallois-Perret*) ou les fédérations départementales de chasseurs (4 avr. 1962, *Chevassier*).

MAIRE DE NÉRIS-LES-BAINS
CE – 18 avril 1902 (Rec. 275)

Le préfet de l'Allier ayant interdit les jeux d'argent dans toutes les communes de son département avec possibilité de dérogation pour les communes thermales, le maire d'une de ces stations thermales édicta une interdiction totale sur le territoire de celle-ci. Le préfet annula cet arrêté municipal, mais le Conseil d'État, saisi par le maire de Néris-les-Bains, prononça l'annulation de l'arrêté préfectoral. La décision comporte deux aspects très importants : elle crée la théorie du « concours » des pouvoirs de police et se prononce sur la qualité des autorités décentralisées pour agir en excès de pouvoir.

I. Sur le concours de deux polices générales

Le maire pouvait-il aller plus loin que le préfet en édictant, au lieu d'une interdiction partielle, une interdiction totale ?
À cette question le juge répond positivement. Bien que le maire fût une autorité administrative subordonnée au préfet, il pouvait aggraver la mesure de police générale du préfet. Cette règle est constante : lorsque deux autorités possèdent des pouvoirs de police générale, l'autorité subordonnée peut toujours *aggraver* la mesure de police prise par l'autorité territorialement supérieure ; en revanche, elle ne peut jamais atténuer la gravité d'une telle mesure. La carence du supérieur permet au subordonné d'agir en ses lieu et place (23 oct. 1959, *Doublet*). Toutefois, l'autorité locale de police n'est fondée à agir ainsi que si elle invoque des circonstances particulières justifiant en ce cas précis une mesure plus sévère que celle adoptée au niveau supérieur. Cette jurisprudence, qu'a généralisée le célèbre arrêt *Labonne* * du 8 août 1919, est applicable dans toutes les hypothèses de concours entre polices générales appartenant à des autorités administratives sous la dépendance les unes des autres (7 oct. 1977, *Nungesser*).

II. Sur la qualité des autorités publiques pour agir en excès de pouvoir à l'égard d'actes pris par d'autres autorités publiques

L'arrêt *Maire de Néris-les-Bains* apporte un second enseignement : une autorité publique peut contester en justice la légalité d'actes pris par une autre autorité publique sous la tutelle de laquelle elle est placée. La solution n'était pas évidente. La jurisprudence décidait alors – et décide toujours – qu'un agent administratif ne peut pas contester la légalité des mesures par lesquelles son supérieur hiérarchique régit le fonctionnement ou l'organisation du service public (26 oct. 1956, *Assoc. gén. des administrateurs civils*), du moins si elles n'affectent point ses droits statutaires. Pourtant, le Conseil d'État a estimé que les rapports de tutelle n'étaient point ceux de la subordination hiérarchique et ne faisaient pas obstacle à ce qu'une autorité sous tutelle défère au juge de l'excès de pouvoir des actes pris par l'autorité tutélaire dans l'exercice de sa fonction de tutelle. Naturellement, cette solution s'étend aux recours de l'autorité de tutelle contre les actes de la personne publique sous tutelle. Elle vaut aussi entre agents de même niveau hiérarchique (par exemple, deux ministres). Cette jurisprudence s'inscrit dans le cadre plus large d'une admissibilité très extensive de la qualité conférant un intérêt pour agir en excès de pouvoir.

SOCIÉTÉ IMMOBILIÈRE DE SAINT-JUST
TC – 2 décembre 1902 (Rec. 713)

Inscrit dans la vaste offensive anticléricale qui a marqué la politique de l'État français entre 1880 et 1920, l'arrêt *Société immobilière de Saint-Just* est remarquable par les conclusions prononcées par le commissaire du gouvernement Jean Romieu, qui vont devenir la « doctrine » du juge administratif en matière d'exécution forcée.
On a tant parlé du caractère « exécutoire » des actes administratifs et du « privilège du préalable » qu'on a fini par croire (et par enseigner) que l'administration a toujours le droit de recourir à la force, si besoin est, pour obtenir l'exécution de ses décisions. Or ce n'est pas exact, et Romieu a édifié dans ses conclusions une théorie générale de l'exécution forcée que met en œuvre la décision commentée.

I. Conditions de légalité de la décision de recourir à l'exécution forcée

La décision de recourir à l'exécution forcée n'est légale que si l'on se trouve dans l'une de ces trois hypothèses : **1°**) Ou bien l'exécution forcée est **expressément prévue par une loi** (23 janv. 1925, *Anduran*), ainsi en va-t-il de l'art. 21 de la loi du 3 juillet 1877 sur les réquisitions militaires ; **2°**) Ou bien **aucune autre sanction, notamment pénale, n'existe** en cas d'impossibilité d'obtenir l'exécution (17 mars 1911, *Abbé Bouchon*, où l'on trouve la formule « *à défaut de toute autre procédure pouvant être utilement employée* ») ; **3°**) Ou bien **il y a urgence** (Paris, 4 déc. 2003, *Niakate*) et même « urgence caractérisée », « danger grave et imminent », « nécessité publique urgente », « extrême urgence » (TC, 19 mai 1954, *Office publicitaire de France* ; 20 juin 1980, *Commune d'Ax-les-Thermes*. Dans le même sens : CC, n° 79-109 DC du 9 janvier 1980).

II. Conditions de légalité de la mise en œuvre matérielle de l'exécution forcée

Trois conditions doivent être réunies cumulativement pour que soit jugée légale la mise en œuvre matérielle de la décision de recourir à l'exécution forcée d'un acte administratif : **1°**) L'exécution à laquelle le particulier est forcé doit **trouver sa source dans un texte de loi précis** ; **2°**) Ensuite, l'administration doit s'être heurtée à une « **mauvaise volonté caractérisée** » (concl. Célier sur 22 nov. 1946, *Mathian*) ; **3°**) Enfin, l'exécution forcée ne doit tendre qu'à la réalisation d'une opération prescrite par la loi : l'usage de la contrainte **ne doit pas excéder ce qui est strictement indispensable** pour assurer l'obéissance à la loi.

III. Conséquences du recours illégal à l'exécution forcée

La sanction du recours illégal à l'exécution forcée d'une décision administrative – même légale – est la qualification de cette exécution comme **voie de fait** dès lors qu'elle porte atteinte à un droit ou une liberté de caractère fondamental (TC, 25 nov. 1963, *Commune de Saint-Just-Chaleyssin* ; TC, 12 janv. 1987, *Mme Vve Caille et autres c/ Commune de Voulgézac*), sauf lorsque cette exécution forcée est prévue par un texte (TC, 20 juin 1994, *Madaci et autres* ; TC, 12 mai 1997, *Préfet de police**). À tout le moins, une telle exécution irrégulière sera entachée d'illégalité (8 avr. 1961, *Dame Klein*).
L'administration engage, en outre, sa responsabilité si un préjudice est résulté du caractère irrégulier de l'exécution forcée (27 févr. 1903, *Zimmermann*) ou de sa mise en œuvre.

TERRIER
CE – 6 février 1903 (Rec. 94)

C'est encore une décision rendue célèbre par les conclusions de Jean Romieu. Un « chasseur de vipères » n'avait pas obtenu du conseil général de son département, faute de fonds suffisants, la prime pour destruction de ces reptiles que celui-ci avait pourtant instituée. En réponse au requérant, le juge va inaugurer une extension considérable de la décision *Blanco**, marquée par le prophétisme des conclusions de Romieu.

I. L'extension de la jurisprudence *Blanco*

La décision *Blanco* avait mis en avant l'importance du rôle joué par la notion de service public. L'affaire *Terrier* va accélérer ce processus de construction autour du service public. Si, en l'espèce, la compétence du juge administratif est admise, c'est parce que la décision d'allouer une prime par vipère tuée poursuit un but d'intérêt général, et constitue ainsi une activité de service public. Il en va de même pour l'action en responsabilité intentée par un particulier victime de l'incendie allumé par un malade mental qui s'est échappé de l'asile départemental (TC, 29 févr. 1908, *Feutry*) parce que cet asile participe au service public de la santé, ou pour la responsabilité de la ville de Marseille pour faute de service dans le maniement de vannes fluviales (TC, 11 avr. 1908, *de Fonscolombe*), cette activité d'intérêt général constituant un service public. Pareillement, constitue un contrat administratif le fait, pour la ville de Montpellier, de confier au sieur Thérond le soin de capturer les chiens errants et de les mettre en fourrière (4 mars 1910, *Thérond*), parce qu'il s'agit là d'une opération de service public. Ainsi, tout le contentieux, contractuel ou extracontractuel, qu'il concerne l'État, les collectivités territoriales ou les établissements publics, relève du juge administratif dès lors qu'est en cause l'existence d'un service public.

II. Les prophétiques conclusions de Romieu

Tout en fondant explicitement la compétence du juge administratif sur le service public, et tout en estimant qu'il y a service public toutes les fois qu'est présente une personne de droit public, Romieu réserve le cas où « *l'administration doit être réputée agir dans les mêmes conditions que celles des particuliers et se trouve soumise aux mêmes règles comme aux mêmes juridictions* ». C'est la célèbre distinction entre **gestion publique** et **gestion privée**. Lorsque l'administration agit comme tout le monde, elle doit être soumise au droit de tout le monde alors même qu'elle assume une mission de service public. Ainsi s'insinue une subtile innovation : la soumission au droit et au juge administratifs suppose la réunion de deux conditions, *l'existence d'un intérêt général satisfait au moyen d'un service public* et son accomplissement *dans des conditions exorbitantes du droit commun*. Cette conception doctrinale, entérinée par la jurisprudence ultérieure (31 juil. 1912, *S[té] des granits porphyroïdes des Vosges*, pour les contrats ; TC, 22 janv. 1921, *S[té] commerciale de l'Ouest africain* *), est à la source de graves difficultés liées à l'apparition de la notion de **service public à caractère industriel ou commercial**.

TOMASO GRECCO
CE – 10 février 1905 (Rec. 139)

La folie d'un taureau va déterminer le Conseil d'État à abandonner son ancienne jurisprudence qui refusait toute responsabilité de l'État à raison du fonctionnement défectueux des services de police. Désormais, conformément aux conclusions de Jean Romieu, il n'y a plus irresponsabilité des services de police lorsque ceux-ci ont commis une faute lourde. La jurisprudence ultérieure affinera et étendra cette solution.

I. L'exigence d'une faute lourde en matière de responsabilité de la police

Le juge va tout d'abord exiger la preuve d'une **faute lourde** pour que soit engagée la responsabilité des services de police en raison des conditions de travail difficiles qui sont les leurs. On a longtemps distingué entre les *activités juridiques* et les *activités matérielles* de la police. Les premières, semblables aux autres services publics, voyaient leur responsabilité engagée pour faute simple (23 mai 1958, *Amoudruz*). Au contraire, les activités matérielles relevaient du régime de la faute lourde en raison des difficultés d'une action urgente ou rapide (contrôle de la circulation automobile : 17 juill. 1953, *Arrous* ; police des ordures ménagères : 28 oct. 1977, *Commune de Merfy*). Cette distinction théorique s'efface de plus en plus aujourd'hui au profit de considérations concrètes.
Le juge combine le principe de faute lourde avec l'usage d'armes dangereuses. La responsabilité des services de police est engagée sans faute à prouver lorsque la victime est une personne non visée par l'opération de police (24 juin 1949, *Consorts Lecomte* * ; 1er juin 1951, *Époux Jung*) ; elle est engagée pour faute simple lorsque la victime est la personne visée par l'intervention de police (27 juill. 1951, *Dame Aubergé et sieur Dumont*) ou celle qui est à l'origine de l'intervention. La notion d'armes dangereuses est d'interprétation stricte (8 juill. 1960, *Petit*).

II. Flux et reflux du régime de la faute lourde en droit administratif

Le régime de responsabilité des services de police a tout d'abord servi de « modèle » pour d'autres services publics (hôpitaux publics), puis, à partir de 1990, est entré en déclin. Nombre d'activités ont alors cessé de relever de ce régime : les services fiscaux, sauf difficultés particulières (27 juill. 1990, *Bourgeois*), hospitaliers (10 avr. 1992, *M. et Mme V.**), d'aide médicale urgente (13 mars 1998, *Améon*), de lutte contre l'incendie (29 avril 1998, *Commune de Hannappes*), les services pénitentiaires (23 mai 2003, *Chabba*) ou de contrôle de la navigation aérienne (Versailles, 11 sept. 2007, *consorts Cyrop*), etc. La faute lourde est encore exigée en matière de tutelle (30 nov. 2001, *Kechichian*) ou pour une partie des activités de police, mais son déclin semble inexorable. Elle n'est plus exigée pour la police des édifices menaçant ruine (27 sept. 2006, *Cne de Baalon*), de l'hospitalisation d'office (14 avr. 1999, *AGF*), du bruit (28 nov. 2003, *Cne de Moissy-Cramayel*), des mines et carrières (11 juin 2003, *Min. Equipement*), du contrôle technique des véhicules (31 mars 2008, *Sté Capraro et Cie*) ou pour la police phytosanitaire (7 août 2008, *Min. Agric. et Pêche*).

MARTIN
CE – 4 août 1905 (Rec. 749)

Jusqu'en 1905 le Conseil d'État déclarait irrecevable le recours pour excès de pouvoir dirigé directement contre un contrat, ou contre tout acte unilatéral préparatoire à un contrat ou pris en exécution de celui-ci. Avec la décision *Martin* le recours pour excès de pouvoir est désormais admis contre tous les actes unilatéraux **détachables** du contrat. Cette jurisprudence connaît une très importante évolution contemporaine.

I. La portée originaire de l'arrêt *Martin*

Le recours pour excès de pouvoir est ouvert normalement contre tous les actes unilatéraux antérieurs au contrat et détachables de celui-ci (décision de passer le contrat : 9 nov. 1934, *Chambre de commerce de Tamatave* ; 30 mars 1973, *Sieur Schwetzoff et autres* ; décision approuvant le contrat : 31 oct. 1969, *Synd. de défense des canaux de la Durance* ; décision d'adjudication d'un contrat : 5 déc. 1958, *Secr. d'État à l'Agriculture c/ Union des pêcheurs à la ligne et au lancer de Grenoble et du département de l'Isère*). Le recours pour excès de pouvoir n'est, en revanche, pas ouvert normalement contre les actes d'exécution du contrat, car non détachables de celui-ci (14 févr. 1930, *Cie du Chemin de fer de La Turbie* ; 6 mai 1955, *S^té^ des Grands Travaux de Marseille*). Les litiges relatifs à la procédure de conclusion d'un marché public sont, comme ceux liés à son exécution, de nature contractuelle même s'ils portent sur des actes non contractuels (19 décembre 2007, *Sté Campenon-Bernard et autres*).

II. L'évolution de la jurisprudence *Martin*

La jurisprudence a élargi la recevabilité du recours pour excès de pouvoir en ce domaine, parfois assorti du recours en astreinte (7 oct. 1994, *M. et Mme Lopez*). *Tout d'abord*, la qualité de tiers au contrat permet de contester en excès de pouvoir non seulement les actes préparatoires au contrat mais encore certains actes d'exécution du contrat (24 avr. 1964, *S.A. de livraisons industrielles et commerciales*). *Ensuite*, lorsqu'il n'existe contre l'acte d'exécution du contrat aucun recours à fins indemnitaires, le recours pour excès de pouvoir est possible (30 juin 1979, *Dame Vve Bourgeois*). *Également*, le juge du contrat peut, sur le recours pour excès de pouvoir du cocontractant, prononcer, à certaines conditions, l'annulation d'une décision qui a résilié le contrat (19 mars 1976, *Min. de l'Économie et des Finances c/ Bonnebaigt*). *Encore*, la violation de stipulations contractuelles, qui, traditionnellement, ne pouvait pas être invoquée à l'appui d'un recours pour excès de pouvoir, est désormais possible lorsque celles-ci ont un caractère réglementaire (10 juill. 1996, *Cayzeele* * ; 30 oct. 1996, *Wajs et Monnier* ; 30 oct. 1998, *Ville de Lisieux*). Dans le cas de contrats passés entre deux personnes publiques en vue de l'organisation du service public, l'acte unilatéral modifiant certaines obligations contractuelles peut faire l'objet d'un recours pour excès de pouvoir (31 mars 1989, *Département de la Moselle** ; 13 mai 1992, *Commune d'Ivry-sur-Seine* ; 25 mai 1992, *Département de l'Hérault*). *Enfin*, une très importante décision (16 juill. 2007, *S^té^ Tropic travaux signalisation**), accentuant encore cette évolution, admet le recours des personnes évincées de la conclusion d'un contrat public contre les stipulations de celui-ci au moyen d'un recours de pleine juridiction, non d'un recours pour excès de pouvoir, et sans possibilité, pour elles, de recourir à la technique de l'acte détachable.

SYNDICAT DES PATRONS-COIFFEURS DE LIMOGES

CE – 28 décembre 1906 (Rec. 977, concl. J. Romieu)

Le modeste syndicat des patrons-coiffeurs de Limoges accède à la notoriété contentieuse avec l'une des plus importantes décisions de l'histoire du Conseil d'État. Une personne morale a-t-elle, par elle-même, une qualité lui donnant un intérêt suffisant pour la défense des intérêts de ses membres ? Romieu propose la distinction suivante : « *L'action syndicale est celle que le syndicat exerce en son nom propre comme personne civile chargée de la défense des intérêts collectifs dont elle a la garde ; … l'action individuelle, au contraire, tend à obtenir un avantage déterminé au profit d'un membre du syndicat nominativement désigné.* » La jurisprudence est allée en s'assouplissant fortement, suscitant de subtils raffinements.

I. Le régime de l'intérêt collectif

Une personne morale (syndicat, association, fédération, fondation, société civile ou commerciale…) peut agir pour la défense des intérêts collectifs qu'elle représente ou dont elle a la charge. La Société des amis de Polytechnique est recevable à attaquer des nominations « *de nature à porter atteinte au niveau de l'École, qu'elle s'est donné pour mission de défendre* » (13 juill. 1948, *Assoc. des amis de Polytechnique*). L'Association des anciens élèves de l'ENA peut attaquer une mesure relative au corps des administrateurs civils auquel ont accès directement les élèves de l'ENA (4 juill. 1962, *Assoc. des élèves et anciens élèves de l'ENA*). La recevabilité de l'action de ces groupements est souvent plus largement admise que ne le serait la recevabilité de l'action individuelle (16 juin 1922, *Assoc. amicale des fonctionnaires et employés des préfectures et des sous-préfectures de France et d'Algérie*). En revanche, la personne morale ne peut attaquer ni une mesure n'entrant pas dans son objet statutaire (principe de spécialité : 1er juil. 2009, *Assoc. La fourmi vouvrillonne*), ni une décision purement individuelle. Les syndicats de la fonction publique ont un intérêt pour agir contre les décisions relatives aux droits et prérogatives que les fonctionnaires tiennent de leurs statuts, non contre celles relatives à l'organisation et aux conditions d'exécution du service (3 juil. 2009, *Synd. CFDT du ministère des Aff. étr.*)

II. L'extension jurisprudentielle

Progressivement, la jurisprudence a encore élargi ce régime fort souple sous réserve que l'objet social de la personne morale ne soit pas excessivement étendu. Elle a d'abord reçu assez largement l'action de la personne morale contre les décisions individuelles créatrices de droits qui portent atteinte, par là même, aux droits du groupement requérant (18 déc. 1953, *Synd. CGT des services extérieurs du ministère de la Santé publique*). Elle a, pareillement, accepté de considérer comme une mesure générale, donc attaquable, une pluralité de mesures individuelles prises en même temps (7 mai 1948, *Chambre syndicale de la propriété bâtie de La Baule*). Elle a ensuite admis l'action collective dans l'intérêt d'une partie seulement des membres de la personne morale (21 avr. 1972, *Synd. chrétien du corps des officiers de police*) ou d'un seul des groupements qui la composent (21 juill. 1972, *Union interfédérale des syndicats de la préfecture de police et de la sûreté nationale*), même lorsque ces groupements disposent, chacun, de la personnalité morale (12 déc. 2003, *USPAC-CGT et autres*).

DEPLANQUE
CE – 31 mai 1907 (Rec. 513)

Le sieur Deplanque, concessionnaire d'un éclairage municipal, ne remplissait pas certaines des obligations contractuelles figurant au cahier des charges de la concession. Le contrat ne prévoyait pas de sanction en cas de manquement. La commune saisit le juge qui décida que des sanctions pouvaient être infligées bien que non prévues au contrat. Ce principe, sévère, connaît d'évidentes limites.

I. Le principe du pouvoir de sanction

Ce principe a été affirmé par Romieu dans ses conclusions sur cette affaire. L'existence d'un tel pouvoir est une prérogative exorbitante qui trouve sa justification dans le fait que les voies de droit habituelles (exception d'inexécution dite « *non adimpleti contractus* », recours au juge) ne suffisent point pour assurer la bonne marche du service public en vue duquel le contrat a été passé. De là résulte que l'administration n'a pas besoin, en règle générale, de s'adresser au juge pour prononcer des sanctions prévues au contrat, hormis le cas de la déchéance du concessionnaire. Pareillement, l'existence de sanctions contractuelles ne fait pas obstacle au prononcé d'autres sanctions que celles prévues. Enfin, et c'est l'apport essentiel de la décision commentée, l'absence de toute sanction prévue au contrat n'empêche pas l'administration d'y recourir.
Les **sanctions** susceptibles d'être infligées sont **pécuniaires** ou **coercitives**. Les premières connaissent deux modalités : tantôt il s'agit de *pénalités contractuelles* (amendes) parce que l'administration a pris la précaution d'insérer de telles clauses dans le contrat, tantôt il s'agit de sanctions non prévues mais qui sont néanmoins de droit, tels les *dommages-intérêts*. Les sanctions coercitives (mise sous séquestre, mise en régie, déchéance) pallient la défaillance du cocontractant par le recours à un tiers ou par la substitution de l'administration à son cocontractant pour la poursuite de l'exécution du contrat, cela afin d'éviter l'interruption, même brève, du service public qui est l'objet du contrat.

II. Les limites au pouvoir de sanction

Ces limites sont assez strictes en raison de la gravité de ce pouvoir de sanction. *En premier lieu*, il ne peut être fait usage des pouvoirs de police pour sanctionner l'exécution, même défectueuse, du contrat ; cela constituerait un détournement de pouvoir (19 mars 1930, *Sté toulousaine de Bazacle*). *Ensuite*, la sanction, sauf urgence ou circonstances particulières, ne peut être prononcée qu'après mise en demeure avec respect des droits de la défense. *Enfin*, certaines sanctions ne peuvent être prononcées que par le juge en raison de la gravité de leurs conséquences. Il en va notamment ainsi de la résiliation prononcée à titre de sanction (dénommée « déchéance » dans la concession, et « résiliation aux torts et griefs » dans le marché public). Celle-ci suppose la commission d'une faute grave du cocontractant privé ou de l'administration ; le particulier, peut toujours solliciter du juge qu'il prononce une résiliation-sanction pour faute de l'administration (2 janv. 1957, *Sté Lancerey*). En revanche, la résiliation motivée par l'intérêt général, qui n'a aucun caractère de sanction, peut être prononcée d'office par l'autorité administrative (21 déc. 2007, *Région Limousin et autres*) moyennant indemnisation.

COMPAGNIE DES CHEMINS DE FER DE L'EST ET AUTRES
CE – 6 décembre 1907 (Rec. 913)

Rendu dans un litige concernant la modification de règlements d'exploitation des chemins de fer, l'arrêt commenté est d'une importance essentielle à deux égards : la notion d'acte administratif unilatéral et le statut du pouvoir réglementaire.

I. La notion d'acte administratif unilatéral

Le ministre défendeur soutenait qu'étant des décisions prises à l'invitation expresse de la loi, ces règlements participaient plus de la loi que de l'acte administratif et devaient donc échapper, par là même, au contrôle du juge. Le Conseil d'État affirme au contraire que la nature d'un acte juridique est déterminée exclusivement par la qualité de son auteur. Ici, l'auteur appartient au pouvoir exécutif, l'acte est donc administratif. Cette solution, jamais démentie par la suite, a permis de soumettre au contrôle du juge administratif les actes pris en vertu de la *législation déléguée* sous les républiques successives : **décrets-lois** de la IIIe République (25 juin 1937, *Union des véhicules industriels*), **lois-cadres** ou **lois de pleins pouvoirs** de la IVe République (16 mars 1956, *Garrigou*), **ordonnances de l'art. 38** (3 nov. 1961, *Damiani* ; 24 nov. 1961, *Féd. nat. des syndicats de police*) ou **ordonnances référendaires** (19 oct. 1962, *Canal et autres**) sous la Ve République. Un acte administratif unilatéral est une **décision** lorsque, pris par une autorité administrative ou par une personne privée chargée d'une mission de service public et dotée à cet effet de prérogatives de puissance publique, il manifeste la volonté de son auteur de modifier l'ordonnancement juridique par création, modification ou suppression de droits et/ou d'obligations (11 janv. 1985, *Camus* ; 12 nov. 1987, *Marcy*).

II. Le statut du pouvoir réglementaire

Pour s'opposer aux modifications du règlement primitif, les compagnies requérantes soutenaient qu'ayant mis en œuvre la loi par un premier règlement, l'autorité administrative était dès lors dépossédée de tout pouvoir à son égard, dont celui de modifier le règlement primitif. Le Conseil d'État rejeta cette argumentation. Il existe tout d'abord un pouvoir réglementaire d'exécution des lois sur invitation expresse du législateur et aux conditions que celui-ci fixe (7 juill. 1911, *Omer Decugis* ; 12 déc. 1953, *Conféd. nat. des assoc. catholiques de chefs de famille*). Si l'administration n'est pas tenue de prendre les mesures d'application des lois dans un délai précis, même lorsqu'un délai est fixé, elle doit cependant agir dans un délai « raisonnable » (Ass., 27 nov. 1964, *Min. des Finances c/ Dame Vve Renard* ; 28 juill. 2000, *Assoc. France Nature Environnement* ; 28 juin 2002, *M. Villemain*). Il existe ensuite un pouvoir réglementaire spontané d'exécution des lois sans invitation préalable du législateur : l'autorité administrative doit faire produire, même spontanément, son plein effet à une loi. L'administration dispose du pouvoir permanent de modifier ou d'abroger la réglementation antérieure (*Chemins de fer de l'Est*). La Constitution confie au Premier ministre indivisiblement le pouvoir réglementaire à l'échelon national ; il a un caractère initial et inconditionné (CC, 14 déc. 2006). Enfin, l'autorité réglementaire peut intervenir sans texte législatif préalable en vertu de ses pouvoirs propres (8 août 1919, *Labonne**).

ABBÉ OLIVIER
CE – 19 février 1909 (Rec. 181)

Les mesures anticléricales prises par les gouvernements et les élus locaux au début du XXe siècle ont été l'occasion d'un contentieux nourri qui a conduit le Conseil d'État à d'importantes avancées jurisprudentielles. Ainsi, la décision *Abbé Olivier* : le maire de Sens avait interdit toute manifestation religieuse sur la voie publique, notamment à l'occasion des enterrements. Le Conseil d'État annula cet arrêté, apportant ainsi d'utiles précisions sur les rapports de la liberté et de la mesure de police ainsi que sur le régime des manifestations extérieures du culte.

I. Les rapports entre la liberté et la mesure de police

Le Conseil d'État juge ici que le pouvoir de police générale du maire ne peut s'exercer que dans le respect des libertés garanties par la loi, et que toute réglementation de police doit trouver sa justification dans les nécessités du maintien de l'ordre. **Le principe est la liberté, l'exception étant la mesure de police** (cf. concl. L. Corneille sur *Baldy*, 10 août 1917). Toutefois, il existe une gradation selon le statut juridique de la liberté. Si celle-ci est garantie par un traité international, la Constitution ou la loi, toute intervention de police devra se concilier avec le nécessaire respect de la liberté ; les atteintes ne pourront être que restreintes. Tel est le cas des « grandes » libertés (réunion, culte, association, syndicat, etc.) : 19 mai 1933, *Benjamin** ; TC, 8 avr. 1935, *Action française** ; 22 juin 1951, *Daudignac* ; 9 juill. 1997, *Sté Ekin*, etc. Certaines libertés sont moins protégées, voire s'apparentent à de simples tolérances administratives (manifestations sur la voie publique, spectacles, etc.) ; les atteintes de police seront plus aisément admises par le juge (21 janv. 1966, *Degastelois* ; 11 juill. 1975, *Sieur Clément* ; 4 mai 1984, *Préfet de police c/ Guez*).
La mesure de police doit être strictement proportionnelle aux exigences du maintien de l'ordre public (30 juin 2000 et 4 févr. 2004, *Assoc. « Promouvoir »*). De façon constante, à cet égard, le Conseil d'État juge **illégales toutes les mesures de police s'analysant en une interdiction générale et absolue**, sauf pour ce qui est des activités déclarées illicites par la loi. En revanche, toute liberté, le cas échéant, est susceptible de faire l'objet d'une mesure de police.

II. Le régime des manifestations extérieures du culte

En l'espèce, la liberté religieuse, d'où découle la liberté des funérailles religieuses, est bien une liberté garantie par une loi : celle du 9 décembre 1905 sur la séparation des Églises et de l'État. Le Conseil d'État relève, par ailleurs, que le maire n'invoque pas, ni n'établit, des nécessités tirées de l'ordre public pour justifier la restriction apportée à cette liberté par son arrêté d'interdiction de manifestation sur la voie publique.
Le Conseil tente de concilier liberté de culte et neutralité de la rue. Il opère en outre une distinction entre deux sortes de manifestations extérieures du culte. D'une part, les **cérémonies traditionnelles** sont très fortement protégées, et sont, en principe, toujours soustraites à toute interdiction (1er mai 1914, *Abbé Didier* ; 3 déc. 1954, *Rastouil*). D'autre part, les **cérémonies non traditionnelles** peuvent être, elles, soumises à un régime moins libéral quoique assez protecteur (5 mars 1948, *Jeunesse indépendante chrétienne féminine*).

COMPAGNIE GÉNÉRALE FRANÇAISE DE TRAMWAYS
CE – 21 mars 1910 (Rec. 216, concl. L. Blum)

La Compagnie générale française de tramways, concessionnaire de lignes de transports dans la ville de Marseille, contestait le droit du préfet de modifier unilatéralement le cahier des charges, autrement dit le contrat, en imposant un horaire particulier pour le service d'été. Le Conseil d'État, dans cette célèbre décision, suivant les conclusions de Léon Blum, rejette cette argumentation : il existe un pouvoir de modification unilatérale des contrats administratifs appartenant de plein droit à l'autorité publique contractante ; mais cette prérogative est encadrée par des limites certaines.

I. L'existence d'un pouvoir de modification unilatérale

Le Conseil d'État relève qu'existe « *pour l'administration le droit, non seulement d'approuver les horaires des trains au point de vue de la sécurité et de la commodité de la circulation, mais encore de* **prescrire les modifications et les additions nécessaires pour assurer, dans l'intérêt du public, la marche normale du service** ». La doctrine a été longtemps divisée, une partie d'entre elle (J. L'Huillier, Fr.-P. Bénoit) ne voyant dans cette décision qu'un cas d'espèce et niant l'existence d'un pouvoir général de modification des contrats administratifs. Au contraire, la majorité des auteurs (avec, à leur tête, A. de Laubadère) y a vu une décision de principe d'ailleurs applicable à tous les contrats administratifs (14 nov. 1902, *Olmer*). Ceci a été confirmé par la jurisprudence (2 févr. 1983, *Union des transports publics urbains et régionaux*). Le **fondement** de ce droit de modification unilatérale réside dans le pouvoir de l'administration, conformément au **principe de mutabilité des services publics**, de faire varier la consistance, le contenu, la forme et la durée des clauses contractuelles en fonction des variations de l'intérêt général, cela en vue d'assurer leur adéquation à cet intérêt.

II. L'étendue du pouvoir de modification unilatérale

Ce pouvoir n'est pas aussi étendu qu'on le prétend parfois : le contrat administratif demeure un contrat. Tout d'abord, il ne peut s'exercer que sur les seules clauses du contrat intéressant le service public et ses besoins, et non sur les clauses financières (la célèbre « équation financière du contrat », cf. concl. L. Blum sur cet arrêt). Ensuite, ce pouvoir doit être utilisé raisonnablement, il ne doit pas aboutir à dénaturer le contrat primitif (18 juill. 1930, *Cie PLM et autres*), à en « *bouleverser l'économie générale* » (23 juin 1920, *Briançon ;* 27 oct. 2010, *SITP*, 318617). Une modification excessive fonderait le cocontractant privé à demander au juge de prononcer la résiliation dudit contrat. Également, lorsque le contenu du contrat est entièrement déterminé par des dispositions légales ou réglementaires, l'administration ne peut procéder à sa modification unilatérale qu'après avoir modifié ou fait modifier les règles générales applicables à ce contrat (6 mai 1985, *Min. des PTT c/ Ricard*). Enfin, seules des considérations **strictement tirées de l'intérêt général** peuvent justifier le recours par l'administration à son pouvoir de modification unilatérale ; à défaut, la modification serait illégale.

ANGUET
CE – 3 février 1911 (Rec. 146)

La pénible mésaventure du sieur Anguet, entré dans un bureau de poste et expulsé de celui-ci, *manu militari*, par des agents pressés d'achever leur service avant l'heure légale de fermeture, va permettre au Conseil d'État de rendre une décision de principe. Dans l'espèce, le juge aperçoit deux fautes dont le concours a provoqué la fracture de la jambe du sieur Anguet. Il y a tout d'abord une **faute de service** puisque le bureau des postes n'avait pas à fermer avant l'heure légale de fermeture. Il y a aussi une **faute personnelle** des deux agents qui, pris d'impatience, projetèrent M. Anguet hors du bureau avec brutalité. Cette décision est importante en ce qu'elle distingue la faute personnelle de la faute de service et établit le régime juridique de leur **cumul** : la victime a un droit d'option, entre poursuivre administration et son agent, chacun pour sa part propre de responsabilité ou un seul des deux pour le tout.

I. La faute de service

Par « faute de service », le juge administratif entend soit la **faute commise pendant le temps du service** (lien temporel avec le service) soit la **faute commise en dehors du service mais non dépourvue de tout lien avec le service** (lien instrumental avec le service). Dans le premier cas, sauf rares exceptions, même personnelle, la faute sera en quelque sorte « recouverte » par la faute de service qu'elle présuppose nécessairement (26 juill. 1918, *Époux Lemonnier** ; Cass. 1re civ., 6 févr. 2007 : refus d'un maire de célébrer un mariage). Ainsi de la faute commise par un gardien du Muséum d'histoire naturelle qui laisse échapper des chimpanzés dont l'un mord un passant (11 mars 1938, *Corbière*). Dans le second cas, le lien est dit instrumental car le service a été le moyen de la commission du dommage (accident causé par un militaire au volant d'un véhicule de l'armée alors qu'il s'est détourné du trajet normal : 18 nov. 1949, *Defaux*, *Besthelsemer* et Delle *Mimeur**, trois arrêts ; blessure causée par des cartouches défectueuses : 19 déc. 1969, *Houdayer* ; propos tenus par un recteur : TC, 17 nov. 2003, *Géraudin c/ Pouille*). Ce second cas connaît en jurisprudence une extension démesurée (24 juil. 2009, *SCI Laubis*).

II. La faute personnelle

La « faute personnelle », est soit la **faute commise complètement en dehors du service et sans aucun lien ou rapport avec celui-ci**, ce cas étant le plus aisé à traiter, soit – mais très rarement – une **faute d'une particulière gravité commise pendant le service ou à propos de l'accomplissement du service** (gardien de prison qui organise des vols avec les détenus : 11 mai 1953, *Oumar Samba Niang Harane* ; officier de police ivre qui tire sur les personnes tentant de le ramener à la raison : 1er oct. 1954, *Bernard* ; infractions réitérées : 23 déc. 2009, *Alain X.*). En revanche, le juge n'établit pas un lien systématique entre la notion de faute personnelle et des hypothèses voisines : toute voie de fait ne constitue pas forcément une faute personnelle (saisie de journaux ordonnée à tort par le préfet de police : TC, 8 avr. 1935, *Action française**) ; toute infraction pénale n'est pas *ipso facto* une faute personnelle malgré la présence de l'élément intentionnel lequel est nécessaire pour qu'existe l'infraction (TC, 14 janv. 1935, *Thépaz* ; 12 avr. 2002, *Papon* ; Cass. crim., 2 déc. 2003 ; Cass. crim., 17 oct. 2007 ; Cass. Crim. 30 nov. 2010).

SOCIÉTÉ DES GRANITS PORPHYROÏDES DES VOSGES
CE – 31 juillet 1912 (Rec. 909)

La société requérante saisit le juge administratif car la ville de Lille, cocontractante, l'avait sanctionnée pécuniairement pour des retards dans la livraison de pavés. Le juge rejette le recours : le contrat dont il s'agit n'est point un contrat administratif, mais un contrat de droit privé ; son contentieux ne ressortit point à la compétence du juge administratif. Cette décision est importante, même si elle a été en partie dépassée par l'évolution ultérieure (cf. 20 avr. 1956, *Époux Bertin** et *Consorts Grimouard**, deux espèces), car elle affirme que l'administration peut passer des contrats relevant du droit privé, et par la place qu'elle fait au critère de la clause exorbitante.

I. Les contrats de droit privé de l'administration

La possibilité pour l'administration de passer des contrats de droit privé, envisagée au plan théorique dès 1903 (concl. Romieu sur 6 févr. 1903, *Terrier* *), est confirmée par la présente décision, qu'éclairent les conclusions de Léon Blum. La notion de contrat administratif est doublement détachable de la notion de personne publique. D'une part, des personnes privées peuvent conclure entre elles des contrats de droit public, soit quand l'une d'elles intervient comme **mandataire d'une personne publique** (TC, 23 sept. 2002, *S*[tés] *Sotram et Metalform*), soit lorsque ces personnes privées passent entre elles un **contrat qui est administratif par nature** (TC, 8 juill. 1963, *S*[té] *Entr. Peyrot*), soit encore si l'une d'elles agit « **au nom et pour le compte d'une personne publique** » (TC 7 juill. 1975, *Cne d'Agde*), soit, enfin, quand une personne privée est en réalité « **transparente** » par rapport à une personne publique dont elle est entièrement dépendante (21 mars 2007, *Cne de Boulogne-Billancourt*). D'autre part, mais plus rarement, les personnes publiques peuvent conclure, même entre elles, des contrats de droit privé dès lors qu'ils ne font naître entre ces personnes que des relations de droit privé (TC, 21 mars 1983, *UAP** ; Marseille, 9 juil. 2007, *Cne d'Alet-les-Bains*).

II. Le critère de la clause exorbitante et ses limites

La notion de clause exorbitante est de définition difficile. La décision commentée la retient pourtant pour refuser, à défaut d'une telle clause, de qualifier un contrat comme étant administratif (TC, 20 juin 2005, *S*[té] *hôtelière guyanaise* ; TC 20 févr. 2008, *Verrière*). La clause exorbitante est soit la clause « inhabituelle » dans les contrats civils ou commerciaux (15 févr. 1935, *S*[té] *française de constructions mécaniques* ; 25 mars 1949, *S*[té] *J. Huret*), soit la clause qui y serait « illicite ». L'impossibilité de renouveler par tacite reconduction (29 nov. 2000, *Commune de Païta*) constitue une clause exorbitante, au moins sous-entendue, dans tout contrat administratif. Ce critère est concurrencé notamment par celui tiré de la participation à l'exécution même du service public : 20 avr. 1956, *Époux Bertin** et *Consorts Grimouard**. Lorsque la clause est exorbitante du droit administratif lui-même (dérogation au régime de la domanialité publique : 6 mai 1985, *Assoc. Eurolat-Crédit Foncier de France*) elle rend le contrat illégal. En revanche, la clause exorbitante contenue dans un contrat conclu par un SPIC avec ses usagers ne confère jamais à ce contrat un caractère administratif (TC 17 déc. 1962, *Bertrand* ; TC 21 juin 2004, *Synd. des copropr. de l'ensemble immob. « Grand Boucle »*).

BOUSSUGE
CE – 29 novembre 1912 (Rec. 1128)

La tierce opposition est une voie de droit ouverte à toute personne étrangère à un procès pour lui permettre de remettre en cause le jugement qui en résulte lorsque celui-ci préjudicie à ses droits. Cette procédure soulève une importante difficulté en matière d'excès de pouvoir, en revanche, son régime juridique est assez stable.

I. La difficile admission de la tierce opposition en excès de pouvoir

En principe, les décisions de justice n'ont que l'**autorité relative** de chose jugée, d'où la possibilité de former à leur encontre tierce opposition : la relativité est évidemment compatible avec la remise en cause découlant éventuellement du succès de la tierce opposition. Au contraire, les décisions d'annulation rendues sur recours pour excès de pouvoir ont l'**autorité absolue** de chose jugée. Ce caractère paraît s'opposer à ce qu'une personne (« le tiers opposant ») puisse faire juger que cette décision, en principe opposable universellement, ne lui sera pas appliquée. Après beaucoup d'hésitations, le Conseil d'État a fini par admettre très largement la tierce opposition en excès de pouvoir (28 avr. 1882, *Ville de Cannes*). Laferrière, critiqua sévèrement cette solution en faisant valoir notamment que, à la limite, tout acte administratif est susceptible de remise en cause par tierce opposition. Il proposait de n'ouvrir la tierce opposition en excès de pouvoir qu'aux seules personnes justifiant d'un droit lésé (donc uniquement dans le cas d'un acte individuel). Renversant sa jurisprudence, le Conseil d'État adopta une solution rigide (8 déc. 1899, *Ville d'Avignon*) en posant le principe de l'irrecevabilité de toute tierce opposition en excès de pouvoir. Cette solution, trop radicale, fut abandonnée par un dernier revirement jurisprudentiel, réalisé par la décision *Boussuge*, qui entérine totalement la solution de Laferrière : la tierce opposition est admise dans le contentieux de l'excès de pouvoir lorsque le tiers opposant se prévaut d'un droit violé (donc par un acte réglementaire) ou lésé (donc par un acte individuel). Contestée par une partie de la doctrine en ce qu'elle revient à admettre l'existence de parties dans le recours pour excès de pouvoir, la jurisprudence *Boussuge* garde aujourd'hui encore tout son intérêt.

II. Le régime de la tierce opposition

La tierce opposition est possible dans toute procédure contentieuse même d'urgence (17 avr. 2008, *Banque de France*). Les **conditions de recevabilité** de la tierce opposition – laquelle est un principe général de procédure existant même sans texte (20 nov. 1931, *Franc*) – sont au nombre de trois : **1°**) Le requérant *ne doit pas avoir été partie ou représenté dans l'instance* frappée de tierce opposition (Paris, 11 déc. 1997, *M. Iggui*) ; il doit y être véritablement *tiers*. **2°**) La chose jugée qu'il critique doit lui causer un *réel préjudice* (Bordeaux, 30 déc. 1997, *Fortunat*). **3°**) Il n'y a aucune condition de délai pour former tierce opposition, sauf si la décision critiquée a été portée expressément à la connaissance de l'intéressé, celui-ci disposant alors de deux mois pour saisir le juge, lequel peut être celui qui a rendu la décision contestée (10 déc. 2004, *Resotim*).

L'**effet** de la tierce opposition, si celle-ci est reconnue fondée, est d'aboutir à une nouvelle décision qui déterminera la situation juridique du tiers opposant en ce qui concerne le point litigieux, au besoin par réécriture de la décision de justice primitive.

GOMEL
CE – 4 avril 1914 (Rec. 488)

La place Beauvau, à Paris, constitue-t-elle une « perspective monumentale » ? Pour répondre par la négative à cette question, le Conseil d'État va provoquer une révolution contentieuse en introduisant **le contrôle de la qualification juridique des faits en excès de pouvoir**. Jusqu'alors, le juge ne contrôlait point cette qualification en excès de pouvoir, cette branche du contentieux étant considérée comme un contentieux objectif et, surtout, abstrait. L'examen de la qualification juridique des faits a une incidence considérable en excès de pouvoir et dans le cas, voisin, du contrôle exercé en cassation.

I. La notion de qualification juridique des faits

Le juge ne se borne pas à examiner si les faits qui fondent une décision administrative sont exacts (14 janv. 1916, *Camino* *). Encore faut-il que l'autorité qui l'a prise ait qualifié juridiquement d'une manière correcte ces faits. Les faits doivent être de nature à fonder, en droit, la décision administrative. Le juge exerce ainsi un contrôle « du fait de nature à... ». L'apport important de l'arrêt *Gomel* sur ce point est de décider que ce contrôle est obligatoire (d'où la formule de l'arrêt : « **il appartient** *au Conseil d'État de vérifier...* »), qu'il est une prérogative normale et indiscutable du juge. En l'espèce, le juge vérifie la légalité de l'arrêté préfectoral refusant un permis de construire au sieur Gomel au motif que la construction porterait atteinte à la place Beauvau qui est une perspective monumentale. Pour ce faire, le Conseil d'État examine les caractéristiques de fait de ladite place, puis détermine si ces éléments de fait la faisaient ou non entrer dans la catégorie juridique « perspective monumentale », laquelle emporte, entre autres conséquences, l'interdiction des constructions y portant atteinte.

II. Le contrôle de la qualification juridique des faits en excès de pouvoir et en cassation

La qualification juridique des faits entre, en excès de pouvoir, dans le contrôle de l'erreur de fait (qui comprend également le contrôle de l'exactitude matérielle des faits). L'arrêt *Gomel* se place dans ce cadre. Relèvent de ce contrôle : la notion de soutien de famille (6 déc. 1968, *Min. des Armées c/ Vincent*), l'immoralité d'un film (18 déc. 1959, *S^té « Les films Lutétia »* *), le contenu pornographique d'une revue (5 déc. 1956, *Thibault*), le caractère de perspective monumentale de la place de la Madeleine à Paris (1er août 1914, *Pillot*), etc. Lorsqu'en matière d'excès de pouvoir le juge pousse très loin le contrôle de la qualification juridique des faits, on affirme parfois – non sans quelque vraisemblance – qu'il contrôle l'**opportunité**, c'est-à-dire qu'il se met littéralement à la place de l'administration. Dans d'autres cas, au contraire, il renonce à contrôler la qualification juridique des faits ; on parle alors de **contrôle minimum** ou **réduit**. Le juge de cassation exerce un examen entier de la qualification juridique des faits par le juge du fond (18 févr. 1977, *Hervouët* ; 10 avr. 1992, *CHG d'Hyères* ; 5 juin 1992, *Min. de l'Équipement c/Époux Cala* ; 3 juill. 1998, *Mme Salva-Couderc* ; 20 juin 2007, *Boutin*), mais sur la base des faits tels qu'ils figurent dans les pièces du dossier de la procédure. En revanche, il ne contrôle pas l'appréciation des faits par le juge du fond, en vertu de son pouvoir souverain d'appéciation, sauf en cas de dénaturation par celui-ci (4 janv. 1952, *Simon*).

CAMINO
CE – 14 janvier 1916 (Rec. 15)

Le maire d'Hendaye est révoqué par le préfet pour n'avoir pas « veillé à la décence d'un convoi funèbre auquel il assistait ». Le Conseil d'État annule cette décision car elle repose sur des faits matériellement inexacts, et pose une décision capitale qui va être à l'origine d'un très important développement du recours pour excès de pouvoir.

I. Le principe du contrôle de l'exactitude matérielle des faits

Le Conseil d'État a longtemps hésité à contrôler l'exactitude matérielle des faits parce qu'il y voyait une immixtion du juge dans la sphère d'action de l'administration. En effet, vérifier la matérialité des faits consiste, pour le juge, à refaire l'analyse qu'a dû nécessairement faire l'autorité administrative, et donc à nier le principe fondamental de séparation de l'administration active et de l'administration contentieuse. Pour opérer cette vérification de la matérialité des faits, le juge peut ne pas s'en tenir aux seuls éléments du dossier, et ordonner toute mesure d'instruction propre à asseoir son information. Cela se traduit par le caractère inquisitorial de la procédure administrative contentieuse. C'est l'arrêt *Camino* qui franchit le pas décisif. Le juge y affirme très clairement son droit à opérer un tel contrôle. Quelques années plus tard, une autre affaire allait illustrer tout l'intérêt de cette avancée jurisprudentielle. Un préfet avait été mis en congé sur sa demande ; vérification faite, le Conseil d'État n'a trouvé aucune demande en ce sens dans le dossier, les faits étaient donc matériellement inexacts : la décision fut annulée (20 janv. 1922, *Trépont*). Pareillement, le juge censure l'annulation de la nomination d'un magistrat de l'ordre judiciaire prétendument prononcée au vu de l'avis d'une commission qui avait, en fait, proposé le contraire (4 mars 1949, *Mihura*) ; il annule la mise en disponibilité d'un militaire car son assignation à résidence, qui avait motivé cette mise en disponibilité, avait cessé avant que ne fût prise cette dernière décision (7 juill. 1965, *Boucher de Crèvecœur*).

II. L'étendue du contrôle de l'exactitude matérielle des faits

En tant que juge de l'excès de pouvoir, on l'a vu, le Conseil d'État n'a jamais hésité à contrôler l'exactitude matérielle des faits. Même lorsque son contrôle est « réduit », le juge procède toujours au contrôle de l'exactitude matérielle des faits qui ont motivé une décision. **En tant que juge de cassation**, le Conseil d'État contrôle, à la différence de la Cour de cassation, l'existence des faits énoncés et examinés par les juges du fond (5 août 1924, *Farman* ; 30 janv. 1980, *V.* ; 18 nov. 2008, *Jacques X.*). À l'origine étaient confondus le recours pour excès de pouvoir et le recours en cassation ; l'admission du contrôle de l'exactitude matérielle des faits en excès de pouvoir a conduit à son admission en cassation. Lorsque les deux recours ont été complètement distingués, ce contrôle est demeuré dans les deux cas. Mais il subsiste une importante différence : le juge de cassation ne contrôle les faits que sur la base des seuls éléments déjà contenus dans le dossier de la procédure ; il n'ordonnera pas une nouvelle instruction. Au contraire, le juge de l'excès de pouvoir a toute latitude pour établir dans sa vérité la matérialité des faits (cf. 4 avr. 1914, *Gomel**).

COMPAGNIE GÉNÉRALE D'ÉCLAIRAGE DE BORDEAUX
CE – 30 mars 1916 (Rec. 125)

L'arrêt dit du « *Gaz de Bordeaux* » illustre la « querelle des gaziers et des électriciens ». La guerre de 1914-1918 a provoqué un renchérissement considérable du prix du charbon, alors matière première pour la production du gaz d'éclairage. La compagnie requérante avait conclu un contrat sur la base d'une évolution prévisionnelle des prix qui se révéla totalement bouleversée par ces circonstances. Elle sollicita alors de son cocontractant, la ville de Bordeaux, la prise en charge d'une partie du déficit découlant de ces événements. Devant le refus de cette dernière, elle saisit le juge qui lui donna raison en édifiant une **théorie générale de l'imprévision** dont il avait déjà esquissé certains traits (3 févr. 1905, *Ville de Paris* ; 14 févr. 1908, *S*[té] *parisienne de publicité*), applicable aux seuls contrats comportant exercice de missions de service public, gestion d'un service public ou exécution de mesures prises dans un but d'intérêt général (TA Rouen, 28 août 1998, *Sté Renault*).

I. Conditions d'application de la théorie de l'imprévision

Quatre conditions doivent être réunies pour que joue cette théorie (14 juin 2000, *Cne de Staffelfelden*) : **1°**) Les circonstances perturbatrices du contrat doivent excéder l'aléa normal (économique, commercial, administratif : 4 mai 1949, *Ville de Toulon* ; 15 juill. 1949, *Ville d'Elbeuf*, ou même naturel : 12 mars 1920, *C*[ie] *des automobiles postales*), pour revêtir un **caractère anormal et imprévisible** « *déjouant tous les calculs que les parties ont pu faire au moment du contrat* » (concl. Corneille sur 3 déc. 1920, *Fromassol*). **2°**) Les circonstances imprévues doivent être **étrangères au cocontractant** de l'administration ; en revanche, l'influence de l'action administrative n'empêche pas d'invoquer cette théorie (8 déc. 1944, *S*[té] *l'Énergie industrielle*) quoiqu'elle soit moins favorable au cocontractant que la théorie du fait du prince. **3°**) Les circonstances imprévues doivent entraîner un **véritable bouleversement de l'économie du contrat** et non un simple déficit, même important (8 nov. 1944, *C*[ie] *du Chemin de fer d'Enghien*). **4°**) Les circonstances imprévues doivent avoir un **caractère temporaire** et non définitif ; en ce dernier cas jouerait l'exception de force majeure (9 déc. 1932, *C*[ie] *des tramways de Cherbourg* * ; 14 juin 2000, *Cne de Staffelfelden*).

II. Conséquences de l'imprévision

La constatation du caractère imprévisible des circonstances entraîne le versement par l'administration à son cocontractant, d'une **indemnité d'imprévision** dite encore **indemnité pour charges extracontractuelles**. Tout d'abord, sera déterminée la « *période extracontractuelle* » qui correspond à la durée des effets de l'imprévision et constitue une sorte de suspension du contrat originaire. Ensuite, sera calculée la « *charge extracontractuelle* », c'est-à-dire le surcoût financier que les événements imprévus imposent au cocontractant de supporter (12 mars 1976, *Dpt Htes-Pyrénées*). Cette charge n'est souvent ni le simple montant du déficit (18 févr. 1921, *C*[ie] *générale d'éclairage de Castelnaudary*) ni le simple manque à gagner. En particulier, il sera tenu compte de l'ensemble des recettes que le cocontractant a pu réaliser du fait des contrats passés avec la même collectivité (27 juin 1919, *Ville de Paris* ; 10 août 1923, *Ville d'Oloron*). Enfin, il convient d'effectuer le « *partage de la charge extracontractuelle* » entre l'administration et son cocontractant. Cette théorie peut jouer même après résiliation du contrat (10 févr. 2010, *Sté Prest'Action*).

HEYRIÈS
CE – 28 juin 1918 (Rec. 651)

Un décret avait suspendu pendant la durée des hostilités l'application de l'art. 65 de la loi du 22 avril 1905 qui oblige à communiquer à tout fonctionnaire son dossier avant que ne soit prise à son encontre une mesure disciplinaire. Le sieur Heyriès se plaignait d'avoir été révoqué de ses fonctions sur la base de ce décret. Pour rejeter ce recours, le Conseil d'État va systématiser le fondamental **principe de continuité du service public** (7 juil. 1950, *Dehaene**).

I. Le principe de continuité des services publics

Ce principe signifie qu'un service public ne saurait connaître d'éclipses ou d'interruptions dans son fonctionnement. Il constitue l'application de la règle, constitutionnelle depuis 1270, de continuité de l'État, qui vaut également en droit international public. Il a toujours été considéré comme fondamental par la jurisprudence, notamment en matière de grève (cf. concl. Tardieu sur 7 août 1909, *Winkell* ; 13 juin 1980, *Bonjean*). Étant un principe constitutionnel, il s'impose au législateur (CC, n° 79-105 DC du 25 juill. 1979, *Droit de grève dans l'audiovisuel**). C'est parce qu'une activité est un service public qu'elle est d'un grand intérêt pour la collectivité. D'où la difficulté à accepter qu'elle puisse fonctionner par à-coups. La continuité est ainsi consubstantielle à l'idée même de service public (CC, n° 2004-501 DC, 5 août 2004, *Service public de l'électricité et du gaz* ; 2006-543 DC, 30 nov. 2006). Cette exigence est si forte que le Conseil d'État l'étend, dans l'affaire *Heyriès*, à l'hypothèse d'une crise grave : la guerre. La règle de communication préalable de son dossier à tout agent public faisant l'objet d'une mesure disciplinaire est, ici, tenue en échec par le principe de continuité.

II. Les conséquences du principe de continuité

Ces conséquences se manifestent de trois façons. **Pour les responsables du service public**, le principe fait obligation de prendre les mesures permettant d'assurer un service continu (11 juin 2010, *Synd. SUD RATP*) : édiction de textes législatifs (ex. loi du 21 août 2007) ou réglementaires assurant cette continuité ou empêchant une interruption, à peine de responsabilité (7 mai 1971, *Min. de l'Économie et des Finances*). Le fonctionnement matériellement continu du service implique à la fois un fonctionnement correct (20 avr. 1934, *Le Meut*), un fonctionnement exact (13 févr. 1942, *Ville de Sarlat*) et un fonctionnement ininterrompu (24 juill. 1936, *Synd. des grands vins de la Côte d'Or*). **Pour les agents du service public**, ce principe emporte une réglementation particulière du droit de grève (15 juil. 2009, *EDF*) allant dans certains services publics jusqu'à la réquisition (9 déc. 2003, *Aguilon*) ou à l'interdiction (gardiens de prison, magistrats, militaires). Dans tous les autres services, les modalités de recours à la grève sont fixées par la loi du 30 juillet 1963 et par la jurisprudence, qui s'appliquent à tous les services publics, même ceux à caractère industriel ou commercial ou ceux gérés par une personne privée, et quelle que soit la nature juridique (publique ou privée) du personnel. **Pour les collaborateurs contractuels du service public**, ce principe impose de faire fonctionner le service quelles que soient les difficultés rencontrées, cela en mettant en œuvre à cet effet les moyens nécessaires pour surmonter les obstacles, sauf cas de force majeure.

ÉPOUX LEMONNIER
CE – 26 juillet 1918 (Rec. 761, concl. L. Blum)

Le dramatique accident de tir dont a été victime Mme Lemonnier lors de la fête annuelle de la commune de Roquecourbe, permet de préciser les droits d'action de la victime d'un dommage résultant du cumul d'une faute personnelle et d'une faute de service.
En l'espèce, la commune avait installé un stand de tir de part et d'autre d'une rivière ; d'un côté se trouvaient les tireurs, de l'autre, les cibles. Mais la rive où étaient posées les cibles était une promenade publique aménagée. C'est dans ces conditions que Mme Lemonnier reçut une balle et fut grièvement blessée.

I. La théorie du cumul

Saisi par les époux Lemonnier, le Conseil d'État aperçoit une faute personnelle de l'agent public chargé d'assurer l'exécution du service public que lui a confié le maire de la commune. Il relève aussi la faute de service commise par la personne publique responsable du service. C'est l'hypothèse la plus simple : le **cumul de responsabilités résultant du cumul de fautes**, situation qui se présentait dans le célèbre arrêt *Anguet* * du 3 février 1911 (12 avr. 2002, *Papon*).
Le cumul peut se rencontrer dans une autre hypothèse, où n'existe qu'**une seule faute susceptible de recevoir une double qualification**. Soit la faute personnelle est commise pendant le temps du service : le juge pose une présomption souvent irréfragable selon laquelle toute faute personnelle présuppose une faute de service (Cass. 1ère civ., 6 févr. 2007, *Panafieu*). Soit la faute personnelle est commise avec les moyens fournis par le service ou à l'occasion de l'accomplissement du service : ce sera une faute « *non dépourvue de tout lien avec le service* » (TC, 21 juin 2004, *Quitman*). Ainsi, l'accident causé par un gardien de la paix à son compagnon de chambre, en dehors du service, en manipulant son arme de service, même s'il résulte d'une faute personnelle, engage la responsabilité de la ville de Paris qui lui fait obligation de conserver son arme en dehors du service (26 oct. 1973, *Sadoudi* ; dans le même sens, 23 déc. 1987, *Époux Bachelier* ; Paris, 17 déc. 2002, *Min. de l'Intérieur c/ Bonouvrier*). Le juge procède ainsi dans un souci manifeste d'équité, afin de fournir à la victime un débiteur solvable.

II. Le régime juridique du cumul

L'existence d'un cas de cumul ouvre à la victime un choix entre la poursuite de l'agent pour faute personnelle devant les juridictions judiciaires appliquant le droit civil, ou la poursuite de l'administration devant le juge administratif appliquant le droit administratif. **La victime réclamera à la partie poursuivie par elle la réparation de l'intégralité du préjudice subi.** Cette dernière, condamnée pour le tout, est subrogée dans les droits de la victime contre l'autre débiteur (25 févr. 1949, *Dame Ve Augereau*). En revanche, il n'est pas possible à la victime de poursuivre successivement les deux débiteurs pour obtenir un cumul d'indemnités excédant le dommage total subi. On peut aussi imaginer que la victime poursuive, à la fois, l'agent public et le service public devant chacun des deux ordres de juridictions pour sa part propre de responsabilité, mais cette solution est dangereuse en cas de désaccord entre les juges sur l'appréciation de cette part.

DAMES DOL ET LAURENT
CE – 28 février 1919 (Rec. 208)

Le préfet maritime de Toulon ne se doutait point qu'en décidant, en 1916, d'interdire aux prostituées, à l'intérieur du camp retranché de Toulon, de consommer des boissons dans des bars ou de racoler, il allait ouvrir la voie à l'une des plus grandes décisions jurisprudentielles du siècle. Cet arrêt apporte une contribution magistrale à la théorie des « **circonstances exceptionnelles** ».

I. La notion de circonstances exceptionnelles

On entend par cette expression, d'origine jurisprudentielle, toute perturbation grave de la vie sociale entraînant en particulier l'impossibilité pour les pouvoirs publics de respecter toutes les exigences de la légalité. Si la légalité a pour objet d'assurer l'ordre dans la cité, des circonstances troublées peuvent justifier qu'il y soit porté atteinte précisément en vue du rétablissement d'un certain ordre social. Seule la **gravité du péril** peut autoriser cette atteinte au principe de l'État de droit. L'hypothèse principale, comme au cas de l'arrêt commenté, où se réalisent de telles « circonstances exceptionnelles », est évidemment la **guerre** (13 déc. 1957, *Barrot et autres*), mais ce n'est pas la seule. *Ont ainsi été considérées comme telles* : une grève générale des chemins de fer (18 avr. 1947, *Jarrigion*), la situation en Indochine en 1951-1952 (10 déc. 1954, *Andréani*), celle de Madagascar en 1947 (7 janv. 1955, *Andriamiseza*), ou de l'Algérie en 1960 (15 oct. 1965, *Union fédérale des magistrats et Sieur Reliquet*) ou de la France continentale le 18 juin 1968 (12 juill. 1969, *Chambre de commerce et d'industrie de Saint-Étienne*), une menace d'éruption volcanique (18 mai 1983, *Félix Rodes*). Cette notion jurisprudentielle se retrouve dans certains textes sous des formes variées (état de siège, état d'urgence, organisation de la nation pour le temps de guerre, art. 16 de la Constitution).

II. Le régime juridique des circonstances exceptionnelles

Des actes qui seraient irréguliers en période normale seront valides en cas de circonstances exceptionnelles car joue alors un régime dérogatoire de légalité. Seront légales tout d'abord des **dérogations aux règles de forme** : une autorité normalement incompétente à cet effet pourra validement édicter certains actes (16 avr. 1948, *Laugier*), des particuliers sans mandat pourront agir comme fonctionnaires de fait, levant des impôts (7 janv. 1944, *Lecoq*) ou opérant des réquisitions alimentaires (5 mars 1948, *Marion*). Pareillement, l'irrespect de certaines règles de forme ne sera pas sanctionné (26 juin 1946, *Viguier* : délégation de pouvoir irrégulière ; 9 nov. 1945, *S^{té} coop. agricole « L'Union agricole »* : absence de carnet à souches ; 16 mai 1941, *Courrent* : renouvellement irrégulier d'un maire). Seront également admises des **dérogations aux règles de fond** : des mesures qui, en temps normal, seraient des voies de fait en raison de leur grave irrégularité, seront jugées valides (exécution d'office irrégulière : 19 mai 1954, *Office publicitaire de France* ; incarcération sans intervention d'un juge : 19 févr. 1947, *Bosquain*). Le juge contrôle strictement l'existence des circonstances exceptionnelles, la proportionnalité des mesures par rapport à la gravité de la crise et la coïncidence entre durée de la crise et durée de l'état d'exception.

REGNAULT-DESROZIERS
CE – 28 mars 1919 (Rec. 329)

La guerre de 1914 va fournir une nouvelle fois la matière d'une innovation jurisprudentielle. L'explosion du fort de la Double-Couronne, où étaient stockés des explosifs, causa la mort de plusieurs personnes, ainsi que de nombreux blessés. Le Conseil d'État a admis que dans certaines hypothèses déterminées la responsabilité de l'État peut être engagée indépendamment de toute faute. Le nombre de cas de responsabilité sans faute à prouver est allé croissant.

I. L'admission d'une responsabilité administrative non fondée sur la faute

Bien que le principe soit celui de la responsabilité fondée sur la preuve d'une faute à l'origine du dommage, les situations de responsabilité non fondées sur la faute sont très nombreuses en droit administratif. Le juge a multiplié les cas dans lesquels il ne sera pas nécessaire à la victime, pour avoir droit à réparation, de prouver que le dommage a son origine dans une faute commise par l'administration. Il lui suffira, en ce cas, d'établir seulement un lien de causalité entre une activité de l'administration et un dommage.
Le **risque anormal de voisinage** (c'est l'hypothèse de l'espèce *Regnault-Desroziers*) engage sans faute, lorsqu'il se réalise, la responsabilité de l'administration pour compenser la charge excessive qui pèse parfois sur les voisins de certaines activités publiques.
Il en va de même du **risque professionnel** encouru par les ouvriers de l'État (21 juin 1895, *Cames*), par certains requis, et surtout par les collaborateurs bénévoles de la puissance publique (22 nov. 1946, *C^ne^ de Saint-Priest-la-Plaine** ; Sect. 12 oct. 2009, *Chevillard*). Le moyen tiré d'une responsabilité sans faute est d'ordre public.

II. L'extension considérable de la responsabilité administrative non fautive

La solution de cet arrêt va être appliquée dans de nombreuses hypothèses :

- en cas de **rupture de l'égalité devant les charges publiques** (par ex., refus d'exécuter les décisions de justice : 30 nov. 1923, *Couitéas** ; 3 juin 1938, *Sté « La Cartonnerie et Imprimerie Saint-Charles »* * ; 18 juin 2008, *SNT ;* 25 nov. 2009, *min. Int.*) ;
- en cas d'**utilisation de choses, ou de conduite d'activités dangereuses** : usage d'armes dangereuses par les forces de police (27 juill. 1951, *Dame Aubergé et Sieur Dumont* ; 1er juin 1951, *Époux Jung* ; 8 juill. 1960, *Petit*), essais en vol d'aéronefs (18 avr. 1980, *SNIAS et Cie d'assurances maritimes, aériennes et terrestres*) ;
- en cas de **dommages de travaux publics** causés aux tiers par rapport à l'opération de travail public (28 mai 1971, *Département du Var c/ Entr. Bec frères*). Les participants à de tels travaux ainsi que les usagers doivent prouver l'existence d'une faute, sauf pour eux à invoquer la présomption de « défaut d'entretien normal » (10 juil. 2009, *Revel Languedoc-Roussillon*) ;
- en cas d'utilisation de certaines **méthodes psychiatriques, pénitentiaires ou éducatives libérales** : régime des mineurs délinquants (9 mars 1966, *Trouillet* ; 5 déc. 1997, *Pelle ;* Sect. 1er févr. 2006, *Min. Just. / MAIF*) ou non (11 févr. 2005, *GIE Axa Courtage*), libération conditionnelle, régime de semi-liberté ou permissions de sortie de détenus (29 avr. 1987, *Banque pop. de la région éco. de Strasbourg* ; TC, 3 juill. 2000, *Csorts Primau et M. Fosset*), sorties « à l'essai » de malades mentaux (13 juill. 1967, *Dpt de la Moselle*).

LABONNE
CE – 8 août 1919 (Rec. 737)

Le sieur Labonne s'était vu retirer son « permis » de conduire par un arrêté préfectoral appliquant un décret du président de la République. Il contesta la légalité du décret, amenant ainsi le Conseil d'État à déterminer quels sont les détenteurs nationaux du pouvoir de police et à fixer les règles en cas de concours des compétences en matière de police générale (voir 18 avril 1902 *Maire de Néris-les-Bains**).

I. Le pouvoir national de police sous la IIIe République

Au sieur Labonne, qui soutenait que le président de la République ne tenait d'aucune disposition législative le pouvoir d'édicter un règlement concernant la capacité à conduire des véhicules, le Conseil d'État répondit qu'il tenait ce pouvoir directement de la Constitution elle-même, en vertu de l'art. 3 de la loi constitutionnelle du 25 février 1875 qui confie au chef de l'État le soin de veiller à l'exécution des lois, donc au bon ordre, à la sécurité publique, etc. Ainsi, sous l'empire de la IIIe République, **le président de la République est l'autorité nationale détentrice du pouvoir de police administrative**. La difficulté résidait dans le caractère non limitatif des textes (loi de 1871 sur les départements, loi de 1884 sur les communes) qui énuméraient la qualité d'autorité de police administrative reconnue à certains agents. Le Conseil d'État a estimé que le président de la IIIe République était une telle autorité, à la double condition que les mesures à prendre soient **d'intérêt national** et qu'elles concernent **l'un des buts que la police administrative peut poursuivre**.

II. Le pouvoir national de police à partir de 1946

1°) **Sous la IVe République**, le Conseil d'État a repris les éléments dégagés dans l'arrêt *Labonne*, et, compte tenu des termes de la Constitution de 1946, jugé que **le président du Conseil des ministres** était désormais l'autorité nationale normalement détentrice des pouvoirs de police administrative (13 mai 1960, *SARL « Restaurant Nicolas »*). **2°)** La solution a été réitérée **sous l'empire de la Constitution de 1958,** son art. 21 conférant au **Premier ministre la prérogative et le devoir d'assurer l'exécution des lois** (4 juin 1975, *Bouvet de la Maisonneuve et Millet* ; 17 févr. 1978, *Assoc. « Comité pour léguer l'esprit de la Résistance »*). Il résulte de cette attribution de principe du pouvoir national de police administrative que cette autorité, dont la compétence trouve sa source dans la Constitution, n'a besoin d'aucune permission légale pour agir en ce domaine : c'est un pouvoir largement spontané. La **seule limite** consiste dans l'obligation faite au Premier ministre de respecter le domaine propre de compétence assigné au législateur. Ainsi, la création d'une police spéciale peut n'appartenir qu'au seul pouvoir législatif (pour la chasse : CC, n° 87- 149 L du 20 février 1987). Cependant, par l'effet des dispositions combinées de l'art. 13 al. 1er et de l'art. 21 de la Constitution, lorsque la mesure de police résulte d'un décret délibéré en Conseil des ministres, l'autorité de police devient le **président de la République**, celui-ci s'étant vu reconnaître par la jurisprudence (9 nov. 1973, *Siestrunck* ; 10 sept. 1992, *Meyet** et *Galland*, deux espèces) la qualité d'auteur exclusif de tout décret effectivement délibéré en Conseil des ministres. L'art. 16 de la Constitution lui confère aussi à titre exceptionnel un tel pouvoir de police.

SOCIÉTÉ COMMERCIALE DE L'OUEST AFRICAIN
TC – 22 janvier 1921 (Rec. 91)

Le bac qui, en coulant, envoya un véhicule de la Société commerciale de l'Ouest africain au fond de la lagune d'Ébrié (Côte-d'Ivoire), allait bouleverser le droit administratif. L'arrêt du « *bac d'Éloka* » fait surgir, au sein des services publics, à côté des services désormais qualifiés de **services publics administratifs** (SPA), la catégorie des **services publics à caractère industriel ou commercial** (SPIC). Le Tribunal des conflits décide de soumettre les SPIC à un régime de droit privé, pour « punir » l'administration de s'être « mise en civil » pour gérer l'intérêt général, la soumission au droit public étant traditionnellement considérée comme protectrice de l'administration.

I. La notion de SPIC

C'est une des notions les plus difficiles du droit administratif. En principe, un service public est un SPA (cas des autoroutes : TC, 20 déc. 2006, *Sté EGTL*), par exception ce sera un SPIC. En l'absence de qualification légale (fort rare, et souvent peu opératoire : TC, 26 juin 1968, *Sté «Distilleries bretonnes » et Sté d'approvisionnements alimentaires*), la jurisprudence, tant administrative que judiciaire (Cass., soc., 7 oct. 1992, *Lazareff c/ Mairie de Soulac* et 10 juill. 1995, *Cie des eaux et de l'ozone*), retient trois critères : **1°) L'objet du service** doit être économique : production ou vente de biens ou de services, comparables aux activités privées (TC, 15 janv. 1979, *Caisse de crédit municipal de Toulon, a contrario*). **2°) Les ressources du service** doivent provenir, au moins en partie, de sommes prélevées sur les usagers ou les bénéficiaires du service (20 janv. 1988, *SCI « La Colline »*) : la gratuité exclut le SPIC (TC, 21 mars 2005, *Alberti-Scott*). **3°) Les modalités d'organisation du service** constituent peut-être le critère le plus décisif : le SPIC est organisé et fonctionne selon le modèle de direction, de commandement et de rapports humains qui se rencontre habituellement dans les entreprises privées (cf. concl. sur Laurent, 16 nov. 1956, *Union syndicale des industries aéronautiques*). Lorsque ces trois conditions ne sont pas réunies, le droit commun administratif reprend son empire : le service est un SPA (TC, 22 nov. 1993, *Martinucci*).

II. Le régime juridique des SPIC

Le principe est la soumission au droit privé. Il en va ainsi : des **actes unilatéraux** des SPIC, sauf ceux qui, à la fois, sont pris en vertu d'une prérogative de puissance publique sur la base d'une habilitation expresse des statuts ou de la loi et pour l'organisation d'ensemble du service (TC, 15 janv. 1968, *Cie Air France c/ Époux Barbier**) ; des **contrats**, sauf s'ils remplissent les conditions exigées pour qu'un contrat soit administratif, et ne sont pas passés avec les usagers (TC, 24 mai 2005, *Sté régionale de distribution d'eau*) ; du **personnel**, sauf, au maximum, deux agents : le directeur général du SPIC (26 janv. 1923, *de Robert Lafrégeyre* ; 8 mars 1957, *Jalenques de Labeau* ; 27 mars 2000, *Brodbeck* ; TC, 15 janv. 2007, *Lacroix*), et le comptable en chef, s'il est comptable public ; de la **responsabilité extracontractuelle** du SPIC, sauf si le dommage, à la fois, est un dommage de travaux publics et a été causé à un tiers (TC, 2 mars 1987, *Cie « La Lutèce » c/ EDF* ; TC, 1er juill. 2002, *Labrosse c/ GDF* ; 21 déc. 2007, *Lipietz*). Les **usagers** du SPIC sont, en vertu d'un « bloc de compétence », dans un rapport de pur droit privé (20 janv. 1988, *SCI « La Colline »* ; 4 nov. 2005, *Ville de Dijon*) et soumis au code de la consommation (11 juill. 2001, *Sté des Eaux du Nord*).

DAME CACHET
CE – 3 novembre 1922 (Rec. 790)

L'administration peut-elle revenir sur les actes non réglementaires qu'elle a antérieurement pris, les modifier, voire les anéantir ? L'arrêt *Dame Cachet* concerne le régime du **retrait rétroactif** des actes administratifs. Différent de l'**abrogation**, qui n'a d'effets que pour l'avenir, le retrait est marqué par la gravité d'une mesure qui supprime pour le passé un acte administratif, à faire comme s'il n'avait jamais existé. Se trouvent en cause le **principe de non-rétroactivité** et celui de la protection des droits acquis, c'est-à-dire la **sécurité juridique**. La solution « *Dame Cachet* » a connu une évolution considérable.

I. L'apport de la décision *Dame Cachet*

Cette décision, pour préserver la sécurité juridique, alignait le droit pour l'administration de retirer rétroactivement ses actes irréguliers sur la faculté, parallèle, reconnue à l'administré de les contester devant le juge administratif. S'agissant d'un acte *régulier*, le retrait d'un tel acte (qu'il soit explicite ou tacite) est **toujours possible lorsqu'il n'a pas fait acquérir de droits aux particuliers** (26 mai 1950, *Carrel*) ; il est **impossible lorsque ceux-ci ont acquis des droits du fait de cet acte** (21 nov. 1947, *D[elle] Ingrand* ; 1er déc. 1950, *EDF* ; 12 nov. 2009, *Sté COMILUX*). S'agissant d'un acte *irrégulier*, son retrait est **toujours possible s'il n'a pas fait acquérir de droits** (14 nov. 1958, *Ponard*) **ou n'a été obtenu que par suite d'une fraude** (12 avr. 1935, *Sarovitch* ; 13 nov. 1981, *Commune de Houilles* ; 31 mars 2010, *min. Educ. nat.*). Si cet acte irrégulier **a fait acquérir des droits** (y compris les décisions pécuniaires : 3 nov. 2003, *Lhoumeau*), et c'est l'apport propre de la décision *Dame Cachet*, il est possible à l'administration de le retirer rétroactivement dans le délai du recours pour excès de pouvoir si un tel recours n'a pas été formé ; si un recours a été formé, l'administration peut encore le retirer pendant toute la durée du procès. La jurisprudence ultérieure a porté le délai de retrait à quatre mois (26 oct. 2001, *Ternon** ; 7 janv. 2013, *Alain X.*).

II. Le devenir de la décision *Dame Cachet*

Le souci de sécurité juridique qui fondait la solution « *Dame Cachet* » a progressivement cédé le pas à un strict respect de la légalité. Ainsi, la formation d'un **recours gracieux** (29 mars 1968, *S.A. du lotissement de la plage de Pampelonne*) ou d'un **recours hiérarchique** (29 mars 1968, *Manufacture française des pneumatiques Michelin*) contre un tel acte avait pour effet de prolonger le délai de retrait jusqu'à ce que soit devenue définitive (soit deux mois après) la décision sur ledit recours. Surtout, **en l'absence de publicité complète** de l'acte, le délai de recours des tiers contre un tel acte étant infini, il en allait de même du délai de retrait ouvert à l'administration (6 mai 1966, *Ville de Bagneux*) : l'insécurité juridique était maximum pour le destinataire de l'acte, ce qui a provoqué une double réaction, jurisprudentielle (24 oct. 1997, *Mme de Laubier* ; 26 oct. 2001, *M. Ternon* * ; 3 oct. 2003, *Wetzstein*) et législative (loi du 12 avr. 2000). Les solutions retenues condamnent définitivement la jurisprudence *Ville de Bagneux*. En revanche, si elles paraissent modifier substantiellement la lettre de l'arrêt *Dame Cachet* (encore applicable dans certains cas : 26 janv. 2007, *SAS Kaefer Wanner*), elles en conservent l'esprit : la possibilité de retirer un acte administratif doit demeurer **exceptionnelle**.

SEPTFONDS
TC – 16 juin 1923 (Rec. 498)

SCEA DU CHENEAU et CHEREL c/ INAPORC et CNIEL
TC – 17 oct. 2011

Le juge judiciaire a-t-il le pouvoir d'interpréter un acte administratif réglementaire ? C'est la question que résout la décision *Septfonds*, elle concerne le problème des **questions préjudicielles** qui n'existent pas devant le juge judiciaire pénal car il a toujours plénitude de juridiction (art. 111-5 c. pénal). Le principe de séparation entre les deux ordres de juridiction interdit au juge judiciaire d'interpréter les actes administratifs mais le principe que le juge de l'action est juge de l'exception pousse, lui, à attribuer au juge judiciaire ce pouvoir d'interprétation. Aussi la Cour de cassation et le Tribunal des conflits combinent deux distinctions : entre actes individuels et actes réglementaires, entre interprétation et appréciation de la légalité de ces actes.

I. L'interprétation des actes administratifs

Les juridictions de l'ordre judiciaire sont toujours compétentes pour interpréter les **actes administratifs réglementaires** : c'est la solution *Septfonds* (TC, 24 janv. 1983, *COREP de Corse du Sud*). En revanche, s'agissant d'interpréter les **actes administratifs individuels** ainsi que les actes collectifs non réglementaires, les juridictions civiles sont incompétentes sauf dans deux cas : l'acte administratif individuel à interpréter n'est pas détachable d'un litige principal que la loi confie au juge judiciaire (TC, 27 oct. 1931, *Pannier* ou loi du 31 déc. 1957 sur la réparation des dommages causés par un véhicule), l'acte à interpréter est clair en lui-même (TC, 10 févr. 1949, *Roubaud*).

II. L'appréciation de la légalité des actes administratifs

Le pouvoir d'appréciation de la légalité d'un acte peut aboutir à paralyser cet acte (s'il est jugé illégal, par ex.), il est donc plus rarement accordé. Le **juge civil** est incompétent pour apprécier la légalité d'une décision administrative que celle-ci soit individuelle ou réglementaire, que la norme de référence appartienne au droit interne ou au droit international (TC 17 oct. 2011, *SCEA du Chéneau c/ INAPORC*) sauf deux exceptions : 1) lorsque l'acte réglementaire concerne l'inviolabilité du domicile, la liberté individuelle ou le droit de propriété (TC 30 oct. 1947, *Barinstein*) ; 2) lorsqu'il apparaît manifestement, au vu d'une jurisprudence établie (TC, 12 déc. 2011, *Sté Green Yellow et a.*), que la contestation peut être accueillie par le juge judiciaire saisi au principal et qu'il s'agit de donner son plein effet au droit communautaire en vertu de l'art. 88-1 de la Constitution (TC, 17 oct. 2011, *SCEA du Chéneau*, préc.) ; Le Conseil d'État s'est reconnu la même compétence et pour les mêmes motifs à l'égard des actes de droit privé : Sect. 23 mars 2012, *Féd. Sud Santé*). En matière de contrat administratif les questions sont toujours préjudicielles (TC, 16 juin 1997, S^té^ *« Les fils de Mme Giraud »* ; Cass. 1re civ., 14 nov. 2006, *Cne de Bondy*). Enfin, la grave divergence qui opposait le juge administratif et le juge judiciaire sur la juridiction compétente pour connaître des exceptions d'inconventionnalité soulevées à l'encontre des actes administratifs, a été résolue en faveur du juge administratif (TC, 17 oct. 2011, préc.).

COUITÉAS
CE – 30 novembre 1923 (Rec. 789)

Un important propriétaire foncier de Tunisie avait obtenu du juge judiciaire l'expulsion des quelque huit mille occupants se trouvant sur ses terres (près de 40 000 hectares). Nanti de cette décision, il sollicita le concours de la force publique pour permettre l'exécution de la décision. Les autorités compétentes, tout en reconnaissant le bien-fondé de la demande du sieur Couitéas, refusèrent d'y accéder au motif du risque de troubles graves à l'ordre public qu'une telle intervention de police était de nature à provoquer. Le juge a admis la légalité du refus de prêter main forte au requérant car le motif du refus était justifié, et il a affirmé le droit de l'intéressé à obtenir des dommages-intérêts.

I. Le droit à l'exécution des décisions de justice

Les décisions de justice, sont revêtues de la « formule exécutoire » par laquelle la République « mande et ordonne » de pourvoir à leur exécution. Tout justiciable nanti d'une décision juridictionnelle exécutoire a un véritable droit à ce que la sentence soit exécutée. Le Conseil d'État rappelle énergiquement cette conséquence dans l'arrêt *Couitéas*. À l'époque contemporaine, le législateur et le juge ont multiplié les moyens offerts au justiciable pour obtenir l'exécution des décisions de justice.

Toutefois, dans ce même arrêt *Couitéas*, le Conseil d'État admet que l'autorité de police chargée d'exécuter les décisions de justice peut être amenée à refuser de prêter son concours lorsque leur exécution est de nature à provoquer un trouble certain (18 juin 2008, *SNT*) dans la population ou la zone concernée. Il convient de faire une balance entre les intérêts en présence : si le trouble né de l'inexécution d'une décision de justice est moins dommageable pour l'ordre public que le trouble qui résulterait de son exécution, le refus d'exécution ne sera pas jugé illégal et le préjudice en résultant sera réparable. Au contraire, si c'est l'inexécution du jugement qui risque de causer le plus grand trouble, le refus de prêter concours sera déclaré illégal.

II. La sanction de l'inexécution des décisions de justice

Lorsque l'administration refuse, à bon droit, d'aider à l'exécution d'un jugement, elle engage sa responsabilité, et doit réparer le dommage qui en résulte (même si le refus repose sur la protection de l'ordre public : 25 nov. 2009, *min. Int.*), avec un double correctif. Généralement, le juge accorde un *délai* au terme duquel la responsabilité de la personne publique sera engagée. Par ailleurs, le juge fixe *la partie du dommage* dont la réparation incombe à l'administration. Ce sera une responsabilité non fondée sur la faute puisque, par hypothèse, l'administration a eu raison de ne pas procéder à l'exécution de la décision de justice. Cette responsabilité est fondée sur la **rupture de l'égalité devant les charges publiques** (voir aussi : 3 juin 1938, *S*^{té} *« La Cartonnerie et Imprimerie Saint-Charles »**).

La solution « *Couitéas* » paraît aujourd'hui condamnée par la CJUE, qui impose aux États membres d'assurer effectivement leurs obligations sans pouvoir invoquer un motif d'ordre public pour s'y soustraire (CJCE, 9 déc. 1997, *Commission c/ France*) : l'indemnisation pour inexécution d'une décision de justice ne constitue pas l'exécution effective de celle-ci (CC, n° 98-403 DC, 29 juill. 1998). La Cour EDH va également en ce sens.

RODIÈRE
CE, Ass. – 26 décembre 1925 (Rec. 1065)

Le sieur Rodière avait obtenu du Conseil d'État l'annulation d'un tableau d'avancement. Le ministre chargé d'exécuter cette décision, au lieu de remettre les agents concernés dans la situation qui était la leur à la veille de l'établissement du tableau litigieux, les plaça dans la situation nouvelle résultant de reclassements fictifs censés tenir compte de la durée du procès. Rodière saisit à nouveau le juge. Celui-ci rejeta cette requête au moyen d'un arrêt dont la rédaction est l'une des plus doctrinales qui soient. L'acte déclaré illégal est censé n'avoir jamais existé. L'évolution postérieure a notablement réduit la portée de cette décision dans un souci de sécurité juridique.

I. Le principe de l'effet rétroactif des annulations pour excès de pouvoir ou le souci du respect de la légalité

Pour le Conseil d'État, les décisions d'annulation rendues sur recours pour excès de pouvoir entraînent « *nécessairement certains effets dans le passé, à raison même de ce fait que les actes annulés pour excès de pouvoir sont réputés n'être jamais intervenus* ». **Pour éviter toute rupture de la continuité**, l'administration doit prendre les mesures propres à combler le vide résultant de l'annulation. C'est pourquoi, **par exception au principe de non-rétroactivité des actes administratifs**, les décisions administratives qui tirent les conséquences d'une annulation contentieuse sont nécessairement de caractère rétroactif (11 juill. 1958, *Fontaine*). Pareillement, l'annulation d'un acte fait revivre celui qu'il remplaçait ou abrogeait. L'autorité qui s'attache à la chose jugée oblige l'administration à tirer **toutes les conséquences découlant de la décision de justice, mais seulement ces conséquences-là**. Ici, l'annulation du tableau d'avancement imposait de ne pas nommer les agents y figurant mais n'interdisait pas de leur octroyer les avancements normaux survenus depuis la publication du premier tableau.

II. L'atténuation de la rétroactivité des annulations contentieuses ou le souci de sécurité juridique

Il faut désormais compter avec le principe de **sécurité juridique**, devenu aujourd'hui un principe général du droit (24 mars 2006, *S[té] KPMG et autres*). La jurisprudence a d'abord indiqué dans les motifs de ses décisions, ainsi revêtus de l'autorité absolue de chose jugée, de quelle manière et dans quel délai l'administration doit les exécuter (29 juin 2001, *Vassilikiotis* ; 5 mars 2003, *Titran*). Ensuite, elle a limité, voire même supprimé, les effets rétroactifs d'une annulation contentieuse (Ass. 11 mai 2004, *Assoc. AC ! et autres**) lorsque ses conséquences apparaissent excessives en raison de leur rétroactivité (25 févr. 2005, *France Télécom* ; 11 janv. 2006, *Assoc. des familles victimes de saturnisme*). Le Conseil constitutionnel fait sienne cette position (n° 2005-528 DC, 15 déc. 2005). Il en va de même pour certains effets attachés aux décisions rejetant une demande d'annulation (27 oct. 2006, *S[té] Techna*). Enfin, le Conseil d'État, à l'instar de la Cour de cassation, accepte de ne pas donner une portée rétroactive à certains de ses revirements de jurisprudence (16 juill. 2007, *S[té] Tropic**) La solution de l'arrêt *Rodière* demeure cependant le principe (10 nov. 2010, *Dpt du Lot*).

DESPUJOL
CE, Sect. – 10 janvier 1930 (Rec. 30)

Des problèmes de stationnement de véhicules, en 1926 déjà, près d'un site historique (le château de Chaumont), sont à l'origine d'une importante jurisprudence sur la **théorie du changement des circonstances**. Dans le souci d'assurer la stabilité et la sécurité des situations juridiques, à l'expiration d'un certain délai, les actes administratifs ne peuvent plus faire l'objet de contestation contentieuse ni de retrait (3 nov. 1922, *Dame Cachet**). La seule réserve était la possibilité d'invoquer, par voie d'exception, donc après expiration du délai de recours, lors des applications individuelles d'un acte réglementaire, l'illégalité de cet acte réglementaire. Avec l'arrêt *Despujol*, et surtout avec deux autres décisions qui ont profondément remanié le système « *Despujol* » (10 janv. 1964, *Synd. nat. des cadres des bibliothèques*, et 10 janv. 1964, *Min. de l'Agriculture c/ Simonnet*), lorsque ont disparu les **circonstances de droit ou de fait** qui justifiaient légalement un règlement, l'administration doit procéder à la modification, au remplacement ou à l'abrogation de ce règlement devenu ainsi illégal par suite du changement des circonstances : c'est le **principe général de la mutabilité des actes administratifs** (30 nov. 1990, *Assoc. « Les Verts »*).

I. Le changement dans les circonstances de droit

C'est l'hypothèse que vise l'arrêt *Despujol*, et qu'affine la décision du 10 janvier 1964, *Syndicat des cadres des bibliothèques*. La régularité d'un règlement s'apprécie par rapport à la légalité générale existant alors (Constitution, traité, loi, autres règlements, etc.). Si, postérieurement à l'intervention de ce règlement, se modifie un élément de la légalité générale, le règlement, initialement régulier, peut devenir irrégulier. En ce cas, tout intéressé peut solliciter de l'autorité administrative compétente qu'elle l'abroge en tout ou en partie (10 oct. 2003, *Cne de Rilleux-la-Pape*). Les jurisprudences combinées précitées enfermaient cette demande dans le délai de deux mois à compter de la situation juridique nouvelle rendant illégal le règlement. Désormais, l'intéressé peut saisir « *à toute époque* » l'administration d'une telle demande. Si celle-ci refuse explicitement ou implicitement (en gardant le silence sur cette demande) d'opérer cette abrogation, l'intéressé peut saisir le juge administratif dans les deux mois de ce refus.

II. Le changement dans les circonstances de fait

Lorsque se modifient profondément les circonstances de fait au vu desquelles un règlement a été pris, il peut en résulter l'illégalité du règlement, devenu inadéquat à la situation nouvelle. En ce cas, tout intéressé peut, à tout moment, demander l'abrogation de celui-ci. En matière économique, ainsi que dans les domaines où l'administration dispose d'un pouvoir largement discrétionnaire, devra cependant être établi un « bouleversement complet » de la situation originaire, constituant une véritable « imprévision » (*Simonnet*, précité ; 26 avr. 1985, *Entreprises maritimes L. Vincent*), pour obtenir la modification du réglement. L'intéressé dispose de deux mois, après le refus de l'Administration, pour saisir le juge.

CHAMBRE SYNDICALE DU COMMERCE EN DÉTAIL DE NEVERS
CE, Sect. – 30 mai 1930 (Rec. 583)

La ville de Nevers avait créé un « service de ravitaillement destiné à la vente directe au public » de denrées alimentaires, ce qui avait suscité l'ire des commerçants de la ville. Le Conseil d'État censura les délibérations du conseil municipal instituant ce service, appliquant ainsi les principes du libéralisme et rejetant les velléités de « socialisme municipal ». Cette jurisprudence allait connaître une très importante évolution.

I. Le refus initial du « socialisme municipal »

Selon le Conseil d'État : « ... *les entreprises ayant un caractère commercial restent, en règle générale, réservées à l'initiative privée et (...) les conseils municipaux ne peuvent ériger des entreprises de cette nature en services publics communaux que si, en raison de circonstances particulières de temps et de lieu, un intérêt public justifie leur intervention en cette matière.* » La liberté du commerce et de l'industrie, issue de la loi Le Chapelier (14-17 mars 1791), est un principe général du droit qui interdit aux personnes publiques de concurrencer les activités marchandes privées. Malgré l'intervention, en 1926, de textes ouvrant largement aux personnes publiques la faculté d'intervenir en matière économique, le Conseil d'État refuse ici de revenir sur un principe bien établi. Il n'admet leurs interventions que si elles satisfont à une double exigence : existence de « circonstances particulières » et d'un intérêt public local.

II. L'acceptation finale d'un certain interventionnisme

Cependant, dès 1933, le Conseil d'État modifie fortement sa jurisprudence et admet, à des conditions assouplies, l'action économique publique, surtout de la part des communes. Il va multiplier les exceptions, faisant douter du maintien du principe de la liberté du commerce et de l'industrie, constitutionnalisée par le Conseil constitutionnel sous la forme de la *liberté d'entreprendre* (décis. 81-132 du 16 févr. 1981). Sont ainsi admis : des boucheries municipales (24 nov. 1933, *Zénard*), un cinéma municipal (12 nov. 1938, *Goldberg et a.*), un cabinet dentaire communal (20 nov. 1964, *ville de Nanterre*), la création d'une piscine municipale en sus des deux autres, privées, déjà existantes (23 juin 1972, S[té] « *La Plage de la Forêt* »). Même régulière, l'intervention publique doit respecter la liberté du commerce et de l'industrie ainsi que le droit de la concurrence (3 mars 2010, *Dpt de la Corrèze*), et s'effectue sous réserve de la responsabilité sans faute de l'intervenant public en cas de dommage causé à une activité privée. Enfin, les personnes publiques ont toujours la possibilité d'accomplir par elles-mêmes ou de faire accomplir par des tiers leurs missions de service public sans que, dans le premier cas, puisse y faire obstacle la liberté du commerce et de l'industrie ou le droit de la concurrence même si cela peut affecter les activités privées similaires (Ass. 26 oct. 2011, *Assoc. pour la promotion de l'image et autres*).

COMPAGNIE DES TRAMWAYS DE CHERBOURG
CE, Ass. – 9 décembre 1932 (Rec. 1050)

La Compagnie des tramways de Cherbourg, en grande difficulté financière du fait de circonstances économiques générales, sollicita, et obtint, de la commune concédante des augmentations tarifaires. Cela se révéla insuffisant et la compagnie demanda alors la mise en œuvre de la théorie de l'imprévision, ce qui lui fut refusé par la ville. Le Conseil d'État rejeta le recours de la compagnie, estimant que si, en principe, les contrats administratifs durablement déficitaires peuvent bénéficier du mécanisme de l'imprévision (30 mars 1916, *Cie générale d'éclairage de Bordeaux**), c'est à condition que la situation de grave déficit demeure **temporaire**.

I. La confirmation de la théorie de l'imprévision

L'arrêt *Cie des tramways de Cherbourg* confirme la jurisprudence sur l'imprévision, qui garde toute sa valeur plus de quinze ans après avoir été solennellement exposée dans la décision du 30 mars 1916, *Cie générale d'éclairage de Bordeaux**. Il rappelle également, et c'est là sa portée principale, la **finalité** de la théorie de l'imprévision. Celle-ci a pour but de permettre au concessionnaire « *d'assurer la marche du service public* ». C'est le principe de continuité du service public qui justifie l'entorse que cette théorie constitue par rapport à la théorie civiliste du contrat (d'où l'exclusion de l'imprévision dans les contrats de droit privé de l'administration : TA Rouen, 28 août 1998, *S^té^ Renault S.A.*). La charge financière supplémentaire supportée par la collectivité publique en application du régime de l'imprévision est la contrepartie de l'exigence d'un fonctionnement continu du service public, et le prix payé pour assurer la satisfaction de l'intérêt général.

II. La force majeure dans les contrats administratifs et l'imprévision

Le juge a écarté l'application, en l'espèce, du régime de l'imprévision, en raison du caractère définitif de la situation déficitaire. Conçue comme un régime provisoire, l'imprévision ne peut devenir un mode ordinaire de fonctionnement du service public. Lorsqu'il est acquis que le caractère déficitaire est devenu définitif, la collectivité ne saurait être tenue « *d'assurer aux frais du contribuable, et contrairement aux prévisions essentielles du contrat, le fonctionnement d'un service qui a cessé d'être viable...* ». Le contrat se dénoue par l'effet d'une situation qui est de **force majeure** (29 janv. 1909, *Cie des Messageries maritimes*). Il appartient, en cette hypothèse, à l'un quelconque des contractants, de saisir le juge du contrat afin de lui faire constater cette situation et de lui demander de prononcer la résiliation du contrat, dissolvant ainsi le lien contractuel (27 juill. 1951, *Montagnac* ; 14 juin 2000, *Commune de Staffelfelden*). On sait qu'il y a force majeure lorsque sont réunies les trois conditions suivantes : l'événement doit être imprévisible ou inévitable, indépendant de la volonté du débiteur (malgré Cass. plén., 14 avril 2006), et insurmontable (5 déc. 1952, *S^té^ Chapron frères* ; 2 mars 1956, *Hoang Van Ngoc*). La force majeure est rarement admise par le juge administratif (3 mars 2010, *Cne de Garges-lès-Gonesse*).

BENJAMIN
CE, Ass. – 19 mai 1933 (Rec. 541)

Une conférence de René Benjamin sur Jeanne d'Arc, avortée pour cause d'hostilité de la part d'instituteurs publics, allait déclencher un contentieux aboutissant à l'une des plus importantes décisions du Conseil d'État en matière de libertés publiques. Devant le risque de manifestation dirigée contre ce conférencier, le maire de Nevers interdit cette conférence. Le juge censura les arrêtés municipaux : la liberté de réunion est une liberté fondamentale, à laquelle il ne peut être porté atteinte que pour des motifs tirés de la nécessité de maintenir l'ordre public. En l'espèce, le maire aurait pu obvier la menace de troubles en prenant les mesures de police nécessaires puisqu'il en avait les moyens, conciliant ainsi liberté et respect de l'ordre. Faute de l'avoir fait, sa décision est illégale. La solution eût été peut être différente en présence d'une liberté non fondamentale telle que le cinéma, ou les manifestations sur la voie publique.

I. La notion de liberté fondamentale

Les libertés fondamentales sont celles qui sont instituées par des textes (Constitution, loi, traités) et qui font l'objet de protections et garanties détaillées : libertés de presse, d'association, de réunion, de culte, de conscience, ou liberté syndicale, etc. Ici, **la liberté prime la réglementation de police**. Dans l'effort de conciliation, les deux aspects ne sont pas équivalents : normalement, c'est la liberté qui doit l'emporter. Parce qu'il s'agit d'une liberté fondamentale, le souci de l'ordre public doit s'effacer le plus possible devant l'impérieuse exigence de liberté. L'appréciation de la réalité de la menace de troubles et de son ampleur dépend des circonstances de temps et des circonstances de lieu évaluées *in concreto* ; elles en sont étroitement dépendantes. Ainsi, deux cas très proches seront traités différemment en raison des particularités de chaque situation concrète. Voir, pour les photographes filmeurs : 22 juin 1951, *Daudignac* (interdiction illégale) ; 13 mars 1968, *Min. de l'Intérieur cl Époux Leroy* (interdiction légale).

II. Liberté fondamentale et pouvoirs de police administrative

À l'égard de ces libertés, l'autorité de police administrative n'est pas dépourvue de tout moyen d'action lorsque les nécessités de l'ordre public justifient une intervention de sa part. Trois principes se combinent, selon la jurisprudence du Conseil d'État.

1°) L'intervention de police **n'est justifiée que pour des considérations d'ordre public** (19 févr. 1909, *Abbé Olivier** ; TC, 8 avr. 1935, *Action française** ; 10 janv. 1968, *Assoc. Enbata*). La menace de troubles doit donc être réelle et sérieuse (3 juil. 2009, *Cne de Narbonne* : rave partie près d'une usine classée SEVESO 2 haut), le juge ne se satisfaisant pas de simples allégations (19 juin 1953, *Houphouët-Boigny*) ; lorsqu'elle cesse, la mesure de police doit également prendre fin (30 juin 2004, *Cne de Bertrange*).

2°) Il doit y avoir **proportionnalité** entre la menace de trouble et la mesure de police censée y apporter remède. Le juge veille tout particulièrement au respect de cette dernière exigence, d'où un contrôle très strict (22 juin 1951, *Daudignac* ; 30 juin 2000 et 4 févr. 2004, *Assoc. « Promouvoir »* ; 1er juin 2011, *Réseau d'alerte et d'intervention pour les droits de l'homme*, à propos du pistolet « Taser »).

3°) Les **interdictions générales et absolues** sont presque toujours jugées illégales (TC, 8 avr. 1935, *Action française** ; *a contrario* : 25 janv. 1980, *Gadiaga*).

ACTION FRANÇAISE
TC – 8 avril 1935 (Rec. 1226)

Les événements contre-révolutionnaires du 6 février 1934 eurent leur répercussion contentieuse sous les voûtes du Palais-Royal. Le préfet de police fit saisir le 7 février 1934 le journal de Charles Maurras, *L'Action française*, à Paris même et dans tout le département de la Seine. Le Tribunal des conflits vit dans cette mesure une **voie de fait**.

I. La police et la liberté

L'autorité de police, chargée du maintien de l'ordre public, dispose du pouvoir de réglementer l'exercice des activités susceptibles de troubler cet ordre. Encore faut-il qu'elle le fasse légalement (3 févr. 1978, *CGT et CFDT*). Lorsque, comme au cas de l'espèce, l'activité constitue une liberté fondamentale (Cass. Civ. 3e, 20 févr. 2008, *GAEC Dolbois frères*), il faut d'impérieux motifs pour que l'exercice du pouvoir de police puisse légalement porter atteinte à cette liberté (voir 19 mai 1933, *Benjamin**). En l'espèce, une violente et grave série d'émeutes avait éclaté le 6 février 1934, à l'instigation des ligues d'extrême droite. Le journal *L'Action française* leur était favorable. C'est pourquoi, le lendemain, le préfet de police en ordonna la saisie dans tous les points de vente. Or pour assurer l'ordre public, le préfet avait à sa disposition bien d'autres moyens, beaucoup moins dommageables pour la liberté de la presse et pour la liberté d'opinion, que la saisie préventive de la totalité des exemplaires du journal intéressé. La **disproportion** d'une mesure de police la rend toujours illégale (4 mai 1984, *Préfet de police*), voire même l'érige en une voie de fait.

II. Mesure de police et voie de fait

L'arrêt *Action française* est intéressant par la contribution qu'il apporte à la théorie jurisprudentielle de la voie de fait. Ayant à déterminer la juridiction compétente pour connaître de la légalité de la mesure prise par le préfet de police, le Tribunal des conflits qualifie celle-ci de « voie de fait », ce qui a pour effet d'en opérer la dévolution au juge judiciaire. Selon le Tribunal des conflits, la voie de fait est « *une mesure manifestement insusceptible de se rattacher à l'exercice d'un pouvoir appartenant à l'administration* » (voir aussi, dans une formulation voisine : TC, 4 juin 1940, *Schneider* ; TC, 19 nov. 2001, *Préfet de police c/ Mlle Mohamed*). La voie de fait est un agissement particulièrement grave par lequel l'Administration porte atteinte à un droit fondamental ou à la propriété privée (18 nov. 1949, *Carlier* ; Cass. civ. 3e, 20 févr. 2008 ; voir cependant : TC, 12 mai 1997, *Préfet de police**). Cette gravité entraîne la « dénaturation » de cet acte et sa soumission au juge judiciaire. On distingue la **voie de fait par manque de droit** (décision grossièrement illégale au fond) et la **voie de fait par manque de procédure** (exécution gravement illégale d'une décision, elle-même légale [Cass. 1re civ., 28 nov. 2006] ou pas). Dans l'affaire *Action française* étaient cumulées ces deux variétés de voie de fait : décision illégale de saisir des journaux et exécution matériellement irrégulière de cette décision car la menace de troubles ne couvrait point tout le territoire visé par les saisies. On mesure ainsi la portée de l'exigence de proportionnalité entre les mesures de police et la gravité de la menace qu'elles entendent pallier. De plus, le préfet de police ne pouvait opérer des saisies préventives globales d'imprimés protégés au titre de la liberté de la presse.

ÉTABLISSEMENTS VÉZIA
CE, Ass. – 20 décembre 1935 (Rec. 1212)

Le séisme provoqué par l'arrêt du Bac d'Éloka, créateur des SPIC, allait, insidieusement cette fois, se doubler d'une lame de fond : l'irruption des personnes privées dans l'univers du droit administratif. L'arrêt *Établissements Vézia* témoigne du mouvement brownien qui affecte la jurisprudence administrative en ce domaine. En l'espèce, il s'agissait de « sociétés indigènes de prévoyance », organismes privés, destinées à constituer pour les agriculteurs autochtones des colonies françaises d'Afrique un embryon de protection sociale. Dans le cadre d'une « publicisation » accrue de leurs statuts, il fut décidé que la colonie (personne morale de droit public) serait habilitée à procéder à des expropriations dans l'intérêt de ces sociétés privées, et que celles-ci seraient autorisées à vendre les produits agricoles de leurs adhérents.

I. La naissance des services d'intérêt public

Les Établissements Vézia déférèrent au Conseil d'État l'ensemble de ce mécanisme. Ce fut l'occasion pour le juge d'affirmer que la procédure d'expropriation, prérogative de puissance publique par excellence, pouvait être exercée au profit de ces sociétés indigènes de prévoyance. Celles-ci constituent, en effet, un **service d'intérêt public**. Dans l'esprit du commissaire du gouvernement R. Latournerie, et peut-être aussi dans celui du juge, il s'agissait de créer une catégorie de personnes juridiques intermédiaire entre le service public (de plein exercice en quelque sorte) et la personne privée (normale). Un tel service d'intérêt public correspond à la satisfaction de certains besoins généraux essentiels et doit, à ce titre, bénéficier de prérogatives de puissance publique. La solution de l'arrêt, qui consacre sur ce point les vues du commissaire du gouvernement, obscurcit un peu plus les notions de base du droit public : intérêt général, puissance publique, service public, prérogatives de puissance publique, opérant ainsi une dichotomie entre la nature juridique des personnes et celle de leurs prérogatives (TC, 24 sept. 2001, *Bouchot-Plainchant*).

II. Les suites de l'arrêt *Établissements Vézia*

Le Conseil d'État n'en resta point là et franchit le pas trois ans plus tard (13 mai 1938, *Caisse primaire « Aide et Protection »**) en admettant que des personnes de droit privé puissent gérer de véritables services publics avec toutes les conséquences de droit public attachées à cette notion. Ainsi était réalisée une dichotomie radicale entre les deux composantes, jusque-là confondues, du service public : l'**activité** de service public (le « service public-activité ») et l'**institution fonctionnellement** chargée de gérer le service public (le « service public-organe »). La notion de service public paraissait n'être réduite qu'à désigner une activité matérielle, sans considération aucune pour la nature juridique de la personne chargée de sa gestion. C'est ce que l'on va appeler la « crise du service public ». Par ailleurs, l'expression d'« intérêt public » utilisée par l'arrêt *Établissements Vézia*, étant différente de celle d'« intérêt général », traditionnellement employée en droit administratif, semblait appeler une définition propre, ce qui n'a jamais été fait. De sorte que l'on peut s'interroger sur la consistance même, sur le sens et sur l'utilité pratique du recours à la notion d'« intérêt public ».

JAMART
CE, Sect. – 7 février 1936 (Rec. 172)

En vertu d'une tradition constitutionnelle (et politique) jamais démentie, les ministres ne disposent pas, en France, du pouvoir réglementaire général (6 mars 1959, *Synd. des grandes pharmacies de la région de Paris* ; 8 févr. 2010, *Min. Défense*). Tout au plus peuvent-ils se voir conférer circonstanciellement, par des textes particuliers, sur des points limités, des attributions de nature réglementaire (16 mai 1958, *Sté de courtage et d'affrètement fluvial*). Le ministre est aussi le chef d'une administration : pour la marche de services composés de milliers d'agents, il est amené à prendre des mesures de caractère général. L'absence d'attribution d'un pouvoir réglementaire général se révèle souvent gênante, d'où la solution adoptée par le Conseil d'État dans l'arrêt *Jamart* : si le juge refuse l'octroi du pouvoir réglementaire aux ministres, il leur reconnaît un pouvoir de direction du service et de ses agents exercé au moyen d'actes à portée générale.

I. Le refus du pouvoir réglementaire aux ministres

En droit français, le pouvoir de disposer par voie de mesures à caractère général et impersonnel n'appartient, au niveau national, qu'au chef de l'État et/ou au chef du gouvernement. Sous l'empire de la Constitution de 1958, le Premier ministre est l'autorité réglementaire nationale de droit commun, le président de la République n'exerçant que résiduellement un tel pouvoir. En revanche, la Constitution n'attribue aucun pouvoir réglementaire aux ministres, même sous la forme de leur participation au Conseil des ministres ; en effet, ils ne sont point coauteurs des décisions qui y sont prises (25 janv. 1963, *Lemaresquier* ; 31 déc. 1976, *Comité de défense des riverains de l'aéroport de Paris-Nord*).
Cependant, les ministres sont les supérieurs hiérarchiques des agents placés sous leur autorité, et sont responsables de la marche des administrations à la tête desquelles ils se trouvent placés : en particulier, cette responsabilité est assumée, d'une part, envers le Premier ministre, chef du gouvernement, d'autre part, devant le Parlement.

II. La reconnaissance d'un pouvoir de direction du service et de ses agents

Le ministre se voit en pratique reconnaître un important pouvoir, même si celui-ci n'est pas de nature réglementaire et s'il n'a jamais l'obligation d'en user (14 mars 2003, *Le Guidec*). Ce pouvoir appartient de plein droit à tout ministre sauf les ministres délégués et les secrétaires d'État. Ces derniers ne détenant aucune compétence propre (26 juill. 2011, *Synd. nal. des pilotes de ligne d'Air France*). Le ministre peut réglementer l'exercice du droit de grève par ses subordonnés (23 oct. 1964, *Féd. des synd. chrétiens des cheminots*) ou organiser le service dans ses modalités essentielles, en l'absence de tout texte en sens contraire, ce qui est le cas le plus fréquent (1er avr. 1949, *Chaveneau* : organisation d'aumôneries dans les lycées). Il dispose du pouvoir de prendre des circulaires interprétatives ou non impératives (29 janv. 1954, *Institution Notre-Dame du Kreisker* ; 19 mars 1997, *Syndicat de la Magistrature*) ainsi que des directives (11 déc. 1970, *Crédit Foncier de France**) qui, sans constituer de véritables actes réglementaires, régissent le fonctionnement du service public, assurent l'unité et la cohérence de l'action du service, et s'imposent aux subordonnés qui ne peuvent, sauf exceptions tenant à la mise en cause de leurs droits statutaires, les contester devant le juge de l'excès de pouvoir.

SOCIÉTÉ ANONYME DES PRODUITS LAITIERS « LA FLEURETTE »
CE, Ass. – 14 janvier 1938 (Rec. 25)

GARDEDIEU
CE, Ass. – 8 février 2007

Une loi de 1934 interdit d'appeler « crème » tout produit non issu exclusivement du lait. La société « La Fleurette » doit cesser la fabrication de l'une de ses spécialités, non nuisible à la santé mais qui n'est plus conforme à la nouvelle norme. D'où un procès en réparation qui conduit le juge à poser, pour la première fois, le principe de la responsabilité sans faute de l'État en cas de dommages causés par l'exercice du pouvoir législatif (I et II). Les conditions d'origine de cette responsabilité sont différentes quand la loi dommageable viole le droit international (III, *Gardedieu*). Le juge administratif est seul compétent pour connaître de la responsabilité du fait des lois (TC 31 mars 2008, *S^té^ Boiron*).

I. Conditions de la responsabilité du fait des lois

D'une part, la réparation est exclue lorsque la loi dommageable intervient dans un but d'intérêt général (14 déc. 1984, *Rouillon*), solution illogique car la loi intervient toujours dans un tel but. D'autre part, la réparation ne doit pas avoir été exclue par la **volonté du législateur** (Paris, 4 déc. 1997, *Sarfati*) telle qu'elle résulte, soit des **termes mêmes de la loi** (13 oct. 1978, *Perthuis et autre*), soit, à défaut, **des travaux préparatoires de la loi** (22 nov. 1970, *S^té^ Établ. L. Rémusat* ; Bordeaux, 24 juin 2004, *S^té^ Probal*), soit, enfin, à défaut de l'une de ces deux hypothèses, **de l'ensemble des circonstances de l'affaire** (3 déc. 1948, *S^té^ aéromaritime de l'Atlantique* ; 25 sept. 1970, *C^ne^ de Batz-sur-Mer*).

II. Le préjudice réparable en cas de dommage du fait des lois

S'agissant d'une responsabilité sans faute à prouver, le préjudice doit satisfaire, outre les conditions habituelles (telle l'absence de faute de la victime : Bordeaux, 10 sept. 2002, *Voréal* ; le caractère direct du préjudice : 22 oct. 2003, *Paquet* ou l'existence d'un aléa : 1er févr. 2012, *Bizouerne*, 347205), à deux conditions spécifiques (Douai, 1er juill. 2003, *SOGETRA*) : il doit être d'une « **gravité suffisante** », donc se situer au-delà des inconvénients normaux de la vie en société (27 janv. 1961, *Vannier** ; 30 juill. 2003, *Assoc. Pour le développement de l'aquaculture en région Centre*) et « **spécial** », ne touchant qu'un nombre restreint d'individus car c'est une réparation d'équité.

III. Responsabilité du fait de lois violant le droit international

L'arrêt *Gardedieu* concerne le préjudice causé par une loi du fait qu'elle viole une convention internationale. En l'espèce, une loi, en raison de sa rétroactivité, portait atteinte au droit à un procès équitable, reconnu par l'art. 6 § 1 de la Convention EDH. C'est une responsabilité d'un genre nouveau (ni pour faute ni sans faute), « objective » (Paris, 4 avr. 2007, *Abolivier*). L'entier préjudice est réparable et il n'est pas exigé qu'il revête un caractère « anormal » et « spécial ».

CAISSE PRIMAIRE « AIDE ET PROTECTION »
CE, Ass. – 13 mai 1938 (Rec. 417)

Les assurances sociales sont un service public, et cette nature n'est pas affectée par le fait qu'il est confié, notamment, à des caisses primaires qui sont des personnes morales de droit privé. Ainsi, la décision *Caisse primaire « Aide et Protection »* accentue l'ouverture qu'avait esquissée l'arrêt *Établissements Vézia* * (20 déc. 1935). Désormais, il est admis qu'une personne privée puisse gérer un service public et qu'elle puisse disposer, à cet effet, des prérogatives attachées à l'exécution d'un tel service.
L'arrêt commenté ouvrit la voie à une jurisprudence particulièrement abondante et, pour l'essentiel, jamais démentie jusqu'à nos jours.

I. Le caractère de service public reconnu à certaines activités privées

La nouveauté réside en ce qu'une personne privée est désormais en mesure de gérer directement un service public sans qu'il soit besoin d'une intervention préalable d'une collectivité publique (comme c'est le cas dans la concession de service public). En outre, cette personne privée peut gérer soit un service public administratif (*Caisse primaire « Aide et Protection »* ; 4 mars 1983, *Assoc. familiale rurale de circuit et de transport des élèves de la région de Meslay-du-Maine*), soit un service public à caractère industriel ou commercial.
L'exception que constituait à l'origine la décision *Aide et Protection* s'est généralisée : de nombreux organismes privés sont gestionnaires d'un service public. En dehors du domaine de la sécurité sociale (TC, 22 avr. 1974, *Directeur régional de la sécurité sociale c/ Blanchet*), on peut citer celui des sports (25 juin 2001, *Sté à objet sportif Toulouse Football Club*, à propos de la Fédération française de football, par ex.), le domaine agricole (13 janv. 1961, *Magnier* ; 13 juill. 1968, *Capus*), celui de l'enseignement (15 oct. 1982, *Mardirossian*), de la banque (TC, 25 mai 1988, *Sté G. Maurer*), des loisirs (chasse : TC, 24 sept. 2002 , *Bouchot-Plainchant*).

II. Le régime juridique des services publics gérés par une personne privée

Le SPA géré par une personne privée connaît une assez large application du droit public. Les **actes unilatéraux** seront des actes administratifs, à la fois, si la personne privée a été habilitée à en édicter (TC, 15 janv. 1968, *Cie Air France c/ Époux Barbier**), si ces actes concernent l'organisation d'ensemble du service et si cette personne détient des prérogatives de puissance publique (*Magnier*, précité ; 6 oct. 1961, *Féd. nat. des huileries métropolitaines*). Les **contrats**, le **statut du personnel** (TC 25 mars 1996, *Berkani*) et les **biens** relèvent du droit privé. Seuls les **travaux** accomplis et la **responsabilité extracontractuelle** encourue dans le cadre de la mission de service public relèveront du droit public. Les SPIC gérés par une personne privée connaissent un régime juridique en tout point semblable à celui des SPIC gérés par une personne publique : large soumission de principe au droit privé et application des trois principes (ou « lois de Rolland ») du service public : **continuité, mutabilité et égalité** (5 mai 1944, *Cie maritime de l'Afrique orientale*) qui sont inhérents à tout service public (CC 2004-501DC, 5 août 2004, *Service publ. de l'électr. et du gaz*).

SOCIÉTÉ « LA CARTONNERIE ET IMPRIMERIE SAINT-CHARLES »
CE, Ass. – 3 juin 1938 (Rec. 521)

Cette décision est un écho des évènements du Front populaire : les grèves avec occupation d'usine. Si la grève, dans son principe, est légale, l'occupation d'usine ne l'est pas parce qu'elle constitue à la fois une entrave à la liberté de travail des non-grévistes et une atteinte au droit de propriété de l'employeur sur son bien.

I. Les données du problème

Le propriétaire qui veut obtenir le départ des grévistes est placé devant une alternative : ou bien il demande à l'autorité de police d'intervenir afin qu'il recouvre le libre usage de son bien ; ou bien il s'adresse au juge judiciaire, généralement le juge des référés, pour lui demander d'ordonner l'expulsion. Nanti de cette décision de justice, son bénéficiaire peut solliciter le concours de la police afin qu'elle la fasse exécuter. Dans chacune de ces deux hypothèses, les forces de l'ordre hésitent parfois à intervenir, ou refusent carrément toute intervention, en raison des troubles à l'ordre public que pourrait provoquer leur intervention. Cette question, déjà soulevée, en qui concerne la seconde branche de l'alternative, par l'arrêt *Couitéas* * (30 nov. 1923 ; v. aussi : 18 juin 2008, *SNT*), est posée dans toute son ampleur par la décision *S^té^ «La Cartonnerie et Imprimerie Saint-Charles »*. En effet, cette société usa, en l'espèce, successivement des deux voies d'action : après avoir essuyé un refus de l'autorité de police, elle saisit le juge des référés.

II. La solution et sa portée

Les modalités de la demande d'intervention des forces de police ont un retentissement direct sur le régime de la responsabilité résultant de l'inaction des forces de police :

- Le refus de l'administration de prêter main forte pour expulser les grévistes, **alors qu'aucune décision judiciaire n'a été prononcée** – qui est l'hypothèse propre à l'arrêt commenté –, est possible en fonction de l'appréciation des circonstances à laquelle elle se livre. Le juge lui reconnaît un très large pouvoir d'appréciation et de décision. Ce n'est qu'en cas de faute lourde que sa responsabilité pourrait être éventuellement engagée (27 déc. 1938, *Loyeux*) pour inaction.
- Lorsque, en revanche, le concours de la police est demandé, en vain, **pour assurer l'exécution d'une décision de justice** – ce qui est l'hypothèse commune aux arrêts *Couitéas* * et « *La Cartonnerie Saint-Charles* » –, il convient de distinguer deux cas : **1°**) Ou bien le juge considère que le refus est injustifié ; la police a commis une faute lourde et doit exécuter le jugement (21 avr. 1948, *Husson et Dame Chiffre*). **2°**) Ou bien il estime que c'est à bon droit que la police s'est abstenue d'exécuter le jugement ; elle engage seulement sa responsabilité sans faute, sur le fondement de la rupture d'égalité devant les charges publiques (*«La Cartonnerie Saint-Charles »*). Cette dernière jurisprudence est désormais contraire à celle de la CJUE, pour qui l'État doit assurer l'exécution **effective** du jugement (CJUE, 9 déc. 1997, *Commission c/ France*, à propos de la « guerre de la fraise »).

CHAMBRE SYNDICALE DES CONSTRUCTEURS DE MOTEURS D'AVIONS
CE, Ass. – 12 novembre 1938 (Rec. 840)

La Chambre syndicale des constructeurs de moteurs d'avions, syndicat le plus représentatif de sa branche, n'avait pas signé une convention collective, ce qui rendait impossible son extension par arrêté ministériel, avec force obligatoire, à toute la branche. C'est pourtant ce que fit le ministre compétent. La Chambre syndicale demanda l'annulation de l'arrêté et sollicita qu'un sursis à l'exécution de cet arrêté litigieux soit ordonné en attendant que le Conseil d'État se soit prononcé sur sa requête. Le Conseil d'État fit droit à la demande de sursis, reconnaissant ainsi aux administrés un véritable droit à solliciter la suspension provisoire des actes administratifs illégaux : c'est ce qui fait la célébrité de cette décision.

I. La solution traditionnelle : le sursis, suspension provisoire de l'acte administratif

La procédure du sursis déroge au principe selon lequel les actes administratifs étant immédiatement exécutoires, les recours contentieux dirigés contre eux n'ont pas d'effet suspensif. Elle n'est donc ouverte que de façon restrictive. Cependant, la suspension des actes administratifs est une règle générale de procédure qui existe même sans texte (22 juin 1990, *M. Engin*) car elle constitue l'expression du principe constitutionnel des droits de la défense (CC, n° 86-224 DC du 23 janv. 1987*) aussi bien qu'un principe essentiel du droit communautaire (CJCE, 19 juin 1990, *Factortame** ; CJCE, 21 févr. 1991, *Zuckerfabrik* *).
Pour accorder le sursis à l'exécution de l'arrêté ministériel contesté par la Chambre syndicale des constructeurs de moteurs d'avions, le Conseil d'État a posé deux conditions principales : tout d'abord, l'un au moins des moyens invoqués par le requérant au soutien de son recours en annulation doit présenter un caractère **sérieux** ; c'est-à-dire qu'il doit être susceptible, s'il est retenu, d'entraîner l'annulation de la mesure contestée (25 sept. 1998, *Association Greenpeace France*). Ensuite, l'exécution immédiate de la décision doit être de nature à provoquer un préjudice difficilement réparable, ainsi, par exemple, une autorisation de déboisement (13 janv. 1971, *Min. de l'Équipement c/ Époux Biard*). Tel n'était pas le cas des préjudices réparables pécuniairement.

II. La solution nouvelle : les différents référés

La loi du 30 juin 2000 a **supprimé l'ancien sursis à exécution** mais elle a conservé le principe fondamental issu de l'arrêt *Chambre syndicale des constructeurs de moteurs d'avions* : le **droit à la suspension des actes administratifs illégaux**. C'est désormais par le moyen du **référé-suspension** que ce résultat pourra être obtenu, y compris, ce qui est très nouveau, à l'encontre des décisions pécuniaires comme des décisions de rejet. Le référé, comme le défunt sursis, doit être sollicité à l'appui d'une demande d'annulation ou de réformation d'un acte argué d'illégalité. Le juge ne peut l'octroyer que s'il y a **urgence** et que si le requérant fait état, au soutien de sa demande, d'un **moyen propre à créer un doute sérieux quant à la légalité de la décision contestée**, exigence plus souple que l'ancienne condition de « moyen sérieux ». Toutefois, même quand la décision est illégale, d'impérieux motifs d'intérêt général peuvent, à titre exceptionnel, faire obstacle à la suspension (16 avr. 2012, *C^ne^ de Conflans-Sainte-Honorine et autres*).

MONPEURT
CE, Ass. – 31 juillet 1942 (Rec. 239)

La solution adoptée par le Conseil d'État dans l'arrêt *Monpeurt* aura longtemps constitué un mystère. Le gouvernement de Vichy avait créé, dans diverses branches d'activités, des **comités d'organisation**, chargés de les gérer dans un cadre corporatif et d'économie dirigée. Un contentieux s'étant élevé entre le sieur Monpeurt et le comité d'organisation des industries du verre à propos d'une décision prise par ce dernier, il fallait, pour fixer le régime de ses actes, déterminer sa nature. Le Conseil d'État jugea que « ... *les comités d'organisation,* **bien que le législateur n'en ait pas fait des établissements publics**, *sont chargés de participer à l'exécution d'un service public, (...) les décisions qu'ils sont amenés à prendre dans la sphère de ces attributions, soit par voie de règlements, soit par des dispositions d'ordre individuel, constituent des actes administratifs* ». L'ambiguïté de cette rédaction a autorisé une longue controverse sur la nature des comités d'organisation ; en revanche, leur régime est mieux précisé.

I. La controverse sur l'arrêt *Monpeurt*

Le Conseil d'État s'abstient, dans cette décision, de qualifier positivement les comités d'organisation, indiquant ce qu'ils ne sont pas, ce qui n'est pas très explicite. En effet, il juge qu'ils ne sont pas des établissements publics, d'où la controverse doctrinale. Une partie des auteurs (Ch. Eisenmann) a vu dans cette « qualification » la preuve que les comités d'organisation étaient des personnes publiques d'un genre nouveau. Le Conseil d'État s'abstenait de les qualifier, mais seulement au sein de la catégorie des personnes publiques, preuve qu'ils appartenaient à cette catégorie. Au contraire, un autre courant doctrinal voyait dans ces comités de simples personnes privées : le refus d'en faire des établissements publics devait s'analyser comme les excluant de la catégorie des personnes publiques puisque, en dehors des établissements publics, n'y figurent que des collectivités territoriales, ce que ne sont pas, à l'évidence, les comités d'organisation. Le Conseil d'État a tranché définitivement la controverse quarante ans après avoir rendu l'arrêt *Monpeurt* (7 déc. 1984, *Centre d'études marines avancées et M. Cousteau*) : **les comités d'organisation sont des personnes de droit privé**.

II. Un régime juridique nouveau

L'arrêt *Monpeurt* bouleverse plusieurs notions fondamentales du droit administratif. Le **recours pour excès de pouvoir** n'était traditionnellement ouvert que contre les actes administratifs, c'est-à-dire les actes pris par une personne morale de droit public. Désormais, un tel recours peut être ouvert contre des actes unilatéraux de certaines personnes privées. Le comité d'organisation est un service public doté d'une personnalité morale de droit privé alors que, jusque-là, on ne connaissait qu'une forme de service public doté de la personnalité juridique : **l'établissement public**. Le **critère organique**, critère traditionnel du droit public français (cf. Carré de Malberg), s'estompe considérablement : la notion de **service public**, comme celle d'**acte administratif**, dans la lignée de l'arrêt *Caisse primaire « Aide et Protection »**, semble alors devenue exclusivement matérielle ou fonctionnelle et plus du tout organique (v. aussi *Bouguen**, 2 avr. 1943).

BOUGUEN
CE, Ass. – 2 avril 1943 (Rec. 86)

L'arrêt *Bouguen*, rendu à propos des **ordres professionnels**, réitère, à un an de distance, la solution de l'arrêt *Monpeurt**, et a soulevé les mêmes difficultés. Les ordres professionnels, bien que n'étant pas des établissements publics, concourent au fonctionnement d'un service public. Le Conseil d'État a reconnu que les ordres professionnels, tout comme les comités d'organisation, étaient chargés d'une mission de service public par le législateur. À ce titre, ils connaissent un régime juridique et contentieux hybride, qu'il s'agisse de leurs actes ou de leur responsabilité.

I. Les actes juridiques des ordres professionnels

Les ordres professionnels (médecins, chirurgiens-dentistes, sages-femmes, pharmaciens, vétérinaires, géomètres-experts, experts-comptables, architectes, infirmiers, masseurs-kinésithérapeutes, etc.) exercent deux types d'activités : les unes sont placées sous l'empire du droit privé (gestion de leur patrimoine, œuvres sociales), les autres sont soumises au droit public (organisation de la profession). Dans ce dernier cadre, leurs actes sont des actes administratifs, soit à caractère réglementaire (édiction de codes de déontologie, clauses essentielles de contrats-types : 14 févr. 1969, *Assoc. nat. des syndicats de médecins*), soit individuels : décisions d'inscription d'un postulant au tableau de l'ordre après avoir apprécié s'il remplit les conditions légales et présente les garanties requises de moralité et d'indépendance. Dans ces hypothèses, les conseils nationaux (ou supérieurs) des ordres, sont des autorités administratives (29 juill. 1950, *Comité de défense des libertés professionnelles des experts-comptables* ; 12 déc. 1953, *de Bayo*). Cependant, lorsqu'ils statuent en matière disciplinaire, ce sont des juridictions dont les sanctions infligées pour manquement à la discipline professionnelle sont susceptibles d'un pourvoi en cassation devant le Conseil d'État (*de Bayo*, précité).

II. La responsabilité des ordres professionnels

Comme celle des services publics administratifs, la responsabilité extracontractuelle des ordres connaît des règles spéciales. Si, en raison de son illégalité, une décision d'inscription ou de refus d'inscription cause un préjudice, c'est au juge administratif que revient la compétence pour apprécier la responsabilité de l'ordre. En revanche, jusqu'à la loi du 5 juillet 1972, cette responsabilité ne pouvait être recherchée lorsque le préjudice résultait d'une faute commise dans l'exercice du pouvoir disciplinaire (4 janv. 1952, *Pourcelet* ; 15 févr. 1963, *Cons. nat. de l'ordre des médecins c/ Grunberg*). Désormais, en pareil cas, la responsabilité ordinale peut également être recherchée.

Si l'arrêt *Monpeurt*, du fait de la disparition, pour l'essentiel, des comités d'organisation, ne garde plus qu'un intérêt théorique, en revanche l'arrêt *Bouguen* conserve aujourd'hui encore toute sa valeur pratique en raison de la persistance des ordres professionnels comme mode d'organisation de certaines professions libérales.

DAME VEUVE TROMPIER-GRAVIER
CE, Sect. – 5 mai 1944 (Rec. 133)

Le préfet de police avait retiré à Mme Trompier-Gravier l'autorisation d'occuper un kiosque à journaux du boulevard Saint-Denis à Paris, sous prétexte d'une faute qu'elle aurait commise. La décision est illégale, juge le Conseil d'État, car « *eu égard (...) à la gravité de cette sanction, une telle mesure ne pouvait intervenir sans que la dame veuve Trompier-Gravier eût été mise à même de discuter les griefs formulés contre elle* ». C'était énoncer un nouveau principe, pas encore qualifié « principe général du droit » (cf. 26 oct. 1945, *Aramu* *) : le **principe du respect des droits de la défense** (20 déc. 2006, *Matringhem* ; 19 janv. 2009, *Sté Air France*). Ce principe était bien connu en procédure contentieuse (20 juin 1913, *Téry*) ; c'est son extension dans la procédure administrative non contentieuse qui fait la nouveauté. On le qualifie, de façon plus large, de **principe du contradictoire**.

I. Évolution de la règle

Applicable sans texte, la règle « *audi alteram partem* », règle jurisprudentielle, a été consacrée tant par la CJUE (21 nov. 1991, *Technische Universität München*) que par les textes (26 juin 1987, *FANE* : décr. du 28 nov. 1983). En matière de fonction publique, le principe avait été affirmé par le célèbre art. 65 de la loi du 22 avril 1905 adoptée à la suite du scandale suscité par l'« affaire des fiches » (28 juin 1918, *Heyriès**). Une technique très proche est celle qui oblige l'administration à faire précéder certaines de ses décisions, notamment dans le cas où celles-ci peuvent avoir des effets négatifs pour leur destinataire, d'une **mise en demeure**. L'omission de mettre en demeure rend l'acte subséquent nul (11 mars 1994, *SA « La Cinq »*, à propos des pouvoirs de sanction du CSA ; 21 févr. 1996, *Mutuelle antillaise d'assurances et autres*).

II. La portée de la règle du respect des droits de la défense

Cette règle a une triple portée : **1°**) Elle ouvre à toute personne menacée d'une mesure administrative grave ou d'une sanction, la possibilité de se défendre (28 oct. 1938, *Coache* ; 30 janv. 2012, *min. Intérieur*). **2°**) Elle impose la communication du dossier même lorsqu'il s'agit de « **mesures prises en considération de la personne** » qui, sans constituer des sanctions, ont une connotation fortement négative (24 juin 1949, *Nègre* ; 13 févr. 1974, *Tribalat ;* 16 mars 2012, *Patrick X.*). Elle concerne aussi toute personne qui fait l'objet de mesures « **à raison de faits personnels à l'intéressé** » (9 mai 1980, *Cruse fils et frères*, pour un déclassement de vin d'appellation d'origine). **3°**) Elle ne joue pas pour les mesures prises dans un but d'intérêt général (25 avr. 1958, *Sté des Laboratoires Geigy* : retrait d'une spécialité pharmaceutique), dans l'intérêt du service public ou pour un motif d'ordre public et, plus généralement, de police.

III. La mise en œuvre des droits de la défense

Le respect des droits de la défense se traduit par une triple exigence : **1°**) information suffisante de l'administré sur ce qui lui est reproché et sur ce que l'on envisage de décider à son égard, **2°**) délai raisonnable pour lui permettre de préparer utilement sa défense (parfois 24 heures : Paris, 23 juin 2004, *Préfet du Val-de-Marne* ; 9 juin 2010, *Assoc. « Cap sur l'avenir »*, 327423), et **3°**) obligation, pour l'administration, de ne décider qu'après audition de l'intéressé (7 avr. 1975, *Boucher*).

MOINEAU
CE, Sect. – 2 février 1945 (Rec. 27)

À l'occasion d'un recours dirigé contre une décision du Conseil national de l'ordre des médecins, qui avait refusé au sieur Moineau son inscription au tableau de l'ordre, le Conseil d'État va définir l'étendue des pouvoirs qu'il exerce en sa qualité de juge de cassation. La solution, jamais démentie, revêt une grande importance pratique aujourd'hui car le Conseil d'État, depuis la loi du 31 décembre 1987, est devenu, pour l'essentiel, un juge de cassation. La décision commentée intéresse la procédure du pourvoi en cassation devant le juge administratif et l'étendue du contrôle que celui-ci exerce en cassation.

I. Le pourvoi en cassation en procédure administrative

Le pourvoi en cassation existe même sans texte, étant un **principe général de procédure** (7 févr. 1947, *d'Aillières**). Il n'est ouvert que contre des **décisions de nature juridictionnelle** (12 déc. 1953, *de Bayo*) et non contre des actes administratifs. La décision attaquée doit être une **décision définitive**, y compris une décision d'avant dire droit (17 avr. 1964, *Guertin*) ou un sursis à exécution – aujourd'hui référé – (5 juil. 1991, *Sté de fait Couderc*). Cette décision doit avoir été **rendue en dernier ressort** : donc elle ne doit plus être encore susceptible d'appel (3 août 1883, *Ravenau c/ Ville de Rennes* ; 15 juill. 1954, *Montagne*). Seules peuvent se pourvoir les personnes qui avaient, dans l'instance frappée de pourvoi, la qualité de parties ou qui y étaient représentées (16 févr. 1951, *Delaville* ; 17 janv. 1992, *Université de Dijon c/ Mmes Picard et Brochet* ; Sect. 3 oct. 2008, *Roche*). Seules deux causes juridiques peuvent fonder un pourvoi en cassation : la contestation de la régularité de la décision attaquée ou celle de son bien-fondé (25 janv. 2012, *SARL Sporting*).

II. Le contrôle exercé par le juge administratif de cassation

Le juge de cassation exerce son contrôle sur trois cas d'ouverture du recours en cassation : **1°)** L'**incompétence** de la juridiction (violation des règles matérielles ou territoriales de compétence), ce qui s'effectue sans difficulté. **2°)** Le **vice de forme et la violation des règles générales de procédure**, dont le contrôle est exercé sans modalités particulières par le juge de cassation (20 févr. 1948, *Dubois*). **3°)** La **violation de la règle de droit** qui soulève les questions les plus délicates. Si l'**erreur de droit** est traitée comme en excès de pouvoir, en revanche il n'en va pas de même pour l'**erreur de fait**. Le juge de cassation contrôle l'**exactitude matérielle des faits** (5 août 1924, *Farman* ; 2 févr. 1945, *Moineau* ; 6 févr. 1981, *Mme R. Balzano*) mais sans se livrer à une instruction. En revanche, il ne contrôle pas l'**appréciation des faits** qui appartient au pouvoir souverain des juges du fond (*Moineau* ; 26 juin 1992, *Commune de Béthoncourt c/ Consorts Barbier*) sauf dénaturation des faits (18 nov. 1994, *Sté Clichy Dépannage*). Il vérifie la **qualification juridique des faits**, c'est-à-dire les conséquences juridiques tirées par le juge du fond de son appréciation souveraine des faits (*Moineau* ; 5 juin 1992, *Min. de l'Équipement c. Époux Cala* ; 3 juill. 1998, *Mme Salva-Couderc* ; 20 juin 2007, *Boutin*).

ARAMU
CE, Ass. – 26 octobre 1945 (Rec. 213)

Le sieur Aramu, commissaire de police, est révoqué de ses fonctions sur la base d'une ordonnance de 1943, rendue par le Comité français de libération nationale (CFLN) relative à l'épuration de la fonction publique. Le requérant invoque l'irrégularité de la procédure suivie à son encontre. Le Conseil d'État lui donne raison en constatant que les règles édictées par l'ordonnance n'ont pas été respectées. Après avoir exposé ces règles, ce qui suffisait pour opérer la censure de la décision contestée, le Conseil d'État ajoute « *qu'il résulte de ces prescriptions, ainsi d'ailleurs que des* **principes généraux du droit applicables même en l'absence de texte**... ». Le recours à la théorie des principes généraux du droit est d'autant plus remarquable ici qu'il ne s'imposait absolument pas pour donner satisfaction à la requête du sieur Aramu.

I. La liste des principes généraux du droit

La liste de ces principes n'a pas cessé de s'étendre depuis 1945. Le plus important d'entre eux est le **principe d'égalité** qui est d'application multiforme : égalité entre usagers d'un service public (29 déc. 1911, *Chomel*), devant les diplômes nationaux (28 sept. 1962, *Jourde et Malleville*), devant les tarifs publics (1er avr. 1938, *Sté L'Alcool dénaturé de Coubert*), devant l'impôt (4 févr. 1944, *Guieysse*), devant les concours (21 déc. 1990, *Assoc. des anciens élèves de l'École normale supérieure de Saint-Cloud et autre*), devant la justice (5 juill. 1985, *CGT et CFDT*), égalité devant le suffrage (21 janv. 2004, *Guinde et autres*), etc. De nombreux autres principes sont également reconnus : respect des droits de la défense (5 mai 1944, *Dame Vve Trompier-Gravier**), non-rétroactivité des actes administratifs (25 juin 1948, *Sté du journal «L'Aurore »**), existence d'un recours en cassation (7 févr. 1947, *d'Aillières**) ou d'un recours pour excès de pouvoir (17 févr. 1950, *Min. de l'Agriculture c/ Dame Lamotte**), « principes généraux du droit international » (23 oct. 1987, *Sté Nachfolger Navigation Company Ltd et autres**), respect de la personne humaine même après la mort (2 juill. 1993, *Milhaud**), libre choix du médecin (18 févr. 1998, *Section locale du Pacifique Sud de l'ordre des médecins*), reclassement des salariés devenus physiquement inaptes (2 oct. 2002, *CCI de Meurthe-et-Moselle*), sécurité juridique (24 mars 2006, *KPMG et autres* ; 30 mars 2007, *Sté ENEL*), principes généraux du droit de la commande publique (23 déc. 2009, *Établt publ. du musée et du domaine nat. de Versailles*), représentativité syndicale (11 oct. 2010, *Féd. synd. des travailleurs du rail SUD*) y compris dans la fonction publique (11 févr. 2013, *Féd. FO de l'équipement*, 356008).

II. La place normative des principes généraux du droit

L'arrêt *Aramu* prend position sur l'origine de ces principes en indiquant qu'ils existent « *même en l'absence de texte* », en revanche il ne prend pas parti sur la place qui doit revenir aux principes généraux du droit **dans la hiérarchie des normes juridiques**. On peut même douter que le Conseil d'État se soit, alors, posé la question. Or la réponse à celle-ci est évidemment essentielle. De la place de ces principes dépendent le degré et l'ampleur de la soumission de l'action administrative à leur égard. On convient généralement de dire qu'ils sont supérieurs aux règlements et inférieurs (ou égaux) aux lois. Plus récemment sont apparus les principes généraux du droit communautaire, qui, comme les PGD du droit constitutionnel, sont supérieurs aux lois (3 déc. 2001, *Synd. nat. de l'industrie pharmaceutique*).

CAISSE DÉPARTEMENTALE D'ASSURANCES SOCIALES DE MEURTHE-ET-MOSELLE c/ ÉTAT
CE, Ass. – 29 mars 1946 (Rec. 100)

L'affaire Stavisky entre au Conseil d'État avec cette décision qui illustre l'une des innombrables péripéties ayant émaillé la plus grande escroquerie financière de la IIIe République. La Caisse départementale d'assurances sociales de Meurthe-et-Moselle avait souscrit des parts de l'emprunt contracté par la Caisse du crédit municipal de Bayonne, organisme placé sous la tutelle de la ville de Bayonne. Lors de l'effondrement financier de cette dernière Caisse, les souscripteurs de l'emprunt ne purent rentrer dans leurs fonds. Certains créanciers recherchèrent les responsabilités de la ville de Bayonne et de l'État. C'est sur ce dernier recours que statue la décision présentement commentée. Le Conseil d'État, pour accueillir la requête de la Caisse, va constater, en des termes très sévères, la carence des autorités de tutelle qui a constitué, en l'espèce, une faute lourde, et poser les principes essentiels de la responsabilité des personnes publiques du fait de leurs actes de tutelle.

I. L'étendue de la responsabilité des autorités de tutelle

La tutelle exercée par certaines autorités publiques envers d'autres personnes juridiques est une exigence d'intérêt général, en vue d'assurer le respect de la légalité par les personnes sous tutelle. Cette tutelle s'exerce soit sur des personnes publiques, soit sur des personnes privées. **S'agissant des personnes publiques**, le Conseil d'État a d'abord reconnu la responsabilité de l'autorité de tutelle envers les tiers, c'est-à-dire les personnes extérieures à la collectivité sous tutelle. C'est notamment le cas dans la présente espèce : les créanciers sont tous des tiers par rapport à la relation État (ou ville de Bayonne) – Caisse du crédit municipal de Bayonne. Puis le juge a accepté que cette responsabilité soit engagée envers la collectivité sous tutelle elle-même, dans l'importante décision *Commune de Champigny-sur-Marne* (27 déc. 1948). **S'agissant des personnes privées sous tutelle**, le juge leur a transposé les solutions ci-dessus (10 juill. 1957, *Min. du Travail*: tutelle sur les organismes de sécurité sociale ; Paris, plén., 16 juin 1992, *M. Y.* et *Min. des Affaires sociales c/ M. Z.*, deux espèces : tutelle sur les centres de transfusion sanguine).

II. Les conditions de la responsabilité des autorités de tutelle

Outre les conditions ordinaires, l'aspect le plus original, souligné d'ailleurs dans la décision *Caisse départementale d'assurances sociales de Meurthe-et-Moselle*, est la nécessité d'une faute lourde (27 déc. 1971, *Markovitch, a contrario* ; 20 juin 1973, *Commune de Châteauneuf-sur-Loire*) pour que soit engagée la responsabilité de l'autorité de tutelle. Cette condition est plus sévèrement appréciée envers les collectivités sous tutelle invoquant un préjudice (*Commune de Champigny-sur-Marne*, précité). Après avoir paru renoncer à limiter la responsabilité des services de tutelle au seul cas de faute lourde et ne plus exiger qu'une faute simple, la jurisprudence antérieure a été maintenue – de façon inattendue – (6 oct. 2000, *Min. de l'Intérieur c/ Commune de Saint-Florent et autres* ; 30 nov. 2001, *M. et Mme Kechichian*) alors que déclinait dans les autres matières l'exigence de faute lourde.

COMMUNE DE SAINT-PRIEST-LA-PLAINE
CE, Ass. – 22 novembre 1946 (Rec. 279)

Le maire de Saint-Priest-la-Plaine demande à deux habitants de tirer le feu d'artifice lors de la fête locale traditionnelle de la Sainte-Anne du 26 juillet 1936. Ces aides bénévoles, blessés par l'explosion d'une des pièces pyrotechniques, vont solliciter la réparation du préjudice auprès de la commune. Celle-ci ayant refusé, ils saisissent le Conseil d'État qui leur donne raison en rendant un arrêt de principe sur la **réparation du dommage subi par un collaborateur bénévole (ou occasionnel) de la puissance publique**. Le collaborateur bénévole de la puissance publique est celui qui prête son concours à une opération de service public au cours de laquelle il subit un dommage. La personne publique bénéficiaire de ce concours, en l'espèce la commune de Saint-Priest, est tenue de réparer le dommage (Sect. 12 oct. 2009, *Chevillard et a.*), sans qu'il soit nécessaire pour le collaborateur d'établir l'existence d'une faute : il s'agit d'une responsabilité **non fondée sur la faute**. Cinq conditions doivent être réunies pour que joue ce régime ; trois sont positives, deux sont négatives.

I. Les conditions positives de la « collaboration bénévole »

1°) Il faut qu'il s'agisse réellement d'une **collaboration** (5 juin 2009, *Cne d'Avignon*) et non, par exemple, d'une simple participation, passive (30 mars 1979, *Moisan et Commune d'Étables-sur-Mer* : spectateur d'un feu d'artifice) ou même active (2 févr. 1979, *Min. de l'Agriculture c/ Gauthier* : participation à une compétition sportive officielle). **2°)** Il faut que l'action du collaborateur s'insère dans une **opération de service public**. Ainsi, la fête ne constitue pas un service public, sauf si elle est traditionnelle (24 janv. 2007, *Suva*). **3°)** Enfin, l'intervention du collaborateur doit être **requise par une autorité publique** (Lyon, 27 janv. 2005, *Commune de Choranche*), **ou tacitement acceptée par elle** (24 oct. 1958, *Commune de Clermont-l'Hérault* ; 31 mars 1999, *Hospices civils de Lyon*), **ou commandée par « l'urgente nécessité »** (11 oct. 1957, *Commune de Grigny*). À défaut de remplir l'ensemble de ces trois conditions, il n'y aura pas collaboration bénévole (16 juin 1989, *Pantaloni* : aide apportée à des Français en difficulté dans une île de l'archipel du Vanuatu).

II. Les conditions négatives de la « collaboration bénévole »

1°) Il faut, en premier lieu, que cette personne soit **extérieure à l'administration**. L'appartenance au corps des agents publics exclut toute collaboration bénévole, en raison du lien organique unissant l'administration et son agent (9 juill. 1976, *Gonfond*, qui revient à la solution jurisprudentielle classique dont s'était écarté, pour des raisons d'équité, l'arrêt d'assemblée du 27 nov. 1970, *Consorts Appert-Collin* ; Bordeaux, 18 déc. 2003, *CPAM du Béarn* ; Sect. 12 oct. 2009, *Chevillard et autres*). **2°)** En second lieu, le dommage subi par le collaborateur ne doit pas trouver son origine dans une faute de ce dernier ou dans une situation de force majeure (31 mars 1957, *Commune de Bricy*).

On remarquera que ce régime s'applique même dans le cas où le collaborateur bénévole est un parent de la personne secourue (1er févr. 1977, *Commune de Coggia*) malgré l'existence du lien affectif, et également si le collaborateur apporte son concours à une personne privée étrangère investie d'une mission de service public mais se trouvant par suite placée, en réalité, sous le contrôle de l'État français (13 janv. 1993, *Galtié* ; Paris, 8 oct. 2007, *Consorts Chevillard*).

D'AILLIÈRES
CE, Ass. – 7 février 1947 (Rec. 50)

À la Libération furent frappés d'indignité nationale, et donc d'inéligibilité, les parlementaires qui avaient voté les pleins pouvoirs à Philippe Pétain les 9 et 10 juillet 1940. Les intéressés pouvaient demander à être relevés de ces incapacités en saisissant un jury d'honneur. L'ordonnance fixant la procédure à suivre devant ce jury et l'étendue de ses pouvoirs, précisait que sa décision « *n'est susceptible d'aucun recours* ». Malgré cela, le sieur d'Aillières saisit le Conseil d'État d'un recours qui fut accueilli favorablement, le Conseil d'État ayant reconnu la qualité de juridiction administrative au jury d'honneur, et admettant la possibilité de former un recours contre ses décisions.

I. La notion de juridiction administrative

Le Conseil d'État ne pouvait examiner au fond la requête du sieur d'Aillières que si le jury d'honneur avait la qualité de **juridiction administrative**. **1°**) L'arrêt indique trois critères permettant de qualifier ce jury d'organisme **juridictionnel** : sa composition, ses pouvoirs et la possibilité d'un recours en révision. Pour déterminer s'il est en présence d'une juridiction, le Conseil d'État retient, à titre principal, le **critère matériel** : est juridictionnelle l'institution qui, à la fois, peut être saisie de « contestations » (12 janv. 1951, *Union commerciale de Bordeaux-Bassens*), est « *chargée de dire le droit en tranchant des litiges* » (*d'Aillières* ; 12 déc. 1953, *de Bayo*), et rend des « *décisions revêtues d'une certaine autorité* » (*d'Aillières* ; Paris 8 oct. 2007, *A.M.*). Si le critère matériel se révèle insuffisant, le juge recourt, à titre supplétif, à un **critère formel**. Celui-ci prendra en considération la composition de l'organisme (7 janv. 1949, *Adam*), le statut de ses membres, les conditions de sa saisine, ses règles procédurales (19 févr. 1943, *Bugnet* ; mais, en sens inverse : 7 déc. 1949, *S^té^ J.-J. Stone*), l'existence de recours organisés (*d'Aillières*), etc. **2°**) Lorsque le Conseil d'État a acquis la certitude du caractère juridictionnel de l'organisme, il doit encore, pour se déclarer compétent pour connaître des recours dirigés contre ses décisions, le qualifier de juridiction **administrative**. Souvent la question est réglée par les textes, lorsqu'ils soumettent cette juridiction au Conseil d'État. Dans le silence des textes, le juge retient la nature des litiges soumis (12 juill. 1969, *Sieur L'Étang*, où est affirmée la nature de juridiction administrative du Conseil supérieur de la Magistrature).

II. Le caractère de droit commun du recours en cassation

Pour recevoir l'action du sieur d'Aillières, il a fallu que le Conseil d'État fasse litière de la formule législative, pourtant très claire, prohibant tout recours contre la décision du jury d'honneur. En réalité, le Conseil a été choqué par cette disposition qu'il a estimée contraire aux principes de procédure les plus essentiels, il dira bientôt « *contraire aux principes généraux du droit* » (17 févr. 1950, *Min. de l'Agriculture c/ Dame Lamotte**). Cette position, libérale, est conforme aux idées de Laferrière qui observait en 1896 : « *Lorsqu'il n'existe pas de textes prévoyant le recours en cassation à l'égard d'une juridiction déterminée, ce recours n'en est pas moins ouvert en vertu des principes généraux.* » (21 janv. 1829, *Brière*, et aussi concl. Jagerschmidt sur 23 mai 1890, *Préfet de l'Isère*.)

COMPAGNIE GÉNÉRALE DES EAUX DAME VEUVE AUBRY CE, Ass. – 21 mars 1947, deux arrêts (Rec. 122)

Par ces deux décisions de principe, le Conseil d'État a fixé les règles relatives à la date à prendre en considération pour évaluer le préjudice indemnisable dans le droit de la responsabilité administrative extracontractuelle. À l'origine, le juge se plaçait au jour de la réalisation du dommage, mais l'érosion monétaire l'a conduit à écarter, partiellement, cette règle, dans les deux arrêts d'Assemblée commentés. Par le premier, il établit les modalités de fixation de la date à retenir pour évaluer les dommages causés aux biens, par le second, il détermine cette date pour les dommages causés aux personnes.

I. Date d'évaluation des dommages causés aux biens (*Compagnie générale des Eaux*)

À la suite de la rupture d'une canalisation appartenant à la Compagnie générale des Eaux, le Conseil d'État, retenant d'ailleurs pour partie les principes déjà dégagés par la jurisprudence antérieure, fixa trois règles pour déterminer la date d'évaluation des dommages causés aux biens : **1°**) Il faut, normalement, retenir le **moment où la « cause du dommage a pris fin »**. **2°**) Il faut, s'il est différent du précédent, se placer au **moment où l'étendue du dommage a été connue** dans toute son ampleur. **3°**) Toutefois, lorsque la victime établit qu'à cette date elle ne disposait pas des moyens financiers ou des matériaux nécessaires pour la réalisation des réparations, le juge se placera, pour évaluer le dommage, au premier jour où, l'un ou l'autre de ces obstacles ayant été levés, **la réparation a été possible** (8 janv. 1958, *Consorts de Batz de Tranquelléon*). Quand les travaux étaient possibles mais n'ont pas été réalisés, ils seront estimés à leur valeur le jour où ils étaient effectivement réalisables (2 mai 1962, *Caucheteux et Desmonts*). Une commune, dont des biens ont subi un dommage, ne peut invoquer l'insuffisance de fonds disponibles pour effectuer les travaux que si elle justifie avoir fait toutes diligences pour se procurer des fonds, au besoin en recourant à l'emprunt.

II. Date d'évaluation des dommages causés aux personnes (*Dame Veuve Aubry*)

C'est sur ce point que porte l'essentiel de l'innovation jurisprudentielle. Le Conseil d'État fixe trois principes : **1°**) Tout d'abord, le **droit à réparation** est ouvert *au jour de la réalisation du dommage*. **2°**) Ensuite, l'**évaluation du dommage**, donc l'étendue de la réparation qui sera allouée, est fixée *au jour où le juge statue* ; toutefois lorsque l'administration propose à la victime de lui allouer une indemnité, le juge, pour apprécier si le calcul de cette somme est fondé, se place non au jour où il statue mais au jour où l'administration a fait sa proposition (3 déc. 1948, *Bucciero*). **3°**) Enfin, si la victime a apporté un **retard excessif à solliciter la réparation**, celle-ci sera évaluée *au jour où elle aurait dû être sollicitée* (29 nov. 1961, *Min. de l'Intérieur c/ Herbin*). Le juge admet désormais (dans le cas singulier des victimes de déportations antisémites) que la réparation puisse prendre la forme, symbolique et non financière, d'une reconnaissance solennelle par la nation de la douleur subie collectivement (Ass., Avis, 16 février 2009, *Hoffman-Glemane*).

SOCIÉTÉ DU JOURNAL « L'AURORE » CE, Ass. – 25 juin 1948 (Rec. 289)

La Société du journal « *L'Aurore* » n'avait pas apprécié de recevoir une facture de consommation d'électricité établie à partir d'un tarif s'appliquant à la différence de consommation entre deux relevés de compteur, alors que ce tarif n'avait été modifié que durant une partie seulement de la période considérée. Elle contesta le caractère rétroactif des modifications tarifaires : le Conseil d'État lui donna raison au motif qu'une telle mesure avait violé « *le principe en vertu duquel les règlements ne disposent que pour l'avenir* », ainsi que « *le principe de l'égalité entre les usagers d'un service public* ». Ce n'était pas la première fois que le juge recourait à la technique des « principes généraux du droit » (26 oct. 1945, *Aramu**). Ainsi, le Conseil d'État affirme que la **non-rétroactivité des actes administratifs est un principe général du droit** (16 juin 2008, *Féd. des synd. dentaires libéraux et autres*). Ce principe connaît des exceptions.

I. Le principe de non-rétroactivité des actes administratifs

Ce principe – déjà connu (28 févr. 1947, *Maire de Lisieux*) – signifie qu'un acte administratif ne peut produire d'effets de droit sur des actes ou situations existant antérieurement à son entrée en vigueur. Ce principe découle, par mimétisme, du principe de non-rétroactivité des lois posé à l'article 2 du code civil (31 juill. 1948, *Ch. syndicale du livre du département de Constantine* ; 19 déc. 1980, *Revillod*) ; il s'impose en raison de la nécessité d'assurer la sécurité des relations juridiques. Il n'a toutefois pas un caractère constitutionnel, même si la jurisprudence constitutionnelle est allée dans le sens d'une application croissante et plus sévère de la non-rétroactivité, d'abord aux lois pénales (CC, n° 80-127 DC des 19-20 janv. 1981 ; CC, n° 87-237 DC du 30 déc. 1987), puis aux autres lois (CC, n° 87-233 DC du 5 janv. 1988 ; CC, n° 88-250 DC du 29 déc. 1988 ; CC, n° 89-268 DC du 29 déc. 1989 ; CC, n° 91-298 DC du 24 juill. 1991), ainsi qu'aux sanctions ayant le caractère de punition (CC, n° 82-155 DC du 30 déc. 1982) et, de façon générale, à toutes les sanctions administratives (CC, n° 88-248 DC du 17 janv. 1989).

II. Les exceptions au principe de non-rétroactivité des actes administratifs

La non-rétroactivité des actes administratifs n'est pas une règle absolue et connaît une atténuation et deux exceptions. **1°**) La non-rétroactivité ne s'applique pas aux situations juridiques qui n'ont pas acquis un caractère définitif (21 oct. 1966, *Graciet* : le prix de campagne du thon ne peut être fixé que lorsque, en fin de période de pêche, est connu le tonnage total de poisson pêché). La légalité d'un permis de construire s'apprécie non au jour de la demande de permis mais au jour où l'autorité administrative prend sa décision (7 mars 1975, *Commune de Bordères-sur-l'Échez*). **2°**) Le principe ne joue pas lorsque l'acte administratif est pris pour l'exécution d'une loi elle-même rétroactive (7 avr. 1948, *Deschamps*) ou pour l'exécution d'une décision rendue sur recours pour excès de pouvoir, laquelle a, par nature, le plus souvent un caractère rétroactif (voir cependant : 11 mai 2004, *Assoc. AC ! et autres** ; 16 juill. 2007, *Sté Tropic* *). **3°**) Le principe est écarté lorsque l'administration procède, à toute époque, au retrait rétroactif d'un acte régulier non créateur de droits, ou, dans un certain délai, au retrait d'un acte irrégulier créateur de droits.

SOCIÉTÉ « HÔTEL DU VIEUX-BEFFROI »
TC – 17 mars 1949 (Rec. 592)

« *Considérant que la protection de la propriété privée rentre essentiellement dans les attributions de l'autorité judiciaire* »..., par ce considérant solennel, le Tribunal des conflits pose les bases de sa théorie de l'**emprise**. Lorsque l'administration réalise une **emprise régulière**, la connaissance des litiges auxquels donne lieu cette emprise appartient au seul juge administratif (TC, 15 déc. 2003, *EURL Franck Immobilier*). Lorsque l'emprise constitue une **emprise irrégulière** (TC 23 avr. 2007, *Cne de Bourges*), – ce qui peut être le cas même en l'absence d'opposition à l'emprise de la part du propriétaire (23 juil. 2010, *Pellet*) –, il s'opère un partage des compétences entre les juridictions administrative et judiciaire.

I. Les conditions de mise en œuvre de la théorie de l'emprise irrégulière

L'emprise irrégulière consiste en une **dépossession irrégulière d'une propriété privée immobilière** (TC, 21 juin 2004, *SCI Camaret* ; TC, 23 avril 2007, *Desdions* ; 6 nov. 2009, *Cne de La Gaude*). **1°**) Il faut une « **dépossession** », et non une simple gêne ou une simple privation de jouissance (CC, n° 85-198 DC du 13 déc. 1985). L'administration doit s'être emparée d'un bien appartenant à un particulier, ou avoir laissé un particulier s'en emparer. Il n'est pas nécessaire, à cet égard, que l'emprise porte sur la totalité du bien concerné (20 févr. 1957, *Aubel*), ou qu'elle soit définitive (21 déc. 1923, *S^té^ française des Nouvelles-Hébrides*). **2°**) Il faut, ensuite, que la dépossession soit « **irrégulière** » (*cf.* la présente décision ; TC, 1er févr. 1951, *Bonduelle* ; Lyon, 20 oct. 1998, *Commune de Meylan*). Si elle était régulière, le juge administratif serait seul compétent. **3°**) Enfin, le bien dépossédé doit être « **immobilier** » ou constituer « un droit réel immobilier » (par ex., celui que détient le titulaire d'une concession funéraire : 22 avr. 1983, *Lasporte* ; TC, 4 juill. 1983, *François*). La dépossession irrégulière de la propriété privée d'un bien mobilier, par le fait de l'administration, relève de la compétence du juge administratif. Si le bien comporte à la fois des éléments mobiliers et des éléments immobiliers, il faudra considérer l'aspect dominant pour déterminer la juridiction compétente (TC, 26 juill. 1950, *Ponzeverra*). En cas d'indissociabilité, chacun des éléments sera traité distinctement.

II. Les conséquences de l'emprise irrégulière

La conséquence essentielle est la compétence du juge judiciaire pour connaître des contestations en matière d'emprise irrégulière (Cass. 1re civ., 9 janv. 2007). Celui-ci, cependant, n'est pas compétent pour se prononcer sur le caractère irrégulier ou régulier de l'emprise, seul le juge administratif peut le faire (TC, 30 juin 1949, *Nogier* ; Sect. 17 juil. 2009, *Min. Eco et Fin.*). Toutefois, la compétence du juge judiciaire est exclue s'agissant d'ordonner l'expulsion d'un service public de locaux appartenant à une personne privée, sauf si cette occupation constitue une voie de fait (TC, 17 mars 1949, *S^té^ immobilière Rivoli-Sébastopol*), ou s'agissant d'ordonner la démolition d'un ouvrage public (TC, 6 mai 2002, *Binet*). Lorsque l'emprise irrégulière constitue en même temps une **voie de fait** car elle réunit les éléments constitutifs de ces deux théories, le juge judiciaire est compétent également **pour la constater**, cette dernière qualification l'emportant sur celle d'emprise. Lorsque l'irrégularité de l'emprise est relevée, le juge judiciaire statue sur toutes les conséquences qui en découlent (TC, 20 juin 2005, *Lopez*) le juge administratif étant dessaisi. En particulier, il peut accorder des indemnités, décerner astreinte ou faire injonction à l'administration.

CONSORTS LECOMTE
CE, Ass. – 24 juin 1949 (Rec. 307)

Au cours d'une opération en vue d'arrêter un véhicule suspect, un officier de police tue le sieur Lecomte qui n'était pas l'un des occupants du véhicule et qui n'était pas recherché à un autre titre. Les consorts Lecomte mettent en jeu la responsabilité de la puissance publique. Bien que la police n'ait pas commis de faute lourde, le Conseil d'État va admettre le principe de sa responsabilité, sans faute à prouver, en raison de l'utilisation par celle-ci d'armes dangereuses.

I. La responsabilité de la police fondée sur la faute lourde

En principe, en raison des conditions particulières de leur intervention, les forces de police ne pouvaient voir leur responsabilité engagée que pour faute lourde, l'arrêt *Tomaso Grecco* * (10 févr. 1905) ayant mis fin au régime antérieur d'irresponsabilité.
La jurisprudence n'a jamais tranché entre deux conceptions de la faute lourde : la faute lourde est soit celle qui est « lourde » **par la gravité de ses conséquences**, soit celle qui est « lourde » du fait de la **gravité du comportement de son auteur** qu'elle révèle. Dans la première conception domine une volonté de *réparation*, dans la seconde une volonté de *sanction*. Ces difficultés expliquent l'abandon massif – mais non général – de l'exigence de faute lourde (depuis : 10 avr. 1992, M. *et Mme V.**), y compris dans un certain nombre de polices (secours et sauvetage en mer, police du contrôle des navires : 13 mars 1998, *Améon et autres* ; lutte contre les incendies : 29 avr. 1998, *Cne de Hannappes* ; édifices menaçant ruine : 27 sept. 2006, *Cne de Baalon* ; mines et carrières : 11 juin 2003, *Min. Équipement c/Sté SMAC Aciéroïd* ; bruit : 28 nov. 2003, *Cne de Moissy-Cramayel* ; contrôle de la navigation aérienne : Versailles, 11 sept. 2007, *Consorts Cyrop*, etc.).

II. L'exception à l'exigence de faute lourde : l'arme dangereuse

Si l'exigence d'une faute lourde correspond au souci de ne pas entraver à l'excès l'action des forces de police, celle-ci ne trouve plus à s'appliquer lorsque ces forces, précisément en raison des circonstances, recourent à des procédés ou à des armes qui font courir des risques considérables aux particuliers (sur l'arme dangereuse, voir observ. sous 10 févr. 1905, *Tomaso Grecco**). L'arrêt *Consorts Lecomte* inaugure cette jurisprudence (tout comme, du même jour, l'arrêt *Franquette et Daramy*). Il abandonne la nécessité de démontrer en ce cas une faute lourde à l'origine du dommage, et institue un régime de **responsabilité sans faute**, lorsque deux conditions sont réunies : **1°**) l'« usage d'armes ou d'engins comportant des risques exceptionnels pour les personnes et les biens », et **2°**) des dommages, résultant de cet usage, d'une particulière gravité, excédant les inconvénients normaux découlant de l'existence du service public de la police. Cette solution ne concerne que l'hypothèse où la personne blessée est **étrangère à l'intervention** des forces de l'ordre. En revanche, lorsqu'au moyen de ces armes dangereuses c'est la personne visée par l'opération de police qui est atteinte, l'exigence de la preuve d'une faute reprend ses droits, mais il suffira alors d'établir l'existence d'une faute simple (27 juill. 1951, *Dame Aubergé et Dumont* ; 29 nov. 1963, *Époux Manchon*).

DEFAUX, BESTHELSEMER, D^LLE^ MIMEUR
CE, Ass. – 18 novembre 1949, trois arrêts (Rec. 492)

La faute personnelle d'un agent public, à l'origine d'un dommage, engage, à certaines conditions, la responsabilité du service auquel cet agent est affecté. Telle est la solution apportée par le Conseil d'État à trois espèces très voisines où étaient en cause des militaires causant de graves dommages, au volant de véhicules de l'armée utilisés à des fins personnelles. Aujourd'hui, du fait de la **loi du 31 décembre 1957**, un tel litige relèverait des seuls tribunaux judiciaires. Le Conseil d'État évoque, à cette occasion, la notion de « **dommage non dépourvu de tout lien avec le service** ».

I. Une fiction équitable

Cette notion est en réalité une pure fiction car, le plus souvent, dans cette sorte de dommage n'existe en réalité que la faute personnelle de l'agent public. C'est donc une fiction favorable à la victime car elle permet de trouver un « coupable » solvable : l'administration. L'utilisation privée d'un véhicule de service, le détournement de son itinéraire normal, la visite à sa famille… ne révèlent que des préoccupations d'ordre personnel et leur caractère dommageable ne devrait engager que la responsabilité personnelle de leur auteur. Souvent, cependant, la victime risquerait de se heurter à l'insolvabilité de celui-ci. C'est donc par souci d'humanité qu'a été imaginée cette solution : **la faute non dépourvue de tout lien avec le service** présuppose une faute préalable du service, au moins dans les deux situations suivantes.

II. La faute personnelle commise pendant l'accomplissement du service

C'est l'hypothèse des arrêts *Defaux*, *Besthelsemer* et *Demoiselle Mimeur* : il s'agit de la faute personnelle commise pendant l'accomplissement du service quoique en dehors du lieu du service. En ce cas, c'est l'exécution du service, son accomplissement, qui a fourni l'occasion de la commission de la faute personnelle (5 janv. 1951, *Mamadou M'Backe* ; 13 juin 1958, *Dame Vve Polin* ; TC, 13 nov. 2003, *Géraudin c/ Pouille*). Il en va ainsi, par ex., du refus illégal d'un maire de célébrer un mariage (Cass. civ. 1re, 6 févr. 2007, *Panafieu*). Toutefois, lorsque l'acte en cause est d'une « particulière gravité » il sera qualifié de faute personnelle (23 déc. 2009, *Alain X.*).

III. La faute personnelle commise en dehors du service mais avec des moyens fournis par le service

Cette seconde situation de faute personnelle non dépourvue de tout lien avec le service est celle dans laquelle le dommage est causé par l'agent en dehors de tout accomplissement du service, mais grâce aux moyens fournis (involontairement) par le service ou aux conséquences de l'existence de celui-ci (des cartouches défectueuses fournies à un garde-chasse : 19 déc. 1969, *Houdayer* ; une obligation de conserver chez soi son arme de service : 26 oct. 1973, *Sadoudi* ; 23 déc. 1987, *Époux Bachelier*. Voir aussi 21 juin 2004, *Quitman*, et surtout Paris, 17 déc. 2002, *Min. de l'Intérieur c/ Bonouvrier* : faute de service pour un policier chargé de la répression du banditisme à organiser le cambriolage d'une bijouterie).

RADIODIFFUSION FRANÇAISE
TC – 2 février 1950 (Rec. 652)

La société gestionnaire du poste de radiodiffusion des Vallées d'Andorre, victime du brouillage de ses émissions ordonné par le gouvernement français, sollicita du juge judiciaire la cessation de ce brouillage, constitutif, à ses yeux, d'une voie de fait. Le préfet éleva le conflit positif et le Tribunal des conflits jugea qu'il n'était point compétent, s'agissant d'un comportement ayant la nature d'un **acte de gouvernement**.
Cette décision, rendue sur conclusions contraires de R. Odent, est d'interprétation difficile. Le Tribunal des conflits rappelle le grief formulé à l'encontre de la station andorrane du fait qu'elle utilise irrégulièrement des fréquences hertziennes attribuées à d'autres États par les conventions internationales. Ce rappel ne se comprendrait que si le Tribunal en tirait, ensuite, des conséquences. Ce n'est point le cas puisqu'il va se fonder sur la théorie de l'acte de gouvernement. On ne peut interpréter ce rappel « inutile » que comme le rejet de la position de la cour d'appel de Paris, qui avait qualifié le brouillage de voie de fait. Le Tribunal des conflits y voit un acte de gouvernement. En même temps qu'elle contribue à mieux cerner la notion d'acte de gouvernement, cette décision montre bien la fonction du Tribunal des conflits.

I. Le brouillage de Radio-Andorre, acte de gouvernement

Pour décliner toute compétence juridictionnelle pour connaître de la décision et des actes matériels de brouillage, le juge des conflits retient trois arguments : **1°**) le poste dont les émissions sont brouillées se trouve sur le territoire d'un État étranger ; **2°**) ce territoire n'est pas soumis à l'empire de la législation française ; **3°**) il relève d'une autorité constitutionnelle distincte de celle de l'État français. Or Andorre est une entité politique soumise à l'autorité conjointe de l'évêque d'Urgel en Espagne et du président de la République française. On aurait pu soutenir le caractère non totalement étranger de l'Andorre par rapport à l'État français. Andorre, pour le Tribunal des conflits, est une personne juridique complètement distincte de l'État français. Par suite, on se trouvait dans un des deux domaines classiques d'actes de gouvernement : l'acte qui concerne la conduite des relations diplomatiques de la France. Une telle solution ne serait sans doute plus donnée aujourd'hui à semblable affaire compte tenu de l'évolution de la notion d'acte de gouvernement (19 févr. 1988, *S^té^ Robatel SLPI* ; 19 oct. 2005, *Jean-Pierre X.*).

II. Le rôle du Tribunal des conflits

L'arrêt met en lumière deux aspects importants. Tout d'abord, la procédure du conflit positif, ici mise en œuvre, n'est pas, comme on le dit souvent, une protection du seul juge administratif : en l'espèce, elle se révèle plutôt au service de la prérogative gouvernementale, qu'elle préserve des empiétements de **tout** juge, même administratif. Ensuite, le rôle du Tribunal des conflits ne se borne pas à indiquer l'ordre de juridiction compétent. Ici, il aboutit à **définir l'acte de gouvernement**, orientant décisivement la jurisprudence et mettant un terme au procès. Ceci s'observe en d'autres domaines : création des **services publics à caractère industriel ou commercial** (TC 22 janv. 1921, *S^té^ comm. de l'Ouest africain**), définition de la **faute personnelle** ou de la **voie de fait**. Ainsi, après la décision du Tribunal des conflits, il ne reste souvent plus rien à juger, seulement des conséquences à tirer.

MINISTRE DE L'AGRICULTURE c/ DAME LAMOTTE
CE, Ass. – 17 février 1950 (Rec. 110)

Dans les circonstances troublées de la guerre, une loi de 1940 avait permis aux préfets de concéder à des tiers toute parcelle agricole « *abandonnée et inculte depuis plus de deux ans* ». Une loi de 1943 avait, par la suite, précisé que la décision préfectorale de concession ne pourrait faire l'objet « *d'aucun recours administratif ou judiciaire* ». Mme Lamotte, dont le domaine avait été concédé dans ces conditions, contesta devant le Conseil d'État la décision litigieuse et obtint gain de cause. Le Conseil d'État jugea que la loi de 1943 n'avait pu exclure le recours pour excès de pouvoir contre l'acte de concession, car ce recours existe « *même sans texte* » et « *a pour effet d'assurer, conformément aux principes généraux du droit, le respect de la légalité* » (cf. 13 mai 1818, *Liotard c/ Ferry-Lacombe*). C'était là une jurisprudence audacieuse, d'autant qu'elle a eu, par la suite, un caractère extensif.

I. Une jurisprudence audacieuse

À lire le texte de la loi de 1943, aucun doute ne surgit : tout recours est interdit contre l'acte de concession, même le recours devant le juge administratif, fût-ce sous la forme du recours pour excès de pouvoir. Pourtant, le Conseil d'État n'a pas aperçu dans cette formulation l'interdiction du recours pour excès de pouvoir : il aurait fallu que fût expressément mentionnée l'impossibilité de ce recours. La solution ne trompe pas : le juge, excédé d'une telle entorse aux principes essentiels de l'État de droit (voir 7 févr. 1947, *d'Aillières**), est passé outre à la volonté certaine du législateur, ceci pour assurer le triomphe de la légalité. Mais le juge est allé plus loin encore dans cette décision puisqu'il n'a pas hésité à ranger le recours pour excès de pouvoir dans la catégorie des « principes généraux du droit » (voir 26 oct. 1945, *Aramu**). En d'autres termes, **ce recours est de droit** car il est d'ordre public (Paris, 30 déc. 1996, *Boyer*) ; il existe sans qu'il soit besoin d'un texte en ce sens, et il ne peut être supprimé que sous de restrictives conditions. De plus, étant un principe général du droit, le recours pour excès de pouvoir échappe au pouvoir normatif des autorités administratives puisqu'il s'impose au respect des autorités détentrices du pouvoir réglementaire (26 juin 1959, *Synd. général des ingénieurs-conseils **).

II. Une jurisprudence extensive

Le recours pour excès de pouvoir permet de déférer au juge tous les actes unilatéraux décisoires, à l'exception des actes de gouvernement – mais l'on sait que le nombre de ces actes est allé en se rétrécissant : l'acte de gouvernement n'est plus qu'une catégorie résiduelle. Ce recours assure la soumission au droit des décisions prises par les autorités administratives. Il réalise, ensuite, la soumission au droit des règlements prétendus « autonomes » (art. 37, al. 1er, Const. de 1958), ainsi que des ordonnances de l'article 38 (*Synd. général des ingénieurs-conseils**, précité) non encore ratifiées. Il garantit, enfin, le respect de la légalité par toutes les personnes privées gestionnaires d'un service public, dotées à cet effet de prérogatives de puissance publique, et dont les actes unilatéraux sont fréquemment des décisions administratives. Le recours pour excès de pouvoir est ainsi placé par le juge hors de tout pouvoir de l'administration, et assez haut pour qu'il soit difficile au législateur d'y porter sérieusement atteinte.

DEHAENE
CE, Ass. – 7 juillet 1950 (Rec. 426)

La question de la grève dans les services publics est très controversée : le contentieux administratif en porte trace. Le préambule de la Constitution de 1946, qui fait aujourd'hui partie de la Constitution de 1958, énonce que « *le droit de grève s'exerce dans le cadre des lois qui le réglementent* » ; or de telles lois n'existent pratiquement pas (cf. cpdt, la loi du 21 août 2007 sur les transports terrestres de voyageurs), d'où les difficultés pour concilier le droit de grève et d'autres droits à valeur constitutionnelle, ainsi que pour déterminer l'autorité compétente pour réglementer.

I. La conciliation du droit de grève et de la continuité du service public

Le Conseil d'État fait de la Constitution la source directe du droit de grève reconnu aux agents publics, mais il estime que le constituant a entendu inviter le législateur à concilier ce droit, moyen de défense des intérêts professionnels, avec l'intérêt général. Le droit de grève, pas plus qu'aucun autre, n'est de caractère absolu ; il ne saurait compromettre l'exercice d'autres droits ou libertés, ou mettre en danger l'ordre public. Cette conception équilibrée s'exprime pour la première fois dans l'arrêt *Dehaene*. En effet, jusqu'à la Constitution de 1946, le droit de grève n'était pas reconnu aux agents des services publics (7 août 1909, *Winkell*). La solution *Dehaene* sera maintes fois rappelée (8 nov. 2002, *S^té^ Tiscali Télécom*). C'est celle que retient également, dans des termes similaires, le Conseil constitutionnel (n° 79-105 DC du 25 juill. 1979) ; pour lui, deux principes d'égale valeur constitutionnelle sont en jeu : le droit de grève et le principe de continuité (CC, n° 2004-501 DC, 5 août 2004, *Service public de l'électricité et du gaz* ; 2006-543 DC, 30 nov. 2006, *GDF*). Cette conciliation rend constitutionnelle, par exemple, la règle dite du « trentième indivisible » (CC, n° 87-230 DC du 28 juill. 1987 : toute grève d'une durée inférieure à une journée donne lieu à une retenue journalière égale à un trentième du traitement mensuel).

II. L'autorité compétente pour réglementer le droit de grève

Si pour le Conseil d'État, comme pour le Conseil constitutionnel, c'est au législateur, en vertu du texte même de la Constitution, qu'il revient d'opérer techniquement cette conciliation, les deux juridictions divergent sur la mise en œuvre effective du texte constitutionnel. Le Conseil d'État considère que c'est au législateur d'intervenir en ce domaine, mais c'est pour constater aussitôt la carence législative. Hormis celles du 31 juillet 1963 et du 21 août 2007, on chercherait vainement les lois réglementant le droit de grève. Aussi, le Conseil d'État a estimé que cette incurie législative ne devait pas profiter au seul droit de grève, ainsi dispensé de toute réglementation. La formulation du texte constitutionnel impose au législateur d'intervenir, en raison de la nécessité de sauvegarder les intérêts généraux, dont le principe de continuité des services public. C'est pourquoi selon le Conseil d'État, il incombe **au gouvernement et à chaque autorité fonctionnelle**, pour son propre service, de réglementer le droit de grève (*Dehaene* ; 7 mai 1971, *Min. Eco. et Fin.* ; 15 juil. 2009, *S^té^ EDF* ; 11 juin 2010, *Synd. SUD RATP*). Au contraire, le Conseil constitutionnel a réaffirmé plusieurs fois que la Constitution ne permet qu'**au seul législateur** de réglementer le droit de grève (CC, n° 80-117 DC du 22 juill. 1980 ; n° 82-144 DC du 22 oct. 1982), mais le Conseil d'État maintient intacte la solution *Dehaene* (18 janv. 1980, *Synd. CFDT des P. et T. du Haut-Rhin* ; 17 mars 1997, *Hotz et autres*).

SOCIÉTÉ DES CONCERTS DU CONSERVATOIRE CE, Sect. – 9 mars 1951 (Rec. 151)

Deux membres de l'orchestre formé par la société requérante ont été sanctionnés par celle-ci pour avoir participé à des concerts radiophoniques. Par rétorsion, la Radiodiffusion française interdit temporairement d'antenne la Société des concerts du Conservatoire. Pour censurer cette décision, le Conseil d'État relève qu'aucune raison d'intérêt général ne pouvant la justifier, elle a « *méconnu le principe d'égalité qui régit le fonctionnement des services publics* ». L'égalité dans les services publics est désormais un principe général du droit, d'application et d'extension très grandes.

I. L'égalité dans le service public, principe général du droit

Ce n'était pas la première fois que le Conseil d'État appliquait le principe d'égalité à une activité de service public (10 févr. 1928, *Ch. syndicale des propriétaires marseillais* ; 1er avr. 1938, *Sté «L'Alcool dénaturé de Coubert »* ; 25 juin 1948, *Sté du journal «L'Aurore »* *). Mais l'arrêt *Sté des concerts du Conservatoire* présente deux innovations majeures : **1°)** Tout d'abord, la règle d'égalité n'est plus, comme c'était jusque-là le cas (cf. la jurisprudence ci-dessus), limitée aux seules relations entre le service public et ses usagers. La formule utilisée par le juge est très large : **l'égalité régit le « fonctionnement » du service public**. **2°)** Ensuite, cette règle est, pour la première fois, érigée au rang d'un **principe général du droit**. Ce principe n'est qu'un cas particulier d'illustration du principe constitutionnel d'égalité (cf. CC, n° 73-51 DC du 27 déc. 1973 ; CC, n° 83-164 DC du 29 déc. 1983 ; CC, n° 86-208 DC des 1er -2 juill. 1986 ; et CC, n° 86-218 DC du 18 nov. 1986). Il existe sans texte et s'applique **indifféremment aux SPA** (19 juin 1992, *Département du Puy-de-Dôme*) et **aux SPIC** (14 janv. 1991, *Bachelet*).

II. La portée du principe d'égalité dans les services publics

Ce principe revêt trois aspects principaux : **1°)** C'est d'abord un **droit égal d'accès au service public**. Il en va ainsi de l'accès aux « emplois publics » (12 déc. 2003, *Billiemaz*), de l'accès au « lieu » du service (bibliothèque, gare), de l'accès aux « prestations » du service (29 déc. 1911, *Chomel* ; 19 juin 1992, *Département du Puy-de-Dôme*, précité). Il n'en va autrement que lorsque le service ne constitue qu'une simple faculté, et non une obligation, pour la collectivité qui l'organise. En ce cas, cette dernière peut en limiter l'accès (13 mai 1994, *Commune de Dreux**). **2°)** C'est ensuite une **obligation de non-discrimination entre les usagers du service**. Les usagers ont un véritable droit à un traitement égal de la part du service (6 févr. 2007, *Bidaut*), que leur situation soit contractuelle ou réglementaire, ce qui est illustré par le principe de neutralité du service public (30 avr. 1909, *Commune de Sainte-Mémie* ; 8 oct. 2004, *Union française pour la cohésion nationale*). **3°)** C'est enfin une exigence de **participation égale aux charges du service** : égalité tarifaire, sous réserve de situations différentes au regard du service (10 mai 1974, *Denoyez et Chorques** ; 13 mars 2002, *U.F., Koua Poirrez* 22 oct. 2010, SNES ; 23 déc. 2011, *min. Int.*), sauf pour les services facultatifs (29 déc. 1997, *Commune de Gennevilliers* et *Commune de Nanterre*, deux espèces), égalité devant les charges fiscales ou les sujétions de toute nature résultant de l'existence ou du fonctionnement du service public.

LARUELLE ET DELVILLE
CE, Ass. – 28 juillet 1951, deux arrêts (Rec. 464)

Lorsque le dommage dont une personne est victime a sa source dans un cumul de fautes (3 févr. 1911, *Anguet**) ou dans une faute unique susceptible d'une double qualification (26 juill. 1918, *Époux Lemonnier** ; 18 nov. 1949, *Defaux*, *Besthelsemer* et D^elle^ *Mimeur**), la victime peut réclamer la réparation de son préjudice à l'auteur de celle-ci ou à l'autorité administrative. Dans un souci évident de solvabilité, le juge accepte très largement d'apercevoir dans le fait générateur du préjudice une faute de service, et la victime poursuivra généralement l'administration. Les relations entre la victime et l'agent ou l'administration constituent la phase de la **contribution provisoire**. Lorsque le dommage a été réparé (par l'agent ou par l'administration), celui qui a réglé peut se retourner contre l'autre : c'est la **contribution finale**. Les arrêts *Laruelle* et *Delville* s'attachent à ce second aspect ; ils constituent une très notable évolution.

I. L'apport des arrêts *Laruelle* et *Delville*

Le Tribunal des conflits, dans une importante décision du 30 juillet 1873, *Pelletier*, avait posé les bases de la distinction juridique entre la faute personnelle et la faute de service. Ce système, apparemment équilibré, allait être battu en brèche par une jurisprudence systématiquement favorable aux agents publics au point de rendre impossible l'action récursoire de la collectivité publique contre son agent lorsqu'elle était condamnée en ses lieu et place (28 mars 1924, *Poursines*). Le caractère malsain de cette véritable irresponsabilité des agents publics conduisit le Conseil d'État à renverser sa jurisprudence avec les deux arrêts commentés. D'une part, au stade de la contribution finale, la répartition sera faite conformément aux **parts respectives de responsabilité** et non sur la base de la fiction qui caractérise la contribution provisoire (*Laruelle*). D'autre part, la responsabilité pécuniaire de l'agent envers son administration sera recherchée lorsque cette dernière aura été condamnée à indemniser la victime d'un préjudice résultant de fautes personnelles à l'agent et **détachables de ses fonctions** (*Delville*).

II. Le régime juridique de la contribution finale

Au stade de la contribution finale, la distinction entre faute personnelle et faute de service n'a plus la même signification que dans les relations avec la victime ; elle prend parfois un caractère quasi disciplinaire. Il est tenu compte de l'existence et de la gravité des fautes respectives constatées. Les agents publics, par suite de l'action récursoire que l'administration, condamnée pour le tout, forme contre eux, sont pécuniairement responsables des fautes commises par eux et détachables du service. Cette action récursoire de l'administration contre l'agent n'emporte pas subrogation aux droits de la victime. L'action récursoire (Paris, 26 juin 2006, *Min. Défense*), qu'elle soit intentée par l'administration contre son agent ou par celui-ci contre elle (12 avr. 2002, *Papon*), est de la **compétence exclusive des juridictions administratives** (TC, 26 mai 1954, *Moritz*), même lorsque le dommage est causé par un véhicule et ce malgré la loi du 31 décembre 1957. Il n'y a pas solidarité entre les agents publics coauteurs d'un dommage : chacun n'est tenu envers l'administration que pour sa part propre de responsabilité.

SYNDICAT RÉGIONAL DES QUOTIDIENS D'ALGÉRIE
CE, Ass. – 4 avril 1952 (Rec. 210)

Quels sont les pouvoirs d'un gouvernement démissionnaire ? Telle est l'importante question que résout l'arrêt *Syndicat régional des quotidiens d'Algérie*. En l'espèce, un décret du 17 juin 1946, pris pour l'application de la loi du 11 mai 1946 relative à l'expropriation de certaines entreprises de presse, émanait d'un gouvernement ayant démissionné le 11 juin 1946. Le gouvernement suivant ne sera investi que le 23 juin 1946. Le gouvernement démissionnaire pouvait-il prendre le décret contesté par le syndicat requérant ? En réponse, le Conseil d'État va édifier une théorie générale de l'**expédition des affaires courantes**, dont il importe d'étudier le principe avant d'en examiner le contenu.

I. La théorie de l'expédition des affaires courantes

Lors de la démission d'un gouvernement, deux principes essentiels se combattent. Le premier est celui de la **compétence *ratione temporis***, en vertu duquel toute autorité administrative, et pas seulement le gouvernement, n'est compétente que durant l'intervalle de temps qui s'écoule entre le moment de son investiture (ou de sa nomination ou installation) et le moment de sa désinvestiture. Le gouvernement démissionnaire (spontanément ou par suite du vote d'une motion de censure) ne devrait plus exercer ses compétences, et cela d'autant plus dans un régime parlementaire, lorsque la démission est la conséquence de la défiance du Parlement envers le gouvernement : on comprendrait mal que puisse continuer à exercer un gouvernement qui n'a plus le soutien du Parlement. Le second principe est celui de la **continuité des services publics**. Il exclut toute interruption dans le fonctionnement de ces services et pousse, au contraire du précédent, à ce que le gouvernement démissionnaire continue néanmoins à gouverner jusqu'à la désignation (ou à l'investiture) du gouvernement suivant (21 déc. 1994, *S[té] des grands magasins Lafayette*). Pour concilier ces exigences contradictoires, le Conseil d'État édifie la théorie de l'expédition des « affaires courantes » qui est un « *principe traditionnel du droit public* » (Ass. 27 avr. 1973, *Serre*).

II. La notion d'« affaires courantes »

Un gouvernement démissionnaire ne possède plus la plénitude des attributions gouvernementales, il garde cependant celles de ses compétences qui se révèlent **nécessaires à la continuité des services essentiels de l'État**. M. Delvolvé (concl. sur l'arrêt commenté) avait soutenu une conception très étroite de la notion d'affaires courantes ; ce sont celles « *qui relèvent de l'activité quotidienne et continue de l'aministration...* ». En principe, ces « affaires » n'engagent pas l'avenir (*Synd. régional des quotidiens d'Algérie, a contrario*), ou bien leur traitement dans un certain sens est inévitable, ou encore elles sont commandées par l'urgence (19 oct. 1962, *Brocas*). Cette dernière hypothèse permet d'ailleurs d'aller au-delà de la notion d'« affaires courantes ». Le Conseil d'État a tendance à donner une acception de plus en plus large à cette notion (22 avr. 1966, *Féd. nat. des synd. de police de France et d'outre-mer et autre* ; 23 déc. 2011, *min. Int.*) mais il exerce un **contrôle plein et entier sur le caractère d'affaires courantes** (20 janv. 1988, *Commune de Pomerol*). Cette théorie vaut pour tout administrateur, et pas seulement pour les gouvernements.

PRÉFET DE LA GUYANE (OFFICIERS MINISTÉRIELS DE CAYENNE) TC – 27 novembre 1952 (Rec. 642)

La détermination de l'ordre juridictionnel compétent pour connaître du service de la justice judiciaire fait difficulté. D'une part, il s'agit là d'un authentique service public administratif : cela pousse à déclarer le juge administratif compétent. D'autre part, il s'agit d'un juge judiciaire, soumis comme tel au principe de séparation entre les deux ordres juridictionnels : cette seconde considération pousse à refuser la compétence du juge administratif en cette matière. La décision *Préfet de la Guyane* essaie d'apporter une solution qui se veut claire en théorie, mais d'application malaisée. Elle consiste à distinguer selon que le litige est relatif à « **l'exercice de la fonction juridictionnelle** » (23 juil. 2010, *Synd. magistrature*), la compétence revenant alors au juge judiciaire, ou qu'il est relatif à « **l'organisation même du service public de la justice** », le juge administratif étant, en ce cas, compétent.

I. L'« exercice de la fonction juridictionnelle judiciaire »

Dans ce cas, le service judiciaire apparaît sous l'aspect le plus intimement lié à la qualité et à la nature de **juge judiciaire**. C'est pourquoi ce dernier juge connaîtra seul des litiges mettant en cause l'exercice de la fonction juridictionnelle (Cass., plén., 23 févr. 2001, *Bolle-Laroche*). Le juge administratif est radicalement incompétent à l'égard des décisions juridictionnelles de l'ordre judiciaire, et de toute mesure prise par les magistrats de l'ordre judiciaire (4 nov. 1994, *Korber*). Les **actes préparatoires** à de telles décisions échappent à la compétence du juge administratif (arrêt de renvoi devant une juridiction, ouverture d'une information judiciaire : 10 févr. 1984, *Min. de l'Agriculture c/ S*^{té} *« Les fils de Henri Ramel »* ; actes de police judiciaire : 24 juin 1960, *S*^{té} *Frampar** ; TC, 15 janv. 1968, *Préfet de la Haute-Garonne*). Les **actes d'exécution** de ces décisions échappent aussi au juge administratif, sauf ceux relatifs au fonctionnement administratif du service pénitentiaire (qu'il s'agisse de personnes condamnées : TC, 22 févr. 1960, *Dame Fargeaud d'Épied*, ou simplement prévenues : TC, 4 juill. 1983, *Caillol*), ou ceux concernant le refus de l'administration de prêter main forte pour l'exécution d'une décision de justice (30 nov. 1923, *Couitéas**).

II. L'« organisation même du service public de la justice »

Dans ce cas, le service judiciaire apparaît essentiellement sous sa nature de service public administratif. C'est ce qui explique la compétence de principe du juge administratif (*Préfet de la Guyane*), que la mesure soit prise par une autorité exécutive ou par les magistrats eux-mêmes. Tel est le cas des mesures touchant au statut de la magistrature : mutations, avancements (27 avr. 1987, *Sargos*), recrutement, sanctions. Ainsi, la sanction infligée à un magistrat du siège pour des actes commis dans l'exercice de sa fonction juridictionnelle relève de l'organisation du service de la justice (14 mars 1975, *Rousseau*), tout comme l'appréciation de la régularité de la procédure aboutissant à sanctionner un magistrat (24 juill. 1987, *Vaulot-Pfister*) ou le contrôle de la notation des magistrats (13 mars 1987, *Bauhain*), ainsi que celui de la régularité de la composition de la chambre d'accusation d'une cour d'appel appelée à donner son avis sur une demande d'extradition (7 juill. 1978, *Croissant*). Pareillement, sont de la compétence du juge administratif les actions en responsabilité pour fonctionnement défectueux de la justice judiciaire (15 févr. 2006, *Min. Justice*) ainsi que la majorité des recours concernant l'administration pénitentiaire.

SOCIÉTÉ INTERCOPIE
CE, Sect. – 20 février 1953 (Rec. 88)

La décision *Société Intercopie* (suivie d'Ass. 15 juil. 1954, *Sté des Forges et Aciéries de Saint-François*) est très importante par l'innovation qu'elle apporte à la question, délicate, de la *cause juridique* et, conséquemment, du *délai d'action* en excès de pouvoir.

I. L'innovation apportée par l'arrêt *Société Intercopie*

Jusqu'en 1953, le juge considérait qu'il n'y avait qu'une seule cause juridique possible à un recours pour excès de pouvoir : l'illégalité de la décision attaquée. Les quatre cas d'ouverture, ou « moyens » (incompétence, vice de forme, violation de la loi, et détournement de pouvoir, ou de procédure), appartenaient à une « cause » juridique unique. Les recours contentieux doivent, à peine de forclusion, être formés dans un certain délai (généralement deux mois). Le juge estime que toute argumentation, quel qu'en soit le moyen, se situant à l'intérieur de la même cause juridique, peut être développée à tout moment, et donc après l'expiration du délai, dès lors que le premier moyen de cette cause a été soumis au juge dans le délai du recours contentieux. L'unité de la cause l'emporte sur l'exigence du respect du délai. On comprend que si l'on multiplie le nombre de causes juridiques possibles d'une action contentieuse, on aggrave la condition de délai puisque celle-ci doit être respectée distinctement à l'égard de chacune des causes invoquées. Au contraire, si l'on réduit le nombre des causes, voire si on les ramène à l'unité (ce qui est le cas en matière fiscale : 16 déc. 2010, *SCP Les Audes*), le requérant qui a saisi le juge de l'excès de pouvoir d'une argumentation quelconque dans le délai de deux mois peut, pendant tout le cours de l'instance, formuler indéfiniment d'autres argumentations sans encourir la forclusion. L'arrêt *Société Intercopie* tient la balance égale entre ces deux solutions extrêmes en distinguant deux causes juridiques possibles à l'appui d'un recours pour excès de pouvoir et deux seulement : la **légalité externe** (incompétence et vice de forme) et la **légalité interne** (violation de la loi et détournement de pouvoir).

II. Les effets de la jurisprudence *Société Intercopie*

Le requérant qui, dans le cadre d'un recours pour excès de pouvoir, n'a invoqué, dans le délai du recours, que des moyens appartenant à une cause juridique, ne peut plus, passé ce délai, invoquer de moyens appartenant à l'autre cause juridique (invocation de la seule légalité externe : 23 mars 1956, *Vve Gineste* ; 25 mars 1960, *Gamiette* – invocation de la seule légalité interne : 13 juil. 1965, *Gauthier*). Il suffit donc, en pratique, que le requérant invoque, dans le délai, un moyen de légalité externe et un moyen de légalité interne pour qu'il puisse, par la suite, et donc hors délai, recourir à n'importe lequel des cas d'ouverture (8 févr. 1963, *Vve Pinon*). En outre, les moyens d'ordre public (incompétence par ex.) peuvent être soulevés à tout moment sans considération de la cause juridique à laquelle ils appartiennent. Parfois critiquée, la jurisprudence « S^té^ *Intercopie* » est systématiquement appliquée par le juge (23 juil. 2008, *François FK et a.* ; 25 sept. 2009, *Martine X.*, 309253).

BAREL
CE, Ass. – 28 mai 1954 (Rec. 308)
Mme PERREUX
CE, Ass.-30 octobre 2009 (Rec. 408)

Dans l'affaire *Barel* des candidats à l'ENA, non retenus sur la liste des personnes admises à concourir, affirment que la décision repose sur un motif politique. *Mme Perreux*, pour sa part, prétend que lui a été refusée une nomination sur un poste dans la magistrature en raison de ses activités syndicales.
Dans ces affaires, le Conseil d'État affirme des principes identiques concernant le pouvoir discrétionnaire de l'administration et les règles de preuve dans le procès administratif.

I. Le contrôle du pouvoir discrétionnaire de l'administration

Souvent l'Administration dispose d'un **pouvoir discrétionnaire** ou, au moins, d'une très grande liberté, pour lui permettre de prendre la décision la plus adéquate au regard des circonstances propres à chaque dossier car aucune solution ne s'impose d'elle-même, notamment du fait de la diversité et de la complexité des éléments à retenir : admission à concourir (*Barel*), nomination à un emploi public (*Perreux*). Si large que soit le pouvoir qui lui est reconnu, l'Administration n'a pas un pouvoir **arbitraire** car elle demeure soumise au respect du droit et au contrôle du juge. Ce dernier vérifie le respect, par la décision discrétionnaire, de la légalité externe (incompétence et vice de forme/procédure) et de la majeure partie de légalité interne (sauf la qualification juridique des faits) avec, en outre, contrôle de l'éventuelle erreur manifeste d'appréciation.
Les décisions ici rapportées témoignent de cet effort pour concilier liberté d'action de l'Administration et respect du principe de juridicité.

II. L'administration de la preuve dans le procès administratif

Le principe est, d'une part, qu'il incombe au demandeur de faire la preuve du bien-fondé de son action, d'autre part, que chaque partie doit prouver ce qu'elle affirme en propre. Cependant, il est parfois difficile de rapporter véritablement « la preuve » de ce qui est affirmé surtout s'agissant des faits (matérialité, chronologie, consistance…). C'est pourquoi, tantôt le juge se satisfera d'un **simple commencement de preuve de nature à faire naître un doute** dans son esprit (1er mai 1936, *Couespel du Mesnil* ; 21 déc. 1960, *Vicat-Blanc* ; 10 avril 2009, *El Haddioui*), tantôt il n'exigera qu'une « **argumentation sérieuse** » du demandeur et attendra de l'Administration qu'elle lui révèle « *les raisons de fait et de droit* » de sa décision (26 janv. 1968, *S^té^ « Maison Genestal »**), tantôt, enfin, le juge opérera un **renversement de la charge de la preuve** en obligeant l'Administration à prouver qu'elle n'a pas eu l'attitude qu'on lui reproche (*Barel*). Dans l'affaire Perreux, où était alléguée une discrimination, le Conseil d'État, appliquant souplement le droit et la jurisprudence communautaires (CJUE, 17 oct. 1989, *H.K. c/ Danfoss*), invite, d'une part, l'intéressée à « soumettre » au juge, non à prouver, « les éléments de fait susceptibles de faire présumer une (discrimination) », d'autre part, l'Administration à lui fournir tous éléments « permettant d'établir que (sa) décision (…) repose sur des éléments objectifs étrangers à toute discrimination ».

NALIATO
TC – 22 janvier 1955 (Rec. 614)

L'accident survenu au jeune Naliato dans la colonie de vacances organisée par l'État, où il séjournait, n'a pas été seulement dommageable pour lui, il l'a été aussi pour le droit administratif, le Tribunal des conflits s'obstinant, à trente-quatre ans de distance, jour pour jour, de l'arrêt du *Bac d'Éloka* * (22 janv. 1921), dans une aventure sans issue : la création d'une nouvelle catégorie **juridique** de service public, le **service public social.**

I. La notion et le régime juridique du service public social

De même qu'il existe des services publics administratifs ou présentant un caractère industriel ou commercial, de même existeraient, selon le Tribunal des conflits, des services publics sociaux, caractérisés par le « *but d'intérêt social* » que visent les collectivités publiques. Cette notion, d'abord apparue dans le secteur des colonies de vacances, fut ensuite étendue à d'autres domaines (TC, 13 janv. 1958, *D^elle^ Berry*, à propos d'une œuvre sociale au profit d'enfants réfugiés). L'idée du juge était d'isoler ces services en raison des traits particuliers affectant les activités de caractère social. Le but d'intérêt général conduisait à y voir des services publics normalement soumis au juge judiciaire dans la mesure où l'organisation et le fonctionnement de ces services ne se distinguent pas « *juridiquement des organisations similaires relevant de personnes ou d'institutions de droit privé* » (*Naliato*). Ce n'est que par exception que le droit public pourrait retrouver son empire. L'idée de base – à savoir les particularismes accentués de l'action sociale – qui sous-tend la tentative de création des services publics sociaux, se heurte à un obstacle insurmontable : elle ne présente guère d'intérêt pratique ou juridique et fait surgir de nombreuses difficultés.

II. L'inexistence du service public social

La tentative tourna à l'échec, et c'est heureux : ou bien ces services sont purement et simplement assimilables aux activités des personnes privées et il y a lieu d'appliquer le droit privé ; ou bien ils sont entièrement administratifs et ils doivent être rangés dans la catégorie des SPA ; ou bien, enfin, ils sont hybrides et leur régime juridique ne se distingue point de celui des SPIC. Il n'existe ni juge ni droit spécifiques pour le service public social. On comprend que les deux ordres de juridiction n'aient manifesté aucun empressement à suivre le Tribunal des conflits, c'est le moins que l'on puisse dire. Les **juridictions judicaires** ont, les premières, rejeté la jurisprudence *Naliato* (CA Paris, 26 mai 1955, *Ville d'Asnières et État c/ Dame Vve Radux* ; Cass., civ., 30 oct. 1957, *Dame Vve Radux* et *Maire d'Asnières*, deux espèces). Le **Conseil d'État** n'a pas tardé à les imiter (21 mars 1958, *Salin*, à propos de centres de vacances français en Allemagne ; 17 avr. 1964, *Commune d'Arcueil*, pour un patronage municipal ; 27 janv. 1971, *Caisse des écoles de la Courneuve* ; 16 févr. 1973, *Commune de La Celle-Saint-Cloud*). Le Tribunal des conflits s'est finalement résolu, à son tour, à enterrer la funeste jurisprudence *Naliato* (4 juill. 1983, *Gambini c/ Ville de Puteaux*). Le service public « social » est, normalement, un service public administratif, sauf s'il ne fait naître avec ses adhérents ou ses usagers que des rapports de droit privé, conformément à la jurisprudence *Association El Hamidia* (5 févr. 1954).

ÉPOUX BERTIN
MINISTRE DE L'AGRICULTURE c/ CONSORTS GRIMOUARD
CE, Sect. – 20 avril 1956, deux arrêts (Rec. 167 et 168)

Nourrir et héberger des réfugiés russes (*Époux Bertin*) ou accepter que l'État reboise à ses propres frais la propriété d'une personne privée (*Min. de l'Agriculture c/ Consorts Grimouard*) sont des activités de service public conduisant à la conclusion de contrats administratifs. car il sont pour objet « **l'exécution du service public** » tout comme ceux qui comportent une **clause exorbitante du droit commun**, seul critère retenu jusqu'alors. Pour être administratif, le contrat doit comporter un **élément organique** et, parfois, **l'un des deux éléments matériels** (TC, 15 nov. 2004, *SA Loxxia bail Slibail*) ci-dessous.

I. L'élément organique dans le contrat administratif

En principe, en dehors d'une qualification légale expresse en ce sens, pour qu'un contrat soit administratif, une personne publique au moins doit y être présente. Le contrat conclu entre **deux personnes publiques** est normalement administratif, sauf très rares exceptions (TC, 7 oct. 1991, *CROUS de Nancy-Metz*), sans qu'il soit besoin d'examiner l'élément matériel (cf. le II). Le contrat conclu entre **deux personnes privées** est normalement un contrat de droit privé (TC, 10 janv. 1983, *Centre d'action pharmaceutique et autres* ; CE, 7 mars 2005, *Sté Seco-Rail*). **Par exception**, le contrat sera dit administratif dans les quatre cas suivants : **1°**) l'une des personnes privées contractantes est *mandataire d'une personne publique* (30 janv. 1931, *La Brossette et fils* ; TC 23 sept. 2002, *Stés Sotram et Metalform*, **2°**) le *contrat est administratif par nature* (construction des routes, autoroutes, grands tunnels : TC 8 juill. 1963, *Sté Entr. Peyrot*) ; TC, 30 juin 2008, *X.*, 3650), **3°**) l'une des personnes privées, sans être mandataire, agit cependant « *au nom et pour le compte d'une personne publique* » (TC 7 juill. 1975, *Cne d'Agde*), **4°**) enfin, l'une des personnes privées est en réalité « *transparente* » par rapport à une personne publique dont elle est entièrement dépendante (21 mars 2007, *Cne de Boulogne-Billancourt* ; v. aussi : 6 avr. 2007, *Cne d'Aix-en-Provence*).

II. L'élément matériel dans le contrat administratif

S'il satisfait à la condition organique ou entre dans l'une des quatre exceptions ci-dessus, le contrat – auquel est partie au moins une personne privée – doit encore, pour être administratif, obéir à l'un des deux critères matériels suivants : **1°**) Le contrat concerne l'exécution d'un service public. La **liaison du contrat avec le service public** peut revêtir deux formes : ou bien le contrat *fait participer le cocontractant privé à l'exécution même* du service public (hypothèse de l'arrêt *Époux Bertin* ; TC, 23 févr. 2004, *Sté Leasecom* : oui ; TC 21 mai 2007, *Sté Codiam* : non), ou bien le contrat a *pour objet même l'exécution du service public* (hypothèse de l'arrêt *Consorts Grimouard* ; TC, 29 déc. 2004, *Dorel*). **2°**) Le contrat a un certain **contenu** car il comporte *une clause exorbitante du droit commun*, c'est-à-dire une clause qui ne se rencontre pas habituellement dans un contrat de droit privé (31 juill. 1912, *Sté des granits porphyroïdes des Vosges** ; TC, 20 févr. 2008, *Verrière*). Le critère tiré du *climat de droit public* ou du régime exorbitant du droit commun, inauguré en 1973 (19 janv. 1973, *Sté d'exploit. électr. de la Rivière du Sant*), a été abandonné (TC, 5 juill. 1999, *Commune de Sauve*).

ROSAN GIRARD
CE, Ass. – 31 mai 1957 (Rec. 355)

Ayant à statuer sur la requête du sieur Rosan Girard qui conteste un arrêté préfectoral déclarant « inexistantes » des opérations électorales s'étant déroulées dans une commune, le Conseil d'État prononce son annulation car, en raison de la gravité de son irrégularité, cet arrêté « *doit être regardé comme un acte nul et non avenu* ». Ce faisant, le juge consacre la très discutée **théorie de l'inexistence**. Il ne s'agit que de l'*inexistence juridique*, l'inexistence matérielle ne soulevant pas de difficultés théoriques (28 févr. 1986, *COREP des Landes* ; TA Mata-Hutu, 12 mars 2007, *Halagahu*).

I. La notion d'inexistence juridique

Certaines irrégularités sont tellement grossières que les reconnaître simplement illégales ne suffit pas, même si la plupart des nullités administratives sont absolues. La CJUE parle « *d'actes qui sont entachés de vices particulièrement graves et évidents* » (CJCE, 26 févr. 1987, *Consorzio cooperative d'Abruzzo* ; 15 juin 1994, *Commission c/ BASF AG e. a.*). On pense à un rapprochement avec la voie de fait, mais il n'est que partiel : si certains actes constitutifs de voie de fait sont en même temps des actes inexistants (TC, 27 juin 1966, *Guigon*), toutes les voies de fait ne se trouvent pas dans ce cas (31 janv. 1958, *S*[té] *des Établissements Lassalle-Astis*). Il existe une divergence entre le Tribunal des conflits, partisan d'une assimilation totale de ces deux notions (*Guigon*, précité), et le Conseil d'État, favorable à leur autonomie. L'inexistence permet de tirer les conséquences d'illégalités très graves (ainsi, dans l'affaire *Rosan Girard*, le préfet avait empiété sur les compétences du juge de l'élection) et de sanctionner un comportement moralement répréhensible. Le juge qualifie très rarement un acte d'« inexistant » ; il utilise trois formules : « *acte nul et non avenu* » (*Rosan Girard ;* 18 janv. 2013, *Synd. Magistrature*), « *acte nul et de nul effet* » (4 juill. 1980, *Zemma*) ou « *acte nul et sans effets* » (5 déc. 2011, *Robert X*). Théorie exceptionnelle, l'inexistence n'est admise que restrictivement (*Zemma*, précité), et donc rarement, par le juge administratif, d'autant qu'elle emporte des effets radicaux.

II. Les effets de l'inexistence juridique

C'est par ses effets que le recours à l'inexistence prend toute son importance. Le motif d'inexistence est d'ordre public et doit être, éventuellement, **soulevé d'office** par le juge (CJCE, 15 juin 1994, précité ; TA Mata-Utu, 12 mars 2007, *Halagahu*). Le caractère inexistant d'un acte administratif peut être **constaté indifféremment par le juge administratif ou par le juge judiciaire** (TC, 27 juin 1966, *Guigon*, précité). Ce peut être en même temps mais pas toujours une voie de fait (*Rosan Girard*). **L'acte inexistant peut être retiré par l'autorité administrative à tout moment** (3 févr. 1956, *de Fontbonne*), ce qui est une différence très importante avec l'acte simplement illégal. Toutefois, l'acte obtenu par fraude, s'il ne crée pas de droits, n'est pas pour autant inexistant (29 nov. 2002, *Assist. publique – Hôpitaux de Marseille*) même s'il peut être abrogé ou retiré à tout moment (12 avr. 1935, *Sarovitch*). Enfin, **l'acte inexistant est insusceptible de faire acquérir des droits** ; il peut donc être **contesté à tout moment** par la voie du recours pour excès de pouvoir (6 juill. 1956, *Pierre-Alype* ; 31 mai 1957, *Rosan Girard* ; 28 févr. 1986, *Commissaire de la République des Landes*) ou suspendu en référé (26 janv. 2007, *Cne de Neuville-sur-Escaut*).

DISTILLERIE DE MAGNAC-LAVAL
CE, Ass. – 2 mai 1958 (Rec. 246)

Se fondant sur les dispositions de la loi-cadre du 11 juillet 1953 tendant au redressement économique et financier, le gouvernement avait, par décret, résilié pour l'avenir les contrats par lesquels il s'était engagé à acquérir auprès des distillateurs d'alcool des quantités d'alcool supplémentaires par rapport aux contingents réglementaires. La distillerie de Magnac-Laval contesta le droit, pour l'État, d'opérer une telle résiliation. Le Conseil d'État rejeta la requête en admettant, d'une part, le **droit de résiliation unilatérale des contrats administratifs** (21 mars 1910, *Cie gén. franç. de tramways**), d'autre part, la possibilité de résilier en bloc une catégorie entière de contrats.

I. La résiliation unilatérale du contrat administratif

La société requérante soutenait que le décret du 9 août 1953 était illégal car il portait atteinte au droit qu'elle tenait de son contrat avec l'État. Le Conseil d'État ne l'a pas jugé ainsi. Il a reconnu le pouvoir, pour l'administration, de résilier unilatéralement de tels contrats « *en vertu des règles applicables aux contrats administratifs* ». Il s'agit d'un principe général du droit (9 déc. 1927, *Gargiulo* ; CC, n° 84-182 DC, 18 janv. 1985) applicable à tous les contrats administratifs, y compris aux concessions de service public, bien que cette dernière possibilité ait été très discutée (2 févr. 1987, *S^tés^ TV6, Scorpio-Music, Aréna, Pathé-Marconi, EMI*, où le Conseil d'État reprend la formule de l'arrêt *Distillerie de Magnac-Laval* ; TC, 2 mars 1987, *S^té^ d'aménagement et de développement de Briançon-Montgenèvre*). Ce droit à résiliation unilatérale est reconnu à l'administration **sous deux réserves** importantes : **1°**) La résiliation doit intervenir **dans l'intérêt général** : c'était le cas dans l'affaire *Distillerie de Magnac-Laval* où la résiliation était motivée par le souci d'économiser des fonds publics dans une conjoncture budgétaire difficile. À défaut d'un tel intérêt général, la résiliation serait irrégulière (2 févr. 1987, *S^té^ TV6*, précité). De plus, cet intérêt général doit s'apprécier au jour où l'administration prend la décision de résilier le contrat. **2°**) La résiliation dans un but d'intérêt général ne peut intervenir que « **sous réserve des droits à indemnité des intéressés** ». Dans le présent arrêt, le Conseil d'État prend bien soin de relever que le décret attaqué « *ne fait pas obstacle à ce que les intéressés fassent valoir leurs droits à indemnité* ». Dans le cas contraire, il eût été illégal.

II. La résiliation unilatérale d'une catégorie entière de contrats

L'originalité de l'arrêt commenté vient aussi de ce qu'il admet que l'administration peut, d'un bloc, résilier une catégorie entière de contrats, ici les contrats d'achat d'alcool industriel. Sur ce point, le commissaire du gouvernement, J. Kahn, suggérait au Conseil d'État de déclarer cette résiliation générale illégale, une mesure aussi générale ne pouvant résulter que d'une loi. Le Conseil d'État ne l'a pas suivi. Le maintien de cette jurisprudence est devenu problématique, d'une part, avec la reconnaissance du caractère constitutionnel de la **liberté contractuelle**, et avec les exigences du principe de sécurité juridique (24 mars 2006, *S^té^ KPMG et autres* ; 27 oct. 2006, *S^té^ Techna*), d'autre part du fait des règles du droit communautaire.

FOURRÉ-CORMERAY
CE, Sect. – 10 avril 1959 (Rec. 233)

L'arrêt *Fourré-Cormeray*, rendu à propos de la révocation du directeur du Centre national de la Cinématographie, précise le principe du **parallélisme des formes** (Sect. 18 nov. 1938, *S^té^ languedocienne de TSF*) **et/ou des compétences** (Ass. 13 mars 1953, *Teissier*). Lorsqu'un texte indique par quelle autorité, ou suivant quelles formes, un acte doit être pris, mais demeure muet sur l'autorité compétente ou les formes à respecter pour prendre l'acte inverse, on considère qu'il faut suivre, pour ce second acte, les compétences et les formes prévues pour le premier acte (27 nov. 2010, *Denis X.*). Ainsi, l'autorité compétente pour prononcer la révocation du sieur Fourré-Cormeray était, dans le silence des textes, l'autorité investie du pouvoir de nomination de celui-ci.

I. Portée du principe du parallélisme

Ce principe est général dans son application. L'autorité compétente pour formuler une proposition est compétente, dans le silence des textes, pour refuser de formuler cette proposition (9 mai 1958, *Fau*). Pareillement, l'autorité compétente pour délivrer une autorisation l'est aussi pour la retirer (25 avr. 1958, *S^té^ des Laboratoires Geigy*). L'autorité compétente pour nommer un agent l'est également pour mettre un terme à ses fonctions (*Fourré-Cormeray* ; 18 mars 1966, *Verdier*). Ce principe est appliqué très strictement par la jurisprudence dans le cas d'actes réglementaires (28 avr. 1967, *Féd. nat. des syndicats pharmaceutiques*).

La règle du parallélisme ne joue pas dans trois cas principalement : **1°**) quand elle ne peut pas être respectée en raison de certains textes ou de circonstances particulières (2 janv. 1959, *Marini*) ; **2°**) lorsque l'administration qui n'a pas respecté le principe du parallélisme avait compétence liée, ou quand la décision prise en violation de ce principe n'est pas différente de celle qui aurait été prise en l'absence de violation (14 févr. 1968, *Min. de l'Économie et des Finances c/ S^té^ CHARM*) ; **3°**) l'acte inverse n'a pas à suivre le principe du parallélisme à l'égard de celles des formalités originaires qui étaient superflues (15 févr. 1961, *Leseur et autres*).

II. Les limites au principe du parallélisme

Si ce principe s'applique à l'**acte inverse**, il est très difficile de définir la notion d'acte inverse. L'acte inverse n'est pas nécessairement l'acte contraire. Or la jurisprudence exige, pour l'application du principe, que l'acte soit rigoureusement inverse de celui pour lequel un texte exprès a institué une compétence ou une forme pour prendre l'acte. Ainsi, la résiliation d'un contrat est bien le contraire de sa passation, mais la remise d'un fonctionnaire détaché à la disposition de son administration d'origine n'est pas l'acte inverse de son détachement (21 oct. 1960, *Mallet de Chauny*). En revanche, la présomption de parallélisme ne tombe pas devant un texte qui contredit la règle du parallélisme lorsque ce texte est d'un rang normatif inférieur à celui qui avait institué la compétence ou la formalité initiale (20 nov. 1981, *Assoc. pour la protection de la vallée de l'Ubaye*).

Lorsque, entre la prise de décision initiale et l'intervention de l'acte inverse, l'autorité initialement compétente a changé, c'est la nouvelle autorité qui est compétente, par parallélisme, pour prendre l'acte inverse (7 oct. 1994, *Joly*).

SYNDICAT GÉNÉRAL DES INGÉNIEURS-CONSEILS
CE, Sect. – 26 juin 1959 (Rec. 394)

Petites causes, grands effets... Le syndicat des ingénieurs-conseils contestait un décret qui accordait diverses prérogatives aux seuls architectes. Ce décret était pris en vertu des pouvoirs conférés outre-mer au gouvernement par un sénatus-consulte du 3 mai 1854. Pour annuler ce décret, le Conseil d'État va dire que le président du Conseil des ministres avait l'obligation, en le prenant, « *de respecter... les principes généraux du droit qui, résultant notamment du préambule de la Constitution, s'imposent à toute autorité réglementaire même en l'absence de dispositions législatives* ». Par là, le Conseil d'État rendait une très grande décision, tant pour la théorie des principes généraux du droit que pour la soumission des actes administratifs à ces principes.

I. La place normative des principes généraux du droit

Plusieurs thèses ont été avancées sur la place de ces principes dans la hiérarchie des normes, selon l'interprétation faite de la jurisprudence. Pour les uns, ils sont de **valeur contitutionnelle** (concl. Fournier sur *Synd. gén. des ingénieurs-conseils*; 23 nov. 1984, *O. Roujansky*). Pour d'autres, ces principes ont **valeur législative** (7 févr. 1958, *Synd. des propriétaires de forêts de chênes-lièges d'Algérie*). Pour d'autres enfin (R. Chapus), ils ont une **valeur supra-décrétale et infra-législative**. Cette position doit être retenue puisqu'elle permet tout à la fois d'obtenir une soumission de l'acte administratif à ces principes (ils sont « supra-décrétaux ») et d'expliquer que le Conseil d'État admet qu'une loi puisse y déroger (ils sont « infra-législatifs » ou de rang législatif). Cela permet de comprendre qu'un acte administratif conforme à une loi violant un principe général du droit n'encoure pas annulation quand la volonté du législateur est formelle (18 juin 1958, *Synd. des grossistes*; 15 oct. 1965, *Union féd. des magistrats et Sieur Reliquet*).

II. L'étendue de la soumission des actes administratifs aux principes généraux du droit

Le Conseil d'État précise dans sa décision que les principes généraux du droit s'imposent « à toute autorité réglementaire ». Il retient ainsi un critère organique : c'est la nature de l'autorité, non la nature de ses actes, qu'il convient de prendre en considération. Il s'ensuit que les **actes réglementaires de droit commun** doivent respecter les principes généraux du droit ; à défaut, ils encourent l'annulation. Les **actes réglementaires** prétendus **« autonomes »** (art. 37, al. 1er, Const.) sont, pareillement, soumis à ces principes. Cette conséquence, qui résulte directement de la décision *Synd. gén. des ingénieurs-conseils*, affaiblit considérablement la prétendue originalité des règlements autonomes, ceux-ci connaissant la même soumission que les autres aux principes généraux du droit. Également, sont encore soumises à ces principes les **ordonnances de l'article 38**, lesquelles conservent, jusqu'à leur éventuelle ratification parlementaire, la nature d'actes administratifs, et en connaissent donc l'entier régime. On doit, évidemment, mettre à part les principes généraux à valeur constitutionnelle dégagés par le Conseil constitutionnel et dont celui-ci impose le respect au législateur. Ces derniers principes valent *a fortiori* pour le pouvoir réglementaire, tout comme les principes généraux du droit communautaire (CJCE, 17 avr. 1997, *SARL de Kerlast*).

SOCIÉTÉ « LES FILMS LUTÉTIA »
CE, Sect. – 18 décembre 1959 (Rec. 693)

Le maire de Nice pouvait-il interdire sur le territoire de sa commune la projection du film *Le feu dans la peau,* qui avait reçu le visa ministériel d'exploitation ? Telle était, en substance, la question à laquelle le Conseil d'État répond positivement, en rappelant la classique théorie de la double combinaison des pouvoirs de police, et les fondements du pouvoir d'aggravation qui appartient aux autorités locales de police.

I. Police générale et police spéciale – Police nationale et police locale

Au vu de l'avis de la Commission de classification des œuvres cinématographiques, le ministre de la Culture pouvait classer le film dans l'une des catégories suivantes : visa tout public, interdiction aux moins de 12 ans, interdiction aux moins de 18 ans, interdiction totale. Ce ministre dispose ainsi d'un pouvoir de **police spéciale** qui, s'il exclut toute autre police spéciale sur les films, se combine cependant avec le pouvoir de **police générale** qui appartient au maire dans sa commune.

Quant à la combinaison police générale-police spéciale, deux cas sont à retenir : **1°**) Si le texte institutif de la police spéciale a exclu toute autre police, la police générale ne peut pas intervenir (20 juill. 1935, *Éts S.A.T.A.N.* ; 26 oct. 2011, *C^ne^ des Pennes-Mirabeau* ; 24 sept. 2012, *C^ne^ de Valence*). **2°**) Si, et c'est le cas le plus fréquent, le texte est muet, la police générale peut intervenir (11 janv. 2007, *Min. Écologie* : police des déchets). Dans ce dernier cas : tantôt les deux polices sont remises à des autorités différentes, chacune d'elles exerçant son propre pouvoir de police, même si l'autorité de police spéciale est d'un rang supérieur à l'autorité de police locale (police des films : *S^té^ «Les films Lutétia »* ; police sanitaire : 17 oct. 1952, *Synd. climatique de Briançon*) ; tantôt les deux sortes de police sont remises à la même autorité, cette dernière devant combiner les divers titres en vertu desquels elle intervient (20 juill. 1971, *Sieur Méhu et autres*, à propos de la police des carrières ; Lyon, 4 juill. 2003, *Arme*, édifices menaçant ruine).

II. Les fondements du pouvoir d'aggravation des mesures de police par l'autorité locale

Dans la lignée de l'arrêt du 18 avril 1902, *Maire de Néris-les-Bains* *, le Conseil d'État énonce dans la décision *S^té^ «Les films Lutétia »* que l'autorité de police générale locale peut aggraver une mesure de police spéciale pour deux motifs possibles : **1°**) Solution traditionnelle : la menace de « *troubles sérieux* » (19 mai 1933, *Benjamin**), voire la menace de « *troubles matériels sérieux* », justifie une aggravation locale des mesures de police. Ainsi en va-t-il du maintien de la tranquillité publique et de l'ordre dans la rue. **2°**) Importante évolution : le Conseil d'État estime que la combinaison du « caractère immoral » d'un film et de « circonstances locales » peut justifier des mesures restrictives lorsque, à défaut, il y aurait risque de préjudice à l'ordre public. L'immoralité est aujourd'hui très restrictivement admise (30 juin 2000, *Assoc. « Promouvoir » et autres* ; 29 juin 2012, mêmes requérants). Enfin, en cas d'atteinte à la dignité de la personne humaine, l'autorité de police est toujours fondée à agir en dehors de toute circonstance locale particulière (27 oct. 1995, *Commune de Morsang-sur-Orge* et *Ville d'Aix-en-Provence**, deux espèces).

SOCIÉTÉ FRAMPAR ET SOCIÉTÉ FRANCE ÉDITIONS ET PUBLICATIONS
CE, Ass. – 24 juin 1960 (Rec. 412)

Le préfet d'Alger ordonne la saisie de certains numéros du quotidien *France-Soir* en se fondant sur le code pénal qui lui confiait à l'époque des pouvoirs de **police judiciaire**. Le Conseil d'État relève que cette saisie ne poursuit pas un but de police judiciaire mais un but de **police administrative**, et requalifie ainsi cette mesure. L'intérêt de cette décision est de permettre une distinction des deux sortes de police.

I. Les notions de police judiciaire et de police administrative

L'action de la police administrative est plutôt de **nature préventive** (TC 18 juin 2007, *TGI de Laval*), celle de la police judiciaire plutôt de **nature répressive** (CC, n° 2005-532 DC, 19 janv. 2006), l'article 14 du code de procédure pénale définissant ainsi les buts de la police judiciaire : constatation des infractions, recherche des preuves et des coupables, exécution des ordres du juge d'instruction. L'intérêt de la distinction est évident : la police administrative relève du droit et du juge administratifs, la police judiciaire relève du juge judiciaire. Sont ainsi des opérations de police judiciaire : l'arrestation d'individus surpris en flagrant délit de vol (12 févr. 1954, *Dame Vve Marolles*), une garde à vue (TC, 22 mars 2004, *X.*), l'accident mortel survenu au cours d'une « souricière » (TC, 27 juin 1955, *Dame Barbier*), les sévices infligés par des policiers à une personne suspectée d'être l'auteur d'une infraction (TC, 7 mars 1994, *M. Damez*), la répression d'une capture illégale d'oiseaux (4 févr. 2005, *Office nat. de la chasse*). Relèvent de la police administrative : des faits dommageables commis par des policiers au cours d'une ronde de nuit (23 févr. 1951, *Desgranges*) ou à l'occasion d'une vérification d'identité (TC, 28 avr. 1980, *Waroquier c/ Min. de l'Intérieur*).

II. Les critères de distinction entre police judiciaire et police administrative

Ces critères sont d'autant plus importants dans deux cas : **1°**) Certaines autorités détiennent à la fois des pouvoirs relevant des deux sortes de police (maire, préfet) ; il convient de déterminer en vertu de quel titre elles agissent et donc de quels pouvoirs elles disposent. **2°**) Certaines autorités peuvent camoufler une opération de police d'une certaine nature sous l'apparence d'une autre police (*S^té Frampar*) plus facile à utiliser.

La jurisprudence utilise **deux critères** : **1°**) Elle prend en considération la **nature de l'activité de l'agent** et non la qualité de cet agent (11 mai 1951, *Consorts Baud*, où le Conseil d'État reconnaît la nature judiciaire d'une « *opération de police que des inspecteurs de police accomplissaient (...) en vue d'appréhender des individus* **signalés** *comme faisant partie d'une bande de malfaiteurs* » ; TC, 7 juin 1951, *Dame Noualek*). **2°**) « *Seules sont déterminantes les* **intentions véritables** *de l'auteur qu'il importe donc de sonder* » (concl. Schmelck sur TC, 15 janv. 1968, *Préfet de la Haute-Garonne c/ Cour d'appel de Toulouse*). Pour cela il faut se placer au moment où s'est produit l'acte, et apprécier en quelle qualité son auteur a **entendu** agir. Une opération de police administrative se transforme en une opération de police judiciaire dès qu'un individu **apparaît** (même à tort) suspect aux agents de la police administrative (Cass., crim., 5 janv. 1973, *Friedel*).

VANNIER
CE, Sect. – 27 janvier 1961 (Rec. 60)

Les possesseurs de postes récepteurs de télévision fonctionnant selon la norme, alors en vigueur, de la définition de l'image en 441 lignes, ont été privés, pratiquement du jour au lendemain, par l'arrêté interministériel du 26 avril 1956, de la possibilité d'utiliser leurs appareils en raison de la modification de la définition, qui passait alors en 625 lignes. Ils sollicitèrent, outre la réparation du préjudice, l'annulation de la mesure. Cela leur fut refusé dans les termes suivants : « ... *les usagers d'un service public administratif n'ont aucun droit au maintien de ce service ; qu'il appartient à l'administration de prendre la décision de mettre fin au fonctionnement d'un tel service lorsqu'elle l'estime nécessaire, même si un acte réglementaire antérieur a prévu que ce fonctionnement serait assuré pendant une durée déterminée, à la condition, toutefois, que la disposition réglementaire relative à cette durée soit abrogée par une mesure de même nature émanant de l'autorité administrative compétente* ». C'est là une véritable « doctrine » du **principe d'adaptation constante** (ou encore **de mutabilité**) des actes et services publics administratifs (10 janv. 1930, *Despujol**).

I. L'absence de droit acquis au maintien d'un règlement

Les actes réglementaires sont pris dans l'intérêt général tel qu'il est apprécié par l'administration à la lumière des règles et principes supérieurs qu'elle doit respecter dans ses actes. Parce que cet intérêt général varie, parce que la légalité générale (Constitution, lois, traités, directives communautaires...) se modifie constamment et parce que l'administration dispose d'une importante marge d'appréciation pour concrétiser les besoins d'intérêt général, les actes administratifs sont essentiellement changeants. Il en va ainsi, et c'est le cas normal, lorsque l'acte est à durée indéterminée. Il en va également ainsi, et l'arrêt *Vannier* le confirme avec éclat, lorsque l'acte est pris pour une durée préfixe. C'est pourquoi il n'existe, pour les particuliers, aucun droit acquis au maintien d'un acte réglementaire (26 juil. 2007, *Castel*), sauf cas de responsabilité sans faute de l'administration – mais la condition de préjudice spécial est ici très difficile à remplir. Le droit d'abroger un règlement est un droit permanent de l'administration à condition que cette abrogation entre bien dans ses compétences (*Vannier*).

II. L'abrogation des actes réglementaires

L'abrogation consiste à faire cesser de produire effet à un acte, pour l'avenir seulement. Le principe est très simple. Les règlements, qu'ils soient irréguliers ou réguliers, peuvent toujours être abrogés, ou modifiés, par l'autorité compétente (17 mars 1911, *Blanchet* ; et, dans le même sens que l'arrêt *Vannier*, voir : 25 juin 1954, *Synd. nat. de la meunerie à seigle*). Cette règle ne régit que les actes réglementaires et point les actes individuels créateurs de droits (20 févr. 2008, *Gener*).

Il a été reconnu aux administrés un véritable « droit » de solliciter de l'administration l'abrogation de ses règlements illégaux depuis leur origine (décret du 28 nov. 1983, art. 3) ou devenus illégaux par suite d'un changement dans les circonstances de fait ou de droit initiales (3 févr. 1989, *Cie Alitalia**). Ceci est aussi une obligation légale pour l'administration (loi du 20 déc. 2007). Le principe de sécurité juridique interdit cependant les brusques changements de réglementation et impose à l'administration de prévoir des phases transitoires (Sect. 13 déc. 2006, *Lacroix*).

NARCY
CE, Sect. – 28 juin 1963 (Rec. 401)
ASSOCIATION DES PERSONNELS RELEVANT DES ÉTABLISSEMENTS POUR INADAPTÉS (APREI)
CE, Sect. – 22 février 2007 (Rec. 92)

À quoi reconnaît-on qu'une activité est un *service public* ? Lorsqu'elle est le fait d'une personn publique, la réponse est aisée car les activités des personnes publiques sont presque toujour des services publics. La réponse à cette question est plus délicate quand l'activité est exercée par une personne privée. Une telle personne peut être chargée d'un service public (20 déc. 1935, *Etblts Vezia** ; 13 mai 1938, *Caisse primaire « Aide et protection »**). L'arrêt *Narcy* systématise trois éléments dont la réunion révèle l'existence d'un tel service. L'évolution ultérieure a montré les limites de cette tentative, notamment avec la décision *APREI*.

I. Une mission d'intérêt général

Tout d'abord, la personne privée doit être chargée d'*une mission d'intérêt général*. Il n'est pas facile de définir l'intérêt général ; de plus, toute activité d'intérêt général ne constitue pas *ipso facto* un service public alors que l'inverse est vrai : il n'y a pas de service public sans un intérêt général satisfait (Sect. 27 oct. 1999, *Rolin*). Ainsi le principe de laïcité ne s'applique pas à la célèbre crèche Babilou car elle assure une mission d'intérêt général sans toutefois gérer un service public (Cass. soc. 19 mars 2013, 12-11.690) ; inversement, les personnels des caisses d'assurance maladie sont astreints à la laïcité car celles-ci gèrent un service public (Cass. soc. 19 mars 2013, 11-28.845).

II. La dépendance par rapport à une personne publique

Ensuite, la personne privée, dont on se demande si l'activité qu'elle gère est un service public, doit être placée *sous la dépendance d'une personne publique* à l'occasion de l'organisation et de l'accomplissement de cette activité. À défaut, il ne saurait y avoir service public (Sect. 21 janv. 1944, *Léoni* ; 5 oct. 2007, *Sté UGC-Ciné-Cité* ; 23 mai 2011, *Cne de Six-Fours-les-Plages*). Cette « dépendance » se traduit par un vocabulaire diversifié : « droit de regard », « tutelle », « contrôle administratif », etc. Ce critère joue un rôle important et croissant dans l'identification du service public.

III. La détention de prérogatives de puissance publique : *Narcy* ou *APREI* ?

L'arrêt *Narcy* pose une troisième condition : le gestionnaire de l'activité doit disposer de *prérogatives de puissance publique* pour la réalisation de sa mission (outre *Narcy*, v. 26 févr. 2003, *Sté protectrice des animaux* ; 18 juin 2008, *X.*). Ce critère a toujours joué un rôle ambigu, tantôt l'exorbitance semble être une des conditions d'existence du service public (*Narcy*) tantôt, au contraire, elle paraît en être une conséquence (concl. C. Vérot sur *APREI*). Le juge, tout en réaffirmant cette exigence d'exorbitance (26 févr. 2003, *Sté protectrice des animaux* ; 18 juin 2008, *X.*), admet que le SPIC est un authentique service public alors qu'il est souvent démuni de telles prérogatives (15 février 1935, *Sté franç. de constructions mécaniques* ; 1er décembre 1950, *EDF*).

L'arrêt *APREI* reconnaît à une activité – malgré l'absence de prérogatives exorbitantes – la qualification de service public lorsque, à travers ses conditions de création, d'organisation u de fonctionnement, ainsi que les obligations et contrôle auxquels elle est soumise, se évèle l'intention de l'administration de lui confier une telle mission de service public.

MINISTRE DES TRAVAUX PUBLICS c/ CONSORTS LETISSERAND
CE, Ass. – 24 novembre 1961 (Rec. 661)

La mort d'un fils et d'un petit-fils autorise-t-elle le père et grand-père à solliciter du juge administratif la réparation de la douleur morale qui en est résultée pour eux ? Pour la première fois, le Conseil d'État va, avec sa décision d'Assemblée *Ministre des Travaux publics c/ Consorts Letisserand*, accepter de **réparer la douleur morale**. C'était le terme d'une longue évolution dont il importe de mesurer la portée.

I. L'évolution jurisprudentielle sur la réparation de la douleur morale

Longtemps le Conseil d'État n'a admis que la seule réparation du préjudice matériel et refusait la réparation de la douleur morale, le *pretium affectionis*, car « les larmes ne se monnaient point ». Il est difficile d'évaluer objectivement en argent le chagrin ou la peine. Le clivage était donc entre les préjudices évaluables en argent et ceux qui ne l'étaient pas, dans ces derniers entraient la plupart des préjudices moraux et tous les préjudices d'affection. Le refus du juge de les indemniser procédait d'une simple constatation technique et non de considérations métaphysiques. Très tôt, le juge administratif a accepté de réparer certains préjudices moraux restrictivement entendus : le préjudice causé à un prêtre catholique par l'utilisation des cloches de son église à des fins purement civiles (7 mars 1934, *Abbé Belloncle*), l'accusation fausse portée contre une femme d'être l'agent propagateur d'une maladie vénérienne (5 juill. 1957, *Département de la Sarthe c/ Delle Artus*), V. aussi, dans le cas de l'outrage subi par un policier : 17 déc. 2004, *Min. de l'Intérieur c/ Barrucq*. Ces exceptions ne remettaient point en cause le principe du refus d'indemniser : dans l'arrêt *Bondurand* (29 oct. 1954), le Conseil d'État refusa de réparer la douleur morale causée à un jeune homme par la perte de tous les membres de sa famille. Il fallut une « fronde » des tribunaux administratifs pour que le Conseil d'État, par l'arrêt commenté, renverse sa jurisprudence et accepte de réparer directement la douleur morale.

II. La portée de l'arrêt *Consorts Letisserand*

La réparation de la douleur morale, d'application généralisée désormais (17 déc. 2004, *Min. Intérieur*), est soumise aux conditions habituelles pour ouvrir droit à réparation (causalité, lien direct, circonstances non exonératoires, etc.). Cette réparation est toujours d'un montant faible, parfois symbolique, surtout en comparaison des sommes allouées par le juge judiciaire. À l'époque où le juge se refusait à réparer la douleur morale, il acceptait la réparation des « **dommages apportés aux conditions d'existence** », ce qui permettait parfois d'inclure, dans ce cadre, les préjudices effectivement subis mais dont la qualification juridique était incertaine. On s'est demandé si l'arrêt *Consorts Letisserand* n'allait pas mettre fin à l'existence de ce chef de réparation, il n'en a rien été (cf. 14 juin 1963, *Hébert*). La dissociation de ces deux chefs d'indemnisation explique en partie la faiblesse des indemnités pour douleur morale. Cependant, il arrive que le juge réunisse ces deux chefs pour une indemnisation unique (25 sept. 1970, *Commune de Batz-sur-Mer et Dame Ve Tesson* ; 26 déc. 1973, *Sadoudi*).

RUBIN DE SERVENS ET AUTRES
CE, Ass. – 2 mars 1962 (Rec. 143)

Le Conseil d'État, par cette importante et célèbre décision, fixe le régime juridique des actes pris sur le fondement de l'article 16 de la Constitution de 1958 : lorsque sont réunies les conditions, dramatiques, prévues par cette disposition, le président de la République exerce une dictature (la dictature *rei publicae et servandae* du droit romain). Le sieur Rubin de Servens déféra au Conseil d'État la « décision » par laquelle le chef de l'État avait créé un tribunal militaire d'exception. Rejetant ce recours, le Conseil d'État fixe la jurisprudence relative à la nature des décisions prises à ce titre par le chef de l'État.

I. Le recours à l'article 16, acte de gouvernement

Spectaculairement, le Conseil d'État qualifie la décision de mettre en vigueur l'article 16 et celle d'y mettre fin, d'« actes de gouvernement », expression qui est rarissime sous la plume du juge administratif suprême. La solution peut surprendre. Traditionnellement, la nature juridique des actes est déterminée par le recours au **critère organique**, qui prend en considération l'auteur de l'acte et la procédure suivie pour prendre cet acte. Ce critère, en l'espèce, conduisait à qualifier la décision de recourir à l'article 16 d'acte réglementaire, donc déférable au juge de l'excès de pouvoir. Le juge s'est refusé à cette analyse en recourant à la théorie de l'**acte de gouvernement**. Celle-ci joue dans deux séries d'hypothèses (voir 19 févr. 1875, *Prince Napoléon* *) dont l'une est constituée par les relations entre les pouvoirs exécutif et législatif. C'est le cas en l'espèce : le recours irrégulier à l'article 16 constituerait un coup d'État mettant en cause les relations entre ces deux pouvoirs constitutionnels que le Conseil d'État n'a pas pour mission d'arbitrer (cf. concl. Henry sur *Rubin de Servens*).
Par parallélisme, le Conseil d'État voit également dans la décision de mettre fin à l'application de l'article 16 un acte de gouvernement, c'est pourquoi il s'interdit de contrôler la durée d'application de ce régime.

II. Le contrôle partiel sur les mesures prises dans le cadre de l'article 16

La conséquence de la qualification d'une décision comme étant un acte de gouvernement est l'incompétence du juge pour en connaître (29 avr. 1970, *Comité des chômeurs de la Marne* ; 19 févr. 1988, *Sté Robatel SLPI* ; 23 sept. 1992, *GISTI* et *MRAP*). Le Conseil d'État n'exerce, sur la décision de recourir à l'article 16, aucun contrôle autre que de régularité formelle ; en particulier, il vérifie qu'ont bien été consultés, avant que ne soit prise la décision, les autorités et organisme prévus par la Constitution. Pas davantage ne serait possible un recours en responsabilité pour dommages résultant éventuellement d'une telle décision. Parmi les mesures présidentielles prises au titre de l'article 16, le Conseil d'État opère une distinction très importante en se fondant sur un **critère matériel** et non organique : les mesures qui portent sur des matières législatives échappent au contrôle du juge parce qu'elles constituent l'exercice du pouvoir législatif (c'est l'hypothèse de l'arrêt commenté) ; celles qui portent sur des matières réglementaires sont soumises au contrôle du Conseil d'État (23 oct. 1964, *d'Oriano* ; 22 mai 1968, *Lagrange*), contrôle atténué cependant par le caractère exceptionnel des circonstances.

CANAL, ROBIN ET GODOT
CE, Ass. – 19 octobre 1962 (Rec. 552)

L'arrêt *Canal* fut un événement politique majeur. Intervenu en pleine campagne électorale (élections législatives après dissolution de l'Assemblée nationale, référendum constituant pour modifier le mode d'élection du président de la République), dans un contexte politique agité, au milieu de la plus importante controverse constitutionnelle de la Ve République (l'article 11 permet-il de réviser la Constitution ?), il devait susciter l'ire présidentielle. Le président de la République avait été habilité, par la loi référendaire du 13 avril 1962, à prendre par voie d'ordonnance ou de décret toute mesure d'application des accords d'Évian du 19 mars 1962 (relatifs à l'indépendance de l'Algérie). Le chef de l'État créa ainsi une juridiction spéciale pour juger les auteurs de crimes ou délits commis en relation avec les événements d'Algérie. Cette ordonnance, annulée par le Conseil d'État alors que le sieur Canal avait été condamné à mort par cette juridiction spéciale, permit au juge de réitérer sa jurisprudence concernant le critère de l'acte administratif et l'étendue du contrôle de légalité.

I. Le retour au critère organique de l'acte administratif

Abandonnant sur ce point sa toute récente jurisprudence *Rubin de Servens* * (2 mars 1962), le Conseil d'État revient au critère organique pour déterminer la nature de l'ordonnance référendaire. Il s'agit d'une habilitation accordée par voie de référendum par le peuple lui-même au président de la République, en vue de l'autoriser à prendre toute mesure nécessaire à la mise en œuvre des accords d'Évian. Pour qualifier l'ordonnance référendaire, le Conseil d'État retient la nature juridique de son auteur. Le chef de l'État est un organe du pouvoir exécutif, donc ses actes sont administratifs : même portant sur des matières législatives, ils demeurent administratifs (comme les ordonnances de l'article 38 tant qu'elles ne sont pas ratifiées par le Parlement). Par suite, le recours pour excès de pouvoir est recevable contre une ordonnance référendaire comme contre tout acte réglementaire. Le Conseil d'État a donc refusé d'y apercevoir un acte de nature législative par adoption d'un critère matériel.

II. L'étendue du contrôle juridictionnel sur les ordonnances référendaires

Le juge administratif exerce un contrôle plein et entier sur les ordonnances référenda
(comme c'est aussi le cas pour les ordonnances de l'article 38 non encore ratifiées)
plus, ces ordonnances ne donnent pas lieu à ratification : elles sont donc perpétuell
des actes administratifs. Le président de la République était tenu de respecter la lég
instituant cette juridiction spéciale. Le Conseil d'État a jugé que ni l'objet de l'hab
ni les circonstances de l'époque ne justifiaient de dérogation particulière aux p
généraux régissant les actes administratifs. Il constate que l'ordonnance attaq
gravement et substantiellement atteinte « aux principes généraux du droit pénal
d'une procédure pénale dérogatoire, absence de voie de recours contre les déc
juridiction d'exception ainsi créée), d'où son illégalité à défaut de justifications p
Par ailleurs, les ordonnances référendaires (comme les lois) sont soumises aux
internationales (cf. art. 55 de la Constitution et 30 oct. 1998, *Sarran, Levach*

COMMUNE DE GAVARNIE
CE, Sect. – 22 février 1963 (Rec. 113)

Le maire de la commune de Gavarnie, sur le territoire de laquelle est situé le célèbre cirque de Gavarnie, lieu touristique très fréquenté en saison, prend un arrêté afin d'assurer la sécurité des nombreux piétons qui circulent sur les deux rives du gave conduisant au fond du cirque, en raison d'une importante et concomitante fréquentation du même chemin par des touristes à pied et aussi à dos d'âne ou de mulet. Cet arrêté municipal porte préjudice à un commerçant de souvenirs installé aux abords de la voie désormais réservée aux touristes montés sur un animal : en effet, ces touristes, à la différence des piétons, ne s'arrêtent pas pour acquérir des souvenirs. Le commerçant saisit le Conseil d'État, qui doit répondre à la question suivante : l'autorité administrative peut-elle être déclarée responsable des conséquences dommageables d'un règlement légalement pris ?

I. Les conditions de la responsabilité du fait d'un règlement légalement pris

La question ne se pose que pour les **règlements légaux**. Lorsqu'un règlement illégal cause un préjudice, ce sont les règles de la responsabilité fondée sur la preuve d'une faute qui s'appliquent. Il est évident qu'un règlement régulier ne saurait être fautif : l'administration ne commet jamais de faute lorsqu'elle respecte la légalité. Seule une responsabilité sans faute est donc susceptible de jouer.

Parmi les hypothèses de responsabilité non fautive, c'est à la **rupture d'égalité devant les charges publiques** qu'il faut rattacher la responsabilité du fait des règlements légalement pris. Une décision réglementaire régulière satisfait, par hypothèse, l'intérêt général. Lorsqu'elle cause un préjudice à une personne, ce ne peut être qu'en raison de l'intérêt général. Ainsi, dans l'arrêt *Commune de Gavarnie*, le commerçant requérant subissait un préjudice évident, et ce préjudice était la conséquence directe d'un arrêté municipal indubitablement légal puisqu'il avait été pris dans un souci de sécurité publique. Cet objectif n'était pas contestable en raison de l'afflux des touristes.

II. La réparation du préjudice causé par un règlement légalement pris

Deux conditions doivent être réunies pour qu'un tel préjudice puisse être réparable. La première est négative : le règlement légal ne doit pas avoir été pris dans un but d'ordre public (14 oct. 1955, *S^té^ Piscine Lutétia* ; 14 déc. 1984, *Rouillon*). La seconde est positive : le préjudice doit être spécial, c'est-à-dire grave par ses conséquences et restreint à un petit nombre de personnes. Dans la présente décision, c'est bien au détriment d'un seul commerçant qu'était rompue l'égalité des commerçants devant les charges résultant de la fréquentation touristique du site de Gavarnie. (Voir aussi 20 juin 1973, *Commune de Châteauneuf-sur-Loire*, absence d'anormalité du préjudice.)

Lorsque ces deux conditions sont réunies, la responsabilité administrative est encourue de plein droit mais, alors que le législateur peut toujours s'exonérer par avance de toute responsabilité du fait des lois (voir 14 janv. 1938, *S^té^ anonyme des produits laitiers « La Fleurette »**), l'autorité administrative ne peut le faire pour la responsabilité découlant de ses règlements légaux.

SOCIÉTÉ ENTREPRISE PEYROT
TC – 8 juillet 1963 (Rec. 787)

La Société ESCOTA, concessionnaire de l'autoroute Marseille-Nice, passe un contrat avec la Sté Entreprise Peyrot, pour l'exécution d'une partie de cette concession. Un différend s'étant élevé entre elles, il fallut déterminer l'ordre juridictionnel compétent pour connaître de ce contentieux et donc la nature juridique de ce contrat. Le TC juge que si, **en principe, le contrat conclu uniquement entre des personnes privées est un contrat privé** (TC 9 juil. 2012, *Centre médical obstétrical chirurgical*), il peut être administratif si sont remplies deux conditions : d'une part, le contrat ou bien fait participer le cocontractant à l'exécution même de tout ou partie d'un service public (20 avr. 1956, *Ep. Bertin et Csorts Grimouard**, 2 espèces) ou bien contient une clause exorbitante du droit commun (31 juil. 1912, *Sté des granits porphyroïdes des Vosges**) ; d'autre part, les contractants se trouvent dans l'une des quatre situations ci-après, dont la deuxième est illustrée par la présente décision.

I. La personne privée mandataire

Le contrat conclu entre deux personnes privées dont l'une est **mandataire** (au sens du code civil) d'une personne publique (30 janv. 1931, *La Brossette et fils* ; 18 déc. 1936, *Prade* ; 13 nov. 1987, *Synd. intercommunal pour la création et le fonctionnement de l'école des Clos*), est administratif (2 juin 1961, *Leduc* ; TC, 12 janv. 1970, *Gaz de France*).

II. Le contrat administratif par nature

Lorsque le contrat passé entre deux personnes privées porte sur un **objet appartenant par nature** aux personnes publiques (TC 30 juin 2008, *X.* ; 23 déc. 2011, *Sté Autoroutes Paris-Rhin-Rhône*) ou **entrant par nature dans leurs attributions** (TC, 8 juill. 1963, *Sté Entreprise Peyrot* ; TC, 12 nov. 1984, *Sté d'économie mixte du tunnel de Sainte-Marie-aux-Mines* ; 3 mars 1989, *Sté des autoroutes de la région Rhône-Alpes*), il est administratif. (Construction des routes, autoroutes et grands tunnels routiers).

III. La personne privée agissant « au nom et pour le compte d'une personne publique »

Lorsque l'une des personnes privées contractantes, sans être juridiquement mandataire, apparaît cependant comme « agissant au nom et pour le compte » d'une personne publique (30 mai 1975, *Sté d'équipement de la région montpelliéraine* : TC, 7 juill. 1975, *Cne d'Agde*), le contrat est administratif, tel le contrat conclu par un groupement d'intérêt économique (GIE), personne privée, avec un groupement d'entreprises pour la mise à jour de la « Carte vitale » (TC, 23 sept. 2002, *Stés SOTRAME et METALFORM*).

IV. La personne privée transparente

Les contrats conclus par une personne privée pour l'exécution de la mission de service public qui lui est confiée sont administratifs, lorsque cette personne privée a été créée à l'initiative d'une personne publique qui en contrôle l'organisation et le fonctionnement et lui procure l'essentiel de ses ressources. Sa « transparence » par rapport à la personne publique explique cette solution (21 mars 2007, *Cne de Boulogne-Billancourt* ; 6 nov. 2007, *Cne Aix-en-Provence* : cas d'un service public dont le gestionnaire privé est transparent).

DAME VEUVE MAZERAND
TC – 25 novembre 1963 (Rec. 792)

Mme Mazerand était employée par une commune, pendant l'année scolaire, pour l'entretien des classes de l'école primaire, et durant les vacances scolaires d'été, en période de vendanges, elle assurait la garderie des enfants. Des difficultés s'étant élevées, il fallut déterminer si Mme Mazerand avait ou non la qualité d'agent public, donc si son contrat de travail était un contrat administratif.
Aujourd'hui, cette question ne se pose normalement plus : tout employé d'un service public administratif est un agent public (TC, 25 mars 1996, *Berkani* ; Cass. soc., 20 déc. 2006) sauf disposition légale expresse contraire (TC, 13 mars 2000, *Quesada* mais v. cpdt, TC 23 nov. 2009, *Tourdot*). En l'espèce, le juge considéra que l'*entretien* des locaux scolaires « *ne faisait pas participer l'intéressée à* **l'exécution même** *d'un service public* » : ce contrat n'est pas administratif et l'intéressée n'est pas agent public. En revanche, en *gardant* les enfants, Mme Mazerand « *a* **directement collaboré au fonctionnement** *de ce service* » : le contrat est alors administratif et elle a la qualité d'agent public.

I. La participation du cocontractant privé à l'exécution même du service public

Ici le contrat est, à lui seul, la *modalité directe, exclusive et intégrale d'exécution* du service public. Ce critère, posé par l'arrêt du 20 avril 1956, *Époux Bertin**, a été régulièrement repris dans la jurisprudence postérieure (10 mars 1959, *Lauthier* ; 10 déc. 1986, *Mlle Rousseau* ; Nantes, 31 mai 2001, *Brunet*). Ce critère suppose que **l'exécution du service public** a été confiée au cocontractant : il ne suffit point que celui-ci ait apporté sa **simple collaboration** (6 mai 1985, *Assoc. Eurolat-Crédit Foncier de France*). La distinction entre la simple collaboration et la participation à l'exécution même du service public est parfois difficile à établir (TC, *Dame Vve Mazerand* ; TC, 15 janv. 1979, *Dames Le Cachey et Guiguère et Sieur Fégelé c/ Ville de Toulouse* ; TC, 18 mars 1991, *S. Kermann* ; TC, 23 sept. 2002, *G.I.E. SESAM-Vitale ;* Nantes, 31 mai 2001, *Brunet*).

II. Le contrat a pour objet même l'exécution du service public

En ce cas, il existe un service public, dont *une partie de l'exécution* se fait par le moyen d'un contrat qui a précisément cette exécution partielle pour objet. Le juge adopte des formulations diverses : « **exécution directe et immédiate d'une mission de service public** » (13 juill. 1961, *Cie havraise de navigation à vapeur* ; TC, 6 nov. 1967, *Cie Fabre et S^té^ générale de transports maritimes*), « **modalités d'exécution du service public** » (14 nov. 1958, *Min. des Affaires économiques c/ Union meunière de la Gironde* ; TC, 24 juin 1968, *S^té^ «Distilleries bretonnes » et S^té^ d'approvisionnements alimentaires*), « **exécution même d'une mission de service public** » (26 juin 1974, *S^té^ « La maison des isolants de France »* ; TC, 29 déc. 2004, *Dorel*), « **l'une des modalités de l'exécution même du service public** » (20 avr. 1956, *Min. de l'Agriculture c/ Consorts Grimouard**). Dans ces cas, le contrat sera administratif car il comporte, en son entier, exécution d'une partie d'un service public.

COMPAGNIE GÉNÉRALE D'ÉNERGIE RADIOÉLECTRIQUE
CE, Ass. – 30 mars 1966 (Rec. 257)

La Compagnie générale d'énergie radioélectrique sollicite de l'État français la réparation du préjudice qui lui a été causé par la réquisition de ses locaux par l'armée allemande durant l'Occupation. En effet, la signature par la France de l'accord de Londres du 27 février 1953 relatif aux dettes de guerre de l'Allemagne, prive la Compagnie de toute possibilité d'action contre ce pays.
Le Conseil d'État doit résoudre le problème de la responsabilité de l'État du fait des conventions internationales.

I. Le principe de la responsabilité de l'État français du fait des conventions internationales

Longtemps, l'admission par le juge administratif de cette responsabilité du fait des conventions internationales a fait difficulté, surtout en raison de la nature d'actes de gouvernement de ces conventions. Le Conseil d'État a cependant franchi le pas en 1966 avec la décision commentée. Il y transpose le régime de la responsabilité du fait des lois (cf. *SA des produits laitiers « La Fleurette »**) : d'une part **la réparation ne doit pas avoir été exclue par la convention elle-même ou par la loi** qui en autorise la ratification, d'autre part **le préjudice doit revêtir un caractère grave et spécial**. C'est ainsi que dans la décision présentement commentée, le Conseil d'État observe que « *ni la convention elle-même ni la loi qui en a (…) autorisé la ratification ne (peuvent) être interprétées comme ayant entendu exclure toute indemnisation…* » ; par suite, il en conclut que la société requérante peut prétendre à la réparation du préjudice résultant pour elle de la signature par la France, le 27 février 1953, de l'accord de Londres sur les dettes extérieures de l'Allemagne.

II. Les limites à la responsabilité de l'État du fait des conventions internationales

L'arrêt de 1966 posait deux limites importantes : **1°**) La réparation du préjudice n'était possible que si la convention avait été **régulièrement incorporée dans l'ordre interne français** ; à défaut, la responsabilité de l'État français ne pouvait pas être engagée (13 juil. 1979, *S.A. COPAREX*). Cette exigence, a été ensuite, abandonnée (29 déc. 2004, *Almayrac et autres*) puis rétablie (11 févr. 2011, *Susilawati*). **2°**) La réparation ne peut concerner **que le préjudice résultant directement et exclusivement de l'incorporation en droit interne** de la convention internationale, et non le préjudice résultant de la convention elle-même, indépendamment de toute incorporation (28 juin 1967, *S[té] des transports en commun de la région de Hanoï* ; 4 nov. 1970, *Malglaive* ; 29 oct. 1976, *Min. des Affaires étrangères c/ Dame Burgat, Sieur Letourneur et Dame Loiseau*).
S'il a longtemps été très difficile de faire reconnaître au juge administratif cette forme de responsabilité de l'État, la situation a beaucoup évolué. La CJUE décide de même que la violation du droit communautaire par une juridiction nationale engage la responsabilité de l'État (30 sept. 2003, *Köbler*). Enfin, est réparable le préjudice causé par une loi du fait qu'elle viole une convention internationale (Ass. 8 févr. 2007, *Gardedieu**).

COMPAGNIE AIR FRANCE c/ ÉPOUX BARBIER TC – 15 janvier 1968 (Rec. 789)

Le malheur d'hôtesses de l'air interdites de mariage fait le bonheur du contentieux administratif : telle est la morale de cette capitale décision du Tribunal des conflits. Il s'agissait de déterminer l'ordre juridictionnel compétent pour recevoir l'action dirigée par une hôtesse de l'air, licenciée pour cause de mariage, contre le règlement du personnel d'Air France disposant que le mariage des hôtesses de l'air entraîne la cessation de leurs fonctions. La compagnie Air France est une personne morale de droit privé, sous la forme d'une société anonyme, soumise comme telle au droit privé, notamment le droit commercial, mais elle est, également, investie d'une mission de service public, ce qui la soumet, pour partie au moins, aux règles du droit public. Quelle nature juridique attribuer aux actes unilatéraux pris par le conseil d'administration de cette société ? Le Tribunal des conflits résout le problème en distinguant, parmi les règlements édictés par le conseil d'administration, entre ceux qui touchent « **à l'organisation du service public** », et qui ont la nature d'actes administratifs unilatéraux, et les autres, qui ressortissent du droit privé. La jurisprudence ultérieure (TC, 17 avr. 2000, *M. Collet et autres c/ Cie Air France*) va affiner et systématiser cette solution très importante.

I. Les conditions de la jurisprudence *Époux Barbier*

Trois conditions sont exigées pour que les actes unilatéraux des personnes privées gérant un service public soient administratifs : **1°**) Tout d'abord, il faut que la personne privée gestionnaire ait été habilitée, par la décision institutive du service qu'elle gère, à édicter de tels actes unilatéraux (*Époux Barbier*). **2°**) Ensuite, il faut que ces actes unilatéraux concernent **l'organisation d'ensemble du service** (*même décision*) ; ils doivent être relatifs au service envisagé dans sa globalité. **3°**) Enfin, il faut que l'organisme en cause soit doté de prérogatives de puissance publique (13 janv. 1961, *Magnier* ; 6 oct. 1961, *Féd. nat. des Huileries métropolitaines moyennes et artisanales* ; TC, 18 oct. 1999, *Aéroports de Paris et Air France c/ TAT* ; TC, 24 sept. 2003, *Bouchot-Plainchant*).
À défaut de mission de service public, une personne privée ne peut pas prendre d'actes administratifs (27 oct. 1999, *Rolin*, à propos de la Française des Jeux).

II. La systématisation de la jurisprudence *Époux Barbier*

Tout d'abord, il convient de relever que cette jurisprudence est applicable à toute espèce de personne privée, quelle qu'en soit la forme ou la dénomination juridique (société, association, office, etc.). Il suffit, en réalité, que la personne privée soit la « représentante » de fait d'une personne publique, celle-là même qui, implicitement ou explicitement, lui a confié la gestion du service public. Ensuite, il est indifférent, pour l'application de cette jurisprudence, que le service géré soit administratif (28 juin 1946, *Morand*) ou industriel et commercial (*Époux Barbier*). Enfin, il suffit qu'une seule disposition de l'acte unilatéral soit de nature administrative pour qu'elle « colore » dans sa totalité cet acte (*Époux Barbier*). Cette solution a le mérite de la simplicité et évite de très difficiles recherches de la nature juridique, article par article.

SOCIÉTÉ « MAISON GENESTAL »
CE, Sect. – 26 janvier 1968 (Rec. 62)

Le contrôle du juge de l'excès de pouvoir sur les décisions administratives à caractère économique est d'un maniement délicat car les textes accordent à l'administration économique un **pouvoir largement discrétionnaire**. Ils se bornent à fixer une finalité à laquelle l'administration adapte à peu près librement les instruments juridiques dont elle dispose. En présence d'une légalité aussi « minimale », le contrôle du juge est difficile même si existe une obligation de motivation. S'il s'en tient à la lettre des textes, tout contrôle réel est exclu ; l'action de l'administration échappe au droit. S'il prétend exercer un réel contrôle, en ajoutant au droit existant, il risque de verser dans un pur contrôle d'opportunité. Le Conseil d'État essaie ici de bâtir un modèle satisfaisant de contrôle.

I. L'amélioration de la jurisprudence *Barel*

Alors que dans l'arrêt *Barel* * il exigeait, pour renverser la charge de la preuve, que le requérant apporte des « présomptions sérieuses », ce qui équivaut à un commencement de preuve, le Conseil d'État, dans la décision *Société « Maison Genestal »*, se contente de « **l'argumentation développée par la société requérante** » pour exiger que l'administration y réponde avec pertinence. Cette solution, qui ne peut pas être transposée en dehors du secteur économique, marque tout de même une importante évolution par rapport à l'arrêt *Barel* (25 sept. 1996, *Union des commerçants de Lamballe, CCI des Côtes-d'Armor*). Le juge a sans doute été sensible à la difficulté de rapporter une preuve en matière d'agrément fiscal : comment établir la preuve qu'il n'est pas exact que l'on ne remplit pas des conditions que ne précise aucun texte ? Ainsi, en l'espèce, une disposition du code général des impôts avait prévu l'octroi d'importants allégements fiscaux pour les entreprises pratiquant des opérations de décentralisation industrielle. Le refus de l'agrément fiscal par l'administration était fondé sur ce que l'opération envisagée par la société requérante ne présentait pas « des avantages économiques suffisants ». C'est peu pour asseoir un contrôle contentieux.

II. L'amélioration de l'exigence de motivation

Aucun texte ne faisait obligation à l'administration de motiver ses décisions en matière économique. La solution *Barel* n'était guère transposable au cas de l'espèce. Aussi le juge inaugura-t-il une nouvelle exigence. D'une part, l'administration, en matière de décision économique, doit faire connaître au juge, en cas de contentieux, les « **raisons de fait et de droit** » de ses décisions. D'autre part, elle est obligée à un effort de cohérence dans sa motivation. Celle-ci doit être conforme aux faits et doit permettre au juge de comprendre la pertinence de la décision prise au regard de ces motifs. En l'espèce, le Conseil d'État éprouve un doute : au vu de l'argumentation de la société, il ne comprend pas pourquoi l'agrément n'a pas été accordé. L'arrêt commenté confirme l'étendue du contrôle exercé par le juge sur le pouvoir discrétionnaire de l'administration : sont examinés, outre la légalité externe, tous les éléments de la légalité interne moins la qualification juridique, mais plus l'erreur manifeste d'appréciation. Le juge exerce désormais un contrôle normal sur les décisions de police économique : 27 juin 2007, *Synd. de défense des conducteurs du taxi parisien*.

CRÉDIT FONCIER DE FRANCE
CE, Sect. – 11 décembre 1970 (Rec. 750)

Cette décision, complétée par la suite, est à la base de l'édification d'une véritable théorie de la **directive interne**. Une directive est un acte par lequel l'autorité administrative, **lorsqu'elle dispose d'un pouvoir discrétionnaire, et uniquement en ce cas**, se fixe à elle-même une règle sur la conduite à tenir dans des séries de cas semblables.

I. La justification du recours au procédé des directives internes

L'idée que l'administration détermine par avance la conduite à tenir lorsqu'elle dispose d'un large pouvoir d'appréciation, est une bonne idée pour la sécurité juridique des administrés et pour la cohérence de l'action administrative, mais elle vient se heurter à un principe fondamental qui régit le pouvoir discrétionnaire : l'obligation pour l'administration d'opérer, dans chaque cas d'utilisation de son pouvoir discrétionnaire, un **examen particulier des circonstances** (7 août 1920, *Secrettant*). En effet, si elle dispose de pouvoir discrétionnaire, c'est pour que, dans chaque cas, elle effectue un examen particulier des circonstances. Or l'idée de directive paraît bien contrevenir directement à cette double exigence parce que, en fixant une règle par avance, l'administration renonce au principe de l'examen particulier des circonstances et parce que, en se fixant une conduite, elle renonce à sa liberté discrétionnaire d'appréciation et d'action. Aussi le Conseil d'État a-t-il édifié une jurisprudence souple, afin de tenir compte de ces impératifs contradictoires (12 déc. 1997, *Office national interprofessionnel des fruits, des légumes et de l'horticulture*). La directive est une catégorie juridique particulière au sein de la notion de mesures d'ordre intérieur.

II. Le régime juridique des directives internes

La jurisprudence en matière de directives (*Crédit Foncier de France* ; 29 juin 1973, *S^té^ Géa* ; 18 nov. 1977, *S^té^ Marchand*) peut se résumer ainsi : **1°**) La directive est une mesure d'ordre intérieur, non un acte réglementaire. Elle ne peut donc pas faire l'objet d'un recours pour excès de pouvoir. Elle est, normalement, illégale lorsqu'elle contient des normes réglementaires, en raison, le plus souvent, de l'incompétence de son auteur. **2°**) La directive est un procédé normal d'action de l'administration si elle est strictement cantonnée dans son domaine et si elle ne sort pas de la finalité qui lui est assignée. **3°**) La directive permet à l'administration de fixer par avance la conduite à tenir, sous la double réserve qu'elle soit adaptée au but visé par la réglementation qu'elle applique, et qu'elle n'ait pas valeur impérative. **4°**) La directive doit laisser sauf **l'examen particulier des circonstances**, faute de quoi son application mécanique serait illégale (TA Cergy-Pontoise 21 déc. 2006, *Fatma Ouddane*). **5°**) Lorsque la directive est reconnue réglementaire, elle est traitée comme une circulaire impérative, c'est-à-dire qu'elle est souvent illégale, en ce cas, car elle émane d'un agent ne disposant pas du pouvoir réglementaire. La directive n'est pas une décision administrative, bien qu'elle soit un acte de l'administration. Par cet acte, l'administration n'entend nullement créer une nouvelle règle de droit ou modifier l'ordonnancement juridique. C'est une technique de rationalisation et de simplification de l'action administrative, ce n'est pas un mode particulier de volition administrative.

LIBERTÉ D'ASSOCIATION
CC – 16 juillet 1971 (71-44 DC, Rec. 29)

Le Parlement adopte un projet de loi modifiant la loi du 1er juillet 1901 relative au contrat d'association ; il instituait un contrôle judiciaire préalable à l'égard de certaines associations. Ce texte fut annulé par la décision commentée, qui eut un grand retentissement et dans laquelle on voit généralement le point de départ de l'ascension du Conseil constitutionnel dans nos institutions publiques. Cette décision est essentielle pour la détermination de la valeur juridique du **préambule de la Constitution** et pour la notion de « **principes fondamentaux reconnus par les lois de la République** » (PFRLR).

I. La valeur juridique du préambule de la Constitution du 4 octobre 1958

Le préambule de 1958 est composé de trois éléments : **1°**) la **Déclaration des droits de l'homme et du citoyen (DDHC) du 26 août 1789**, **2°**) le **préambule de la Constitution de 1946,** lequel comprend à son tour une référence aux « *principes fondamentaux reconnus par les lois de la République* » (PFRLR) et l'énumération des « *principes particulièrement nécessaires à notre temps* », **3°**) la **Charte de l'environnement**. Le Conseil d'État avait affirmé le caractère de norme juridique efficiente du préambule de 1946 sous la IVe République (11 juill. 1956, *Amicale des Annamites de Paris* ; 16 avr. 1957, *Condamine*), et sous la Ve République (12 févr. 1960, *S[té] Éky*). Le Conseil constitutionnel reconnut une valeur constitutionnelle au préambule, d'abord discrètement (19 juin 1970), puis avec éclat et solennité dans la présente décision. D'où la mention, dans les visas, de la formule « *Vu la Constitution, et notamment son préambule* ». Ce texte a donc tout à la fois pleine valeur juridique et pleine valeur constitutionnelle comme les autres dispositions de la Constitution. Le contrôle de constitutionnalité s'en est trouvé considérablement accru. Quantitativement, aux 92 articles originaires numérotés de la Constitution s'ajoutaient désormais les 17 articles de la DDHC, les PFRLR et les 16 principes particulièrement nécessaires à notre temps. Qualitativement, le contrôle allait gagner en profondeur (ces principes sont « transversaux ») et en puissance (ces principes sont plus souples et plus vagues que les dispositions constitutionnelles numérotées).

II. Les « principes fondamentaux reconnus par les lois de la République »

Le préambule de 1946 se borne à mentionner l'existence de ces principes. C'est tout le mérite de la présente décision, complétée par une nombreuse jurisprudence postérieure, d'en assurer l'inventaire et l'effectivité. Il s'agit de principes figurant dans les lois antérieures au préambule de 1946 et faisant, à cette date, partie de la tradition républicaine : sont exclus les principes issus de lois non républicaines (mais le Consulat [1799-1804] et l'Empire [1804-1815] ne sont-ils pas des républiques ?) et ceux qui ne peuvent s'autoriser d'une tradition ininterrompue. Le **Conseil constitutionnel** a dégagé de nombreux PFRLR : libertés d'association (16 juill. 1971 – V. aussi 29 avr. 1994, *Haut-commissaire de la République en Nouvelle-Calédonie**), individuelle (12 janv. 1977), d'enseignement (23 nov. 1977), de conscience (même décision), droits de la défense (2 déc. 1976), régime législatif local de l'Alsace-Moselle (5 août 2011, *Sté SOMODIA*), etc. Le **Conseil d'État** se reconnaît également le pouvoir de découvrir de tels principes (3 juill. 1996, *Moussa Koné**).

SOCIÉTÉ INDUSTRIELLE MUNICIPALE ET AGRICOLE DE FERTILISANTS HUMIQUES ET DE RÉCUPÉRATION (SIMA)
CE, Sect. – 26 novembre 1971 (Rec. 723)

La SIMA avait passé une convention avec la ville de Toulon pour la construction et l'exploitation d'une usine de traitement des ordures ménagères. Par suite de difficultés, le maire de Toulon mit l'usine sous séquestre et le ministre de l'Intérieur prononça la déchéance du « concessionnaire ». Ce dernier saisit le Conseil d'État qui, rejetant ce recours, va redonner un certain lustre au vieux **marché d'entreprise de travaux publics (METP)** en précisant cette notion et son régime juridique. Le rétablissement partiel en 2004 par le code des marchés de cette technique qui avait été supprimée dans le code de 2001, confère à nouveau à la présente décision toute son importance primitive.

I. La notion de marché d'entreprise de travaux publics

Pour préciser cette notion, le juge est conduit à se prononcer sur deux notions voisines, la concession et le marché public. Schématiquement, le Conseil d'État voit dans la concession un contrat de **longue durée** dans lequel la rémunération du concessionnaire est constituée, au moins en partie, par les **redevances perçues sur les usagers** : elles sont donc aléatoires (11 déc. 1963, *Ville de Colombes, a contrario* ; *SIMA, a contrario*). Il définit le marché public comme une opération de **durée très limitée** pour laquelle l'entrepreneur est rémunéré par un **prix payé par la personne publique**, donc sans aléa. La différence essentielle entre marché et concession réside donc dans la rémunération du concessionnaire ou de l'entrepreneur. Le METP participe des deux types de contrat : il a la durée longue d'une concession puisqu'il s'agit, le plus souvent (mais pas toujours : 11 juill. 1986, *Préfet de la Creuse*), d'exploiter, en vue de leur amortissement, les ouvrages réalisés par le cocontractant (*SIMA* ; 26 juill. 1985, *S.A. Lyonnaise des Eaux*), et le régime de rémunération de l'entrepreneur est celui existant dans les marchés publics. Ici, le Conseil d'État range le METP dans la catégorie des marchés publics, et le soumet au code des marchés publics (*S.A. Lyonnaise des Eaux*, précité). Cette jurisprudence, discutée, a le mérite de la simplicité, d'où sa constante confirmation (8 févr. 1999, *Préfet des Bouches-du-Rhône c/ Commune de La Ciotat*).

II. Le régime juridique du METP

Le régime du METP est donc, pour l'essentiel, celui du marché public. Toutefois, le Conseil d'État réserve le cas particulier de la résiliation. En principe, le juge ne se reconnaît pas le pouvoir de faire revivre un contrat par suite de l'annulation de la mesure de déchéance ou de résiliation (20 févr. 1868, *Goguelot* ; 20 janv. 1905, *Cie générale des Eaux*). Cette règle vaut pour tous les contrats administratifs (10 mai 1963, *S^té^ coopérative de production « La prospérité fermière »* : lettre d'agrément ; 6 nov. 1970, *S.A. touristique de la vallée du Lautaret* : vente d'un bien domanial). Il existe cependant une exception traditionnelle en faveur de certains contrats, notamment les concessions (29 oct. 1926, *Ville de Saint-Étienne*) en raison de l'ampleur des investissements et de la durée d'amortissement. Le Conseil d'État fait bénéficier le METP de cette exception parce qu'il considère que, de ce point de vue, le METP ne présente pas de différences notables avec la concession.

DENOYEZ ET CHORQUES
CE, Sect. – 10 mai 1974 (Rec. 274)

Un bac relie, à l'époque des faits litigieux, l'île de Ré au continent. Le conseil général de Charente-Maritime fixe trois tarifs différents pour l'utilisation de ce bac : l'un, très réduit, applicable aux habitants de l'île de Ré, un second, moins réduit, réservé aux habitants du département de Charente-Maritime, un troisième, supérieur, pour tous les autres usagers. MM. Denoyez et Chorques, qui ont une résidence de vacances sur l'île de Ré, sollicitent le bénéfice du premier tarif ou, à défaut, du second. Le préfet refuse, confirmé par le tribunal administratif de Poitiers. En appel, le Conseil d'État juge illégale l'institution de trois tarifs différents, les habitants de la Charente-Maritime ne se distinguant pas, pour l'utilisation de ce bac, des autres habitants du continent. Cet arrêt est essentiel car il pose dans toute son ampleur la question des **conditions de mise en œuvre de la faculté (qui n'est toujours qu'une faculté) de dérogation au principe d'égalité entre usagers du service public** (13 oct. 1999, *Cie nat. Air France* ; 18 janv. 2013, *SOS racisme*), l'une des trois « lois » du service public.

I. L'inégalité résultant nécessairement d'une loi

La loi, sous réserve d'appréciation de sa constitutionnalité par le Conseil constitutionnel (cf. n° 79-107 DC du 12 juill. 1979, à propos de la loi sur les ponts à péage), peut instituer des discriminations tarifaires, créer des catégories distinctes d'usagers ou établir des formes différenciées d'utilisation de l'ouvrage ou du service publics. Les actes administratifs d'exécution de la loi ne pourront, en ce cas, que reprendre les discriminations découlant de la loi, à condition qu'ils en soient la « conséquence nécessaire » (1er févr. 1985, *Union départementale des consommateurs de Paris*).

II. L'existence de différences appréciables entre les usagers

L'égalité entre usagers ne s'impose que si ces usagers sont chacun dans une situation identique au regard du service. Il n'y a pas d'illégalité à traiter différemment des situations dissemblables (Sect. 25 juil. 2007, *Synd. avocats de France*). Sur ce point, l'arrêt *Denoyez et Chorques* est dans le droit fil d'une jurisprudence classique (20 nov. 1964, *Ville de Nanterre*). Il faut cependant que la différenciation repose sur des **bases objectives** et qu'elle soit **en rapport avec l'objet ou les conditions de fonctionnement du service** (Bordeaux, 28 avr. 1997, *Département de la Charente-Maritime* ; 8 avr. 1998, *Assoc. pour la promotion des Orres*). En revanche, l'existence de situations différentes, si elle autorise un traitement différencié, ne fait jamais obligation au service public d'instituer de telles différenciations (28 mars 1997, *S^té^ Baxter et autres* ; 20 avr. 2005, *Union des familles en Europe*).

III. L'existence d'un intérêt général en rapport avec les conditions d'exploitation du service ou de l'ouvrage

L'identité des situations n'exclut pas la discrimination lorsque **l'intérêt général** justifie, cette discrimination (22 oct. 2010, *SNES*). Ce sera souvent le cas en matière économique : discrimination dans un but d'intérêt général (29 juin 1951, *Synd. de la raffinerie de soufre française* ; 11 juill. 1960, *S^té^ des phosphates tunisiens* ; CC, n° 87-232 DC du 7 janvier 1988) ou de redistribution des revenus (29 déc. 1997, *Commune de Gennevilliers et Commune de Nanterre*, deux arrêts : modulations tarifaires en fonction des revenus des familles).

SIMMENTHAL
CJCE – 9 mars 1978 (Rec. 324)

Le *pretore* de Susa (Italie), sur le fondement des dispositions de l'article 267 (ex-189) du traité de Rome, pose à la CJCE la question préjudicielle de savoir quel sort réserver à une loi italienne postérieure à une disposition communautaire et incompatible avec elle. En réponse, la Cour développe, pour la première fois avec une telle vigueur, la double doctrine de l'**applicabilité directe** des actes communautaires et de leur absolue **primauté**.

I. L'applicabilité directe des actes communautaires

La Cour avait déjà estimé que les directives étaient susceptibles de produire des effets directs chez les États membres (6 oct. 1970, *Franz Grad*), et que les justiciables pouvaient s'en prévaloir en justice (4 déc. 1974, *Van Duyn*), mais elle fit preuve d'un très net durcissement dans la décision commentée, ce qui provoqua une vive réaction du Conseil d'État (22 déc. 1978, *Min. de l'Intérieur c/ D. Cohn-Bendit*) : pour lui, les directives ne pouvaient être applicables directement aux actes administratifs non réglementaires. Cette jurisprudence a été abandonnée (Ass. 30 oct. 2009, *Mme Perreux**). Par la suite, le Conseil d'État a admis l'examen de la légalité d'un acte administratif en se fondant directement sur les termes d'une directive (28 févr. 1992, *SA Rothmans et Sté Arizona Tobacco Products**, deux espèces ; 9 juill. 1993, *Assoc. FO consommateurs et autres*). Le contrôle du juge sur la légalité des actes administratifs pris en exécution d'une directive ou pour se conformer à une directive est un contrôle plein et entier (28 sept. 1984, *Conféd. nat. des sociétés de protection des animaux de France*). Cette applicabilité directe découle de ce que « *les règles du droit communautaire doivent déployer la plénitude de leurs effets d'une manière uniforme dans tous les États membres* ».

II. La primauté du droit communautaire

Selon la CJUE, cette primauté, d'une part, rend inapplicable, de plein droit, toute règle contraire du droit national actuellement existante, d'autre part, empêche la formation valable de toute règle nationale postérieure contraire. Les traités de Rome, comme tout traité, priment l'ordre juridique interne (art. 55 Const. et surtout art. 88-1 Const. : CC, n° 2004-496 DC, 10 juin 2004 ; CE, 8 févr. 2007, *Sté Arcelor*).

Longtemps rétive, la jurisprudence du Conseil d'État est désormais en accord avec l'arrêt commenté (20 oct. 1989, *Nicolo**), notamment s'agissant des directives communautaires (28 févr. 1992, *SA Rothmans et Sté Arizona Tobacco**, précités). Par ailleurs, les autorités nationales ne peuvent pas légalement édicter de dispositions réglementaires directement contraires aux **objectifs** définis par une directive (7 déc. 1985, *Féd. franç. des sociétés de protection de la nature*). Cette règle de primauté est sanctionnée par la mise en jeu de la responsabilité de l'État pour non-respect du droit communautaire (CJCE, 19 nov. 1991, *Francovich et Bonifaci* * ; Paris, plén., 1er juill. 1992, *Sté Jacques Dangeville*). Le juge national a donc l'obligation de « *donner, immédiatement, au droit communautaire une application conforme à la décision ou à la jurisprudence de la Cour* ». Cette jurisprudence a été critiquée car elle ferait de la CJUE (ex-CJCE) le supérieur hiérarchique de fait des juridictions nationales, elle est pourtant très logique dans le cadre de la construction d'une union juridique où, dans les matières communes, les législations nationales sont complètement intégrées et subordonnées à l'ordre communautaire unique et uniforme.

GROUPEMENT D'INFORMATION ET DE SOUTIEN AUX TRAVAILLEURS IMMIGRÉS (GISTI)
CE, Ass. – 8 décembre 1978 (Rec. 493)

Dans cette espèce, le Conseil d'État censure un décret interdisant à certaines conditions, aux membres de la famille d'un étranger titulaire d'un titre de séjour, de venir en France. Selon le Conseil d'État, ce texte contrevient au principe général du droit qui confère aux étrangers, comme aux nationaux, le « *droit de mener une vie familiale normale* ». La condition des étrangers en France, c'est-à-dire des ressortissants de pays autres que les États membres de l'Union européenne, au regard des droits et libertés, donne lieu à une volumineuse jurisprudence pour ce qui concerne tant leur **entrée** et leur **séjour** en France que les conditions de leur **sortie forcée** hors de France.

I. L'entrée et le séjour des étrangers en France

Le Conseil constitutionnel **attribue au juge administratif la compétence de principe** pour connaître des **décisions relatives à l'entrée comme au séjour des étrangers** en France (n° 89-261 DC du 28 juill. 1989). La tendance de la jurisprudence est d'assimiler le plus largement possible l'étranger au national. Les étrangers bénéficient du principe constitutionnel d'égalité (CC, n° 89-269 DC du 22 janv. 1990) ou de celui de la liberté individuelle (CC, n° 79-109 DC du 9 janv. 1980 ; n° 92-307 DC du 25 févr. 1992). Les droits sociaux de l'étranger sont aussi étendus que ceux des Français (30 juin 1989, *Ville de Paris, Bureau d'aide sociale de Paris c/ M. Lévy*). Leur droit à mener une vie familiale normale est entier, et consiste à vivre avec un conjoint et ses enfants mineurs (*GISTI*, précité ; CEDH, 26 mars 1992, *Beldjoudi c/ France*). Le refus de titre de séjour est strictement contrôlé par le juge administratif (TA Strasbourg, 1er déc. 1987, *Krousser* ; 18 nov. 1988, *Cradock*), ainsi que le refus de naturalisation, même si celle-ci ne constitue jamais un droit (6 mai 1988, *Dung Tran* dit *Dung Di Caprio* ; 18 janv. 1993, *Min. de la Solidarité c/ Mlle Arab*), ou le refus d'autorisation d'abandon de la nationalité française (8 juin 1988, *Selselet-Attou*).

II. La sortie forcée de l'étranger hors de France

Les diverses formes de sortie forcée de l'étranger donnent lieu à un contrôle du juge administratif. Il en va ainsi de la **reconduite à la frontière** (23 févr. 1990, *Sioui*) soumise au contrôle de l'erreur manifeste d'appréciation (29 juin 1990, *Préfet du Doubs* et *Imambaccus*, deux arrêts). L'**expulsion** fait l'objet d'un contrôle plein et entier (6 nov. 1987, *Buayi*), notamment au regard du droit à mener une vie familiale normale (19 avr. 1991, *Belgacem* et *Naïma Babas* *, deux arrêts ; 10 avr. 1992, *Aykan*, *Marzini* et *Minin*, trois arrêts), et quant aux mobiles (éventuellement politiques) de l'expulsion (CEDH, 18 déc. 1986, *Bozano*). L'**extradition** est, elle aussi, sévèrement contrôlée par le juge de l'excès de pouvoir (14 déc. 1987, *Gacem* : risque pour le requérant de subir la peine de mort, mais, en sens contraire : 15 oct. 1993, *Mme Davis-Aylor* ; 27 oct. 1989, *Picabea Burunza* : appréciation de la gravité des infractions reprochées), y compris les refus d'extradition opposés par l'État français à un autre État (15 oct. 1993, *Saniman**). Enfin, le juge accorde une protection toute particulière aux **réfugiés politiques**.

DROIT DE GRÈVE À LA RADIO ET À LA TÉLÉVISION CC – 25 juillet 1979 (79-105 DC, Rec. 33)

Des grèves répétées dans le secteur audiovisuel, durant l'hiver 1978-1979, ont conduit le législateur à réglementer l'exercice du droit de grève à la radio et à la télévision. Saisi d'un recours dirigé contre ce texte, le Conseil constitutionnel, par-delà l'aspect circonstanciel du problème, édifie une **théorie constitutionnelle du droit de grève** dans les services publics.

I. La constitutionnalisation du droit de grève

Le Conseil constitutionnel n'a pas de peine à consacrer le caractère constitutionnel d'un droit explicitement énoncé dans le préambule de la Constitution comme l'un des « principes particulièrement nécessaires à notre temps » puisque le préambule a pleine valeur constitutionnelle (CC, n° 71-44 DC du 16 juill. 1971 *). La Constitution elle-même précise que ce droit « *s'exerce dans le cadre des lois qui le réglementent* », cette formulation étant un écho des débats politiques qui ont entouré la proclamation constitutionnelle du droit de grève. Le Conseil constitutionnel voit en conséquence dans celui-ci un **droit constitutionnel non absolu** qui doit se concilier avec d'autres exigences constitutionnelles. Ce faisant, il a retenu une lecture « moyenne » du texte : le droit de grève est un droit constitutionnel qui ne se conçoit qu'assorti d'une réglementation législative. Une autre interprétation eût été possible, mais elle était contraire à l'intention du constituant : le droit de grève s'exerce sans limites, sauf si la loi en dispose autrement.

II. La constitutionnalisation du principe de continuité

Le **principe de continuité**, dégagé depuis longtemps par le Conseil d'État (7 août 1909, *Winkell* ; 8 juin 2005, *Tommaselli*) ou la doctrine (« lois » de L. Rolland), n'est que l'application aux services publics du principe de continuité de l'État, traditionnel dès l'ancien droit, au moins depuis 1270. C'est également un principe de droit international public. Le Conseil constitutionnel fonde sur le principe de continuité des services publics l'affirmation que le droit de grève est « réglementé » (CC, 2004-501 DC, 8 août 2004). Ce principe est en effet propre aux services publics (2006-543 DC, 30 nov. 2006, *GDF*) et ne trouve pas, normalement, à s'appliquer en dehors de ces services, en particulier dans les activités privées. La continuité est qualifiée par le juge constitutionnel de « principe à valeur constitutionnelle ». C'est donc un principe général du droit constitutionnel dont le juge n'a pas à rechercher la source, et qu'il peut se borner à énoncer.

III. Le rôle du législateur. Controverse

Selon le Conseil constitutionnel, le rôle du législateur est double. D'une part, il détient le **monopole de la réglementation du droit de grève** (CC, n° 79-105 DC du 25 juill. 1979 ; n° 80-117 DC du 22 juill. 1980 ; n° 82-144 DC du 22 oct. 1982). Cette question est très controversée, le Conseil d'État ayant une position opposée (cf. 7 juill. 1950, *Dehaene* * ; 17 mars 1997, *Hotz et autres* ; 8 nov. 2002, *Tiscali télécom*). D'autre part, le législateur doit **concilier ces deux exigences** constitutionnelles (droit de grève et continuité du service public ; ainsi de la loi n° 2007-1224 du 21 août 2007 sur les transports terrestres de voyageurs) : prohibition des grèves « qui ne défendent pas des intérêts professionnels » ou qui sont le fait de certains personnels des services publics, reconnaissance aux responsables d'un droit de réquisition des personnels.

VALIDATION D'ACTES ADMINISTRATIFS
CC – 22 juillet 1980 (80-119 DC, Rec. 46)

L'annulation par le juge d'un acte administratif auquel le gouvernement est attaché pousse ce dernier à faire valider rétroactivement par le Parlement l'acte annulé. Longtemps cette solution a été imparable. Le juge ne peut censurer une loi. Le bénéficiaire de l'annulation contentieuse, anéantie du fait de la validation rétroactive de l'acte annulé, ne pouvait guère invoquer – très difficilement –, en cas de préjudice, que la responsabilité sans faute de l'État du fait de la loi de validation (1er déc. 1961, *Lacombe* ; 7 mars 1980, *Assoc. de défense des intérêts des étudiants de Paris VIII*). Statuant sur une loi de validation, le Conseil constitutionnel fut amené à clarifier deux points essentiels : le **régime des lois de validation** et le **statut du juge administratif**.

I. Vers la fin de l'admission des lois de validation ?

Le Conseil constitutionnel a tout d'abord posé le principe qu'une loi peut être de caractère rétroactif, condition indispensable à la validation législative, sauf en matière pénale (même décision) ou, plus généralement, de sanctions à caractère punitif (n° 82-155 DC du 30 déc. 1982). En revanche, la validation législative d'actes annulés définitivement par le juge est contraire à la Constitution car elle porte atteinte à l'indépendance des juridictions. Par ailleurs, la jurisprudence de la Cour européenne des droits de l'homme n'admet que très restrictivement les lois de validation, les estimant contraires aux règles du procès équitable et au principe de « l'égalité des armes » dans la mesure où l'une des parties, l'État, s'octroie le privilège de se soustraire au juge (CEDH, 9 déc. 1994, *Raffineries Stran*). C'est pourquoi, désormais, le Conseil constitutionnel (déc. des 21 et 27 déc. 1999) contrôle étroitement les lois de validation. Le Conseil d'État fait de même par rapport à la Convention européenne des droits de l'homme (5 déc. 1997, *Mme Lambert**), et avec plus de sévérité (5 déc. 1997, *Min. Éduc. nat. c/ OGEC du collège privé de l'Abbaye de Saint-Sauveur-le-Vicomte** ; 27 mai 2005, *Provin*).

II. La constitutionnalisation de la justice administrative

Bien que le juge administratif ne fasse pas l'objet de dispositions constitutionnelles relatives à sa fonction juridictionnelle, le Conseil constitutionnel apporte, dans la décision commentée, deux éléments essentiels à une théorie constitutionnelle de la juridiction administrative :
1°) Tout d'abord, est constitutionnalisée la **dualité de juridictions**, la loi du 24 mai 1872, qui octroie la justice déléguée au Conseil d'État, consacrant un *principe fondamental reconnu par une loi de la République*. Plus tard, le Conseil constitutionnel ajoutera, en réponse à certains doutes doctrinaux, que cette dualité est conforme « *à la conception française de la séparation des pouvoirs* » (n° 86-224 DC du 23 janvier 1987* ; n° 89-261 DC du 28 juill. 1989 ; 2011-631 DC, 9 juin 2011, *Loi relative à l'immigration...*). L'existence d'une justice administrative ne peut plus être remise en question, sauf à réviser le texte constitutionnel.
2°) Ensuite, le Conseil constitutionnalise **le principe d'indépendance du juge administratif**, ce qui l'oblige à un important effort constructif car n'est affirmée constitutionnellement que l'indépendance de l'autorité judiciaire. Seule la loi peut désormais régir certaines règles de procédure administrative contentieuse, ainsi que le statut des juges administratifs.

CENTRE HOSPITALIER DE LISIEUX
CE, Sect. – 12 juin 1981 (Rec. 262)

Un enfant est atteint d'hémiplégie partielle depuis sa naissance, par la faute du Centre hospitalier de Lisieux. Le tribunal administratif de Caen a alloué aux parents une rente annuelle jusqu'au dix-huitième anniversaire de leur fils ; cette rente est indexée. Sur appel de l'hôpital, le Conseil d'État confirme pour l'essentiel la décision des premiers juges, consacrant ainsi un important revirement jurisprudentiel.

I. L'indemnisation au moyen d'une rente

Au XIXe siècle et pendant une partie du XXe siècle, le juge, judiciaire et administratif, marquait une prédilection, en matière de réparation pécuniaire des dommages, pour l'octroi de rentes plutôt que pour le versement d'un capital. Plus souple, mieux adaptée, la rente évite la globalité (excessive ou déficitaire) du capital versé en une seule fois. Puis le juge, en raison des circonstances économiques, a abandonné le recours à la rente pour ne plus accorder que des indemnisations en capital. Il se refusait à indexer les rentes et donc à les réévaluer, préférant s'en tenir à l'évaluation au jour de la décision de justice fixant le montant et la forme de l'indemnisation. Les juridictions judiciaires ont, par la suite, progressivement fait retour au système de la rente, provoquant un renversement de la jurisprudence de la Cour de cassation (Cass., mixte, 6 nov. 1974, *Sourdonnier*), et surtout, elles ont alloué des rentes indexées. Le juge administratif, isolé, ne pouvait éviter l'octroi de rentes car aucune raison propre au contentieux ou au droit administratifs ne justifiait des solutions différentes en cette matière selon que les dommages sont réparés par le juge judiciaire ou par le juge administratif. D'où un premier revirement jurisprudentiel qu'exprime laconiquement le Conseil d'État en jugeant « *que c'est à bon droit que le tribunal administratif a décidé d'allouer à l'intéressé une rente annuelle...* ».

II. L'indexation de la rente

C'est l'aspect essentiel de la décision *Centre hospitalier de Lisieux*. Le Conseil d'État juge qu'« *aucune disposition législative n'interdit au juge,* **qui est tenu d'assurer une indemnisation intégrale du préjudice quelles que soient les circonstances économiques**, *d'indexer les rentes qu'il accorde* ». L'indexation procède d'un souci d'équité : la somme allouée suivra les variations monétaires liées à la conjoncture économique (*Centre hospitalier de Lisieux* ; Nancy, 9 juill. 1992, *Verron*). Le juge n'a trouvé aucun obstacle juridique à cette indexation. En particulier, le caractère définitif de la décision juridictionnelle allouant une rente n'est pas modifié par l'indexation de celle-ci ; le choix d'un indice de référence assure la variation automatique d'une somme établie sur la base de constatations de droit et de fait invariables parce que définitivement jugées. Quant à l'objection traditionnelle tirée de ce que l'indemnisation doit être calculée au jour de la décision, elle ne fait point obstacle à ce que, par l'indexation, le juge assure précisément le maintien dans le temps de la valeur monétaire initiale de la rente. En dehors des cas où la loi impose de retenir un indice de référence, le juge est libre d'indexer les rentes qu'il accorde comme il le juge bon au regard du dossier qui lui est soumis (Cass., 1re civ., 12 mai 1976 ; 12 juin 1981, *Centre hospitalier de Lisieux* ; 6 juill. 1984, *Nebout*).

UNION DES ASSURANCES DE PARIS ET AUTRES TC – 21 mars 1983 (Rec. 537)

Le contrat conclu exclusivement entre personnes publiques est normalement un contrat de droit public. Telle est la solution de l'arrêt *Union des Assurances de Paris.*

Dans la plupart des cas, en vertu de cette jurisprudence, est posée une présomption (simple et non irréfragable) d'administrativité du contrat, sans qu'il soit besoin de rechercher un quelconque autre critère. Cette présomption tombe seulement dans le cas, exceptionnel, où le contrat ne fait naître entre les parties que des rapports de droit privé.

I. La présomption d'administrativité des contrats conclus exclusivement entre personnes publiques

L'arrêt *UAP* pose une nouvelle manière de déterminer la nature administrative d'un contrat : la présence exclusivement de personnes publiques au contrat. Cette solution est la parallèle de celle qui veut que le contrat conclu entre deux personnes privées est normalement toujours un contrat de droit privé (28 nov. 1952, *Sté auxiliaire de distribution d'eau*) même s'il a un contenu exactement semblable à un contrat administratif (7 déc. 1984, *Centre d'études marines avancées et M. Cousteau*) ou s'il fait l'objet d'une approbation par une personne publique (4 mai 1984, *Maternité régionale A. Pinard*), voire si l'un des deux contractants privés est chargé d'une mission de service public (TC, 4 mai 1987, *Du Puy de Clinchamps*).
La décision *UAP* se justifie aisément. Un contrat est administratif lorsqu'il satisfait au critère organique (une personne publique, présente ou représentée, partie au contrat) et à l'un des deux critères matériels (lien avec le service public, ou exorbitance de clauses ou du régime). Lorsqu'un contrat est passé uniquement entre des personnes publiques, il est normalement inutile de rechercher s'il satisfait à l'un des deux critères matériels car il « baigne » dans un climat d'exorbitance (D. Labetoulle, note sous le présent arrêt). La **seule présence du critère organique** suffit en ce cas pour que le contrat soit administratif (Cass. civ. 1re, 30 sept. 2003, *SMPDC*).

II. La réserve du rapport contractuel de droit privé entre deux personnes publiques

La jurisprudence *UAP* ne s'applique pas quand le contrat, bien que conclu uniquement entre des personnes publiques, ne fait naître entre celles-ci – exceptionnellement – que des rapports de droit privé (Marseille, 9 juin 2007, *Cne d'Alet-les-Bains*) : contrats à **objet purement industriel ou commercial** (3 nov. 2003, *UGAP*) ou **portant sur la gestion du domaine privé**. Ainsi, il a été jugé (11 mai 1990, *Bureau d'aide sociale de Blénod-lès-Pont-à-Mousson*) qu'était un contrat de droit privé un contrat de bail conclu entre deux personnes publiques. Il en va autrement si le contrat comporte une clause exorbitante du droit commun (TC, 7 oct. 1991, *CROUS de Nancy-Metz, a contrario* ; TC, 15 nov. 1999, *Commune de Bourisp* ; Marseille, 9 juil. 2007, *Cne d'Alet-les-Bains*) ; en ce cas, en effet, l'apparence du caractère privé du contrat est contrebalancée par le critère matériel. Celui-ci vole ainsi au secours de la « défaillance » du critère organique.

MENNERET
CE, Sect. – 17 mai 1985 (Rec. 149)

La loi du 16 juillet 1980 a conféré au Conseil d'État le pouvoir de prononcer une astreinte contre les personnes morales de droit public refusant d'exécuter une décision rendue par la juridiction administrative. La décision *Menneret* en est la première application positive. Le père de Mme Menneret, décédé en 1944, exécuté par la Résistance pour fait de collaboration, fut ensuite innocenté. Sa fille avait donc sollicité l'inscription du nom de son père sur le monument aux morts de la commune de Maisonnais-sur-Tardoire. Ayant essuyé un refus, elle avait déféré celui-ci au juge administratif qui lui avait donné raison par un jugement du 1er février 1977. N'ayant pu obtenir l'exécution du jugement, elle saisit le Conseil d'État qui, sur le fondement de la loi du 16 juillet 1980, donna à la commune deux mois pour exécuter le jugement, assortissant sa décision d'une astreinte, passé ce délai, de 200 F (30,49 €) par jour de retard.

I. Le régime d'astreinte dans la loi du 16 juillet 1980

La loi a prévu deux régimes d'astreinte : **1°**) Lorsqu'une décision de justice condamnant une personne publique au paiement d'une somme d'argent est passée en force de chose jugée, la loi fait obligation d'ordonnancer la dépense dans les quatre mois (aujourd'hui ramenés à deux mois). À défaut, sur simple demande du créancier muni de la décision de justice, le comptable public compétent est tenu de procéder au paiement. **2°**) Lorsqu'une décision du juge administratif n'est pas exécutée, et tel était le cas en l'espèce, le Conseil d'État peut, même d'office, prononcer une astreinte contre la personne morale publique concernée afin d'assurer l'exécution de cette décision juridictionnelle.

Dans de nombreuses affaires, avant la décision *Menneret*, le juge avait été amené à refuser d'accorder l'astreinte sollicitée pour des motifs variés (cf. concl. Pauti sur *Menneret*) : demande irrecevable, décision en réalité exécutée, etc.

II. Les conditions jurisprudentielles de l'astreinte et l'évolution législative

Le Conseil d'État exige, *tout d'abord*, que la décision dont l'inexécution est alléguée comporte avec une précision suffisante les exigences qui en découlent pour l'autorité administrative. C'était le cas en l'espèce. *Ensuite*, le juge apprécie si le risque de trouble à l'ordre public résultant de l'exécution d'un jugement ne serait pas supérieur au trouble découlant de son inexécution : c'est la réserve de l'intérêt général (cf. concl. Pauti, précitées) ; cette exception est contraire aux exigences du procès équitable (art. 6 § 1, convention EDH). *Également*, le bénéficiaire de la décision de justice doit se heurter à un mauvais vouloir manifeste de l'autorité administrative chargée d'en assurer l'exécution. Cela ressortira le plus souvent du délai qui s'est écoulé, sans aucun acte positif d'exécution, depuis la décision de justice. *Enfin*, la jurisprudence permet à un préfet la vente forcée d'un bien d'une collectivité locale pour assurer le paiement d'une condamnation que cette collectivité n'exécute pas (18 nov. 2005, *S[té] fermière de Campoloro*).

Désormais, la **loi du 8 février 1995** accorde à tout juge administratif, pour assurer l'exécution de la chose jugée, le pouvoir d'adresser des injonctions de faire à l'administration (26 mai 1995, *Etna et autre*) et celui de la condamner sous astreinte.

CONSEIL DE LA CONCURRENCE
CC – 23 janvier 1987 (86-224 DC, Rec. 8)

Cette décision est peut-être la plus importante de celles du Conseil constitutionnel concernant le droit et le juge administratifs. Le gouvernement, par une ordonnance de l'art. 38 de la Constitution, avait créé un Conseil de la Concurrence doté de pouvoirs consultatifs ou décisoires, selon les cas, en matière de prix et de concurrence et attribuait au juge judiciaire (cour d'appel de Paris) la compétence pour connaître des recours formés contre les décisions de ce Conseil. Le Conseil constitutionnel découvre une « **conception française de la séparation des pouvoirs** », et, surtout, définit un **noyau constitutionnel de compétence du juge administratif**.

I. La « conception française de la séparation des pouvoirs »

Traditionnellement, pour fonder la séparation des deux ordres de juridictions, on invoquait deux textes vénérables : la loi des 16-24 août 1790 (art. 10 et 13) et le décret du 16 fructidor de l'an III, dans lesquels on voyait la traduction de la séparation des pouvoirs. Le Conseil constitutionnel condamne cette conception. Ces deux textes n'ont qu'une **valeur législative** et non constitutionnelle. Ils doivent céder devant les principes ou les règles à valeur constitutionnelle, comme celui selon lequel l'autorité judiciaire est gardienne de la liberté individuelle. Ces textes font interdiction aux juridictions judiciaires de s'immiscer, au risque de l'entraver, dans l'action administrative ; ils n'établissent ni la séparation des pouvoirs, ni la séparation des juges. Le juge constitutionnel relève ensuite que la « conception française de la séparation des pouvoirs » permet de dégager un principe fondamental reconnu par les lois de la République, celui qui réserve certaines matières à la compétence exclusive du juge administratif.

II. La compétence constitutionnellement réservée du juge administratif

Selon le Conseil constitutionnel, en dehors « *des matières réservées par nature à l'autorité judiciaire* », seul le juge administratif est compétent, en principe, pour connaître des recours en annulation ou en réformation contre les « *décisions prises, dans l'exercice de prérogatives de puissance publique, par les autorités exerçant le pouvoir exécutif, leurs agents, les collectivités territoriales de la République ou les organismes publics placés sous leur autorité ou leur contrôle* » (repris dans : 2011-631 DC, 9 juin 2011, *Loi relative à l'immigration...*). Cette conception ne fait pas du plein contentieux (contrat, responsabilité, fiscalité, etc.) ou des actes administratifs pris par une personne privée, des éléments relevant constitutionnellement de la compétence propre du juge administratif. Elle en exclut absolument la liberté individuelle, l'état et la capacité des personnes physiques, la propriété privée immobilière, matières réservées au juge judiciaire. Toutefois, le Conseil constitutionnel admet, et c'est l'objet de la décision commentée, que soient apportées des dérogations à l'intérieur du « bloc de compétence » de chaque juge, en faveur de l'autre juge, dans le souci « *d'une bonne administration de la justice* », afin « *d'unifier les règles de compétence juridictionnelle au sein de l'ordre juridictionnel principalement intéressé* ». Par ailleurs, toutes les matières autres que celles figurant dans ces deux blocs sont réparties librement par le législateur entre les deux ordres de juridiction.

SOCIÉTÉ NACHFOLGER NAVIGATION COMPANY LTD ET AUTRES
CE, Sect. – 23 octobre 1987 (Rec. 319)

Un navire chypriote, l'*Ammersee*, transportant une cargaison d'explosifs, est atteint par une voie d'eau le 3 octobre 1974 et, devenu ingouvernable, est abandonné par son équipage. Il dérive en haute mer à l'état d'épave, au large des côtes du Cotentin et des îles anglo-normandes. Le 6 octobre, sur ordre du préfet maritime, il est détruit par la marine nationale. L'action du propriétaire de la cargaison et de l'armateur permet au Conseil d'État de rendre une décision capitale sur la **place du droit international parmi les sources du droit administratif**. Cette destruction est régulière car elle ne méconnaît « *aucun principe de droit international* ». Cette affirmation est le résultat d'une importante évolution.

I. L'évolution des sources issues du droit international

Traditionnellement, la jurisprudence du Conseil d'État n'admettait, comme sources tirées du droit international, que celles énumérées par la Constitution de 1958 : les traités ou accords régulièrement ratifiés et incorporés en droit interne. Il devait s'agir de textes écrits, sans quoi il n'y avait pas de source. Ainsi a-t-il été jugé que la disposition du préambule de la Constitution concernant le droit d'asile est un principe que l'on ne peut invoquer « indépendamment » de « conventions incorporées au droit français » et relatives au droit d'asile (27 sept. 1985, *France, terre d'asile*).

Aucune disposition de cette nature ne régissait en 1974, époque des faits litigieux, les épaves dangereuses dérivant en haute mer. L'action de l'État français ne pouvait ainsi trouver aucune justification en droit international, et elle n'en trouvait pas davantage en droit interne français, lequel ne peut régir la haute mer. La destruction paraissait bien irrégulière, mais le Conseil d'État trouva un fondement juridique susceptible de valider l'intervention de la marine française : l'absence de méconnaissance d'un principe de droit international.

II. L'extension des sources internationales du droit administratif

Le Conseil d'État admet donc, pour la première fois avec une netteté indiscutable, l'invocabilité devant lui de **principes**, et non plus seulement de « textes » du droit international, ce qui est une évolution considérable car nombreux sont ces principes et variable est leur consistance. Le Conseil n'indique pas quel principe justifiait la destruction de l'*Ammersee*, se contentant d'observer qu'aucun ne l'interdisait. L'action de l'État est régulière, non pas parce qu'elle est conforme à un principe, mais seulement parce qu'elle n'est pas contraire à l'un quelconque des principes de ce droit.

L'applicabilité directe de ces principes ne leur confère pas une supériorité sur la loi. Cette supériorité n'existe que pour les traités et accords, et non pour les **principes non écrits du droit international** (28 juil. 2000, *Paulin*) ou pour les **règles coutumières de ce droit** (6 juin 1997, *Aquarone*). Enfin, le juge accepte désormais, dans certains cas, d'examiner après s'y être refusé (8 juill. 2002, *Commune de Porta**) la compatibilité entre eux des traités internationaux (23 déc. 2011, *Kandyrine de Brito Paiva**).

BUREAU DE RECHERCHES GÉOLOGIQUES ET MINIÈRES (BRGM) c/ SOCIÉTÉ LLOYD CONTINENTAL
Cass., 1re ch. civ. – 21 décembre 1987
(Bull. civ., I, n° 348, p. 249)

À la question : « Le créancier d'un établissement public industriel et commercial peut-il saisir les biens de ce dernier ? » (concl. L. Charbonnier sur cet arrêt), la Cour de cassation répond négativement. Le BRGM avait été condamné par les juridictions judiciaires au paiement d'une indemnité en raison de désordres survenus à un immeuble pour la construction duquel il avait effectué une étude du sol. La saisie des biens du BRGM, qui avait été tout d'abord ordonnée, est annulée par la Cour de cassation.

I. La réaffirmation d'une jurisprudence traditionnelle

La Cour de cassation juge, depuis 1802 (Trib. cass., 16 thermidor an X, *Metz* ; Cass., com., 9 juill. 1951, *Sté nat. des entreprises de presse* ; Cass., 1re ch. civ., 21 déc. 1987, *BRGM*), que l'article 13 de la loi des 16-24 août 1790 fait obstacle à la saisie des biens des personnes publiques. La position du Conseil d'État est identique (13 avr. 1823, *Léotard* ; 13 déc. 1957, *Sté nat. de vente des surplus*). Dans l'arrêt commenté, la Cour de cassation vise toujours, comme fondement à sa décision, la disposition législative de 1790 et y ajoute l'art. 537 du code civil qui excepte les biens publics des modes habituels d'aliénation et d'administration. Pour la Cour, **le principe d'insaisissabilité des biens publics concerne toutes les catégories de personnes publiques** et pour toutes leurs activités, même industrielles ou commerciales comme en l'espèce, ce qui fait obstacle à l'utilisation des voies d'exécution de droit privé. En maintenant cette jurisprudence pour les personnes publiques à vocation industrielle ou commerciale, la Cour de cassation prend le contre-pied d'un important courant jurisprudentiel (CA Aix, 30 nov. 1949, *Sté nat. des entreprises de presse* ; CA Paris, 26 mai 1982, *Gaz de France* ; CA Paris, 18 mars 1986, *BRGM*) et doctrinal (G. Vedel, G. Lavau, R. Drago, B. Pacteau) plaidant pour la soustraction de ces dernières au privilège d'insaisissabilité.

II. Les effets de la jurisprudence *BRGM*

Le premier effet est, évidemment, l'impossibilité pour les créanciers d'obtenir l'exécution des décisions de justice établissant le bien-fondé et le montant de leur créance sur un débiteur public, mais la Cour de cassation ouvre une porte. Elle indique expressément qu'il est possible aux créanciers d'user de la procédure instituée par la loi du 16 juillet 1980 (v. aussi TC 19 mars 2007, *Préf. Haute-Vienne*). Selon ce texte, lorsqu'une décision de justice condamnant une personne publique au paiement d'une somme d'argent est passée en force de chose jugée, il est fait obligation d'ordonnancer la dépense dans les quatre mois. À défaut, sur simple demande du créancier muni de la décision de justice, le comptable public compétent est tenu de procéder au paiement. Pour la Cour, cette procédure joue même au cas de l'espèce où était sollicitée l'attribution d'une simple provision. Cette insaisissabilité n'est pas opposable, en revanche, au préfet qui ordonne la vente forcée d'un bien d'une collectivité territoriale qui n'exécute pas la condamnation judiciaire dont elle est l'objet (18 nov. 2005, *Sté fermière de Campoloro*). La jurisprudence *BRGM* est contraire au droit à recours effectif tel que le conçoit la Cour EDH ainsi qu'à la prohibition des aides d'État en droit communautaire (TUE 20 sept. 2012, *France c/Commission*)

CONSEIL SUPÉRIEUR DE L'AUDIOVISUEL
CC – 17 janvier 1989 (88-248 DC, Rec. 18)

Des multiples questions abordées par le Conseil constitutionnel dans cette très importante décision concernant les pouvoirs du Conseil supérieur de l'Audiovisuel, on ne retiendra que celle relative aux **autorités administratives indépendantes**.

I. La notion d'« autorité administrative indépendante » (AAI)

Cette notion est apparue en 1978 avec la *Commission nationale de l'Informatique et des Libertés*. Par la suite, les AAI se sont multipliées : *Conseil supérieur de l'Audiovisuel, Commission d'Accès aux Documents administratifs, Commission des opérations de Bourse, Commission bancaire, Conseil des Bourses de valeurs, Conseil des marchés financiers, Conseil de la concurrence, Autorité de régulation des télécommunications (ART), Commission de régulation de l'électricité, Commission des Comptes de campagne, Médiateur* (11 janv. 1985, *Deleuse*), *Défenseur des droits* ou le *Contrôleur général des lieux de privation de liberté*, ces trois dernières AAI n'étant pas collégiales. Depuis sont apparues les **autorités publiques indépendantes**, catégorie assez voisine (*Autorité des marchés financiers, Agence franç. de lutte contre le dopage*), toujours dotées de la personnalité juridique.
Trois traits caractérisent les AAI, selon le Conseil constitutionnel : **1°**) Ce sont des **organismes administratifs sans personnalité juridique**, qui évoluent dans la sphère de l'exécutif et sont dotés, pour assurer leur indépendance, d'importants pouvoirs dont celui d'édicter des règles générales, des actes types, de prendre des décisions individuelles, notamment d'autorisation et enfin, d'infliger une gamme étendue de sanctions. **2°**) Ce sont des **organismes dépourvus de tout caractère juridictionnel** (CC, n° 88-248 DC du 17 janv. 1989, à propos du CSA ; CC, n° 89-260 DC du 28 juill. 1989, à propos de la COB), exception faite de l'ART. **3°**) Les AAI sont **soumises au contrôle du juge**, administratif ou judiciaire, selon les cas.

II. Le régime juridique des actes des AAI

Les AAI doivent être, tout d'abord, **réellement indépendantes** (CC, n° 86-217 DC du 19 sept. 1986 ; n° 89-260 DC, précitée, à propos du pouvoir de révocation des membres d'une AAI par le législateur). Elles sont strictement soumises au principe d'impartialité (26 juil. 2007, *Europe finance et industrie*).
Ces autorités prennent des **actes unilatéraux** qui ont la nature d'actes **administratifs** ; mais toute dévolution d'un pouvoir réglementaire trop étendu, qui empiéterait sur les prérogatives que le gouvernement tient de l'art. 21 de la Constitution, serait inconstitutionnelle (CC, n° 86-217 DC du 19 sept. 1986). Ces actes peuvent faire l'objet de *recours en annulation* pour illégalité (CC, n° 217 DC, précitée ; 10 juill. 1991, *Retail*, solution *a contrario*, à propos des réponses faites aux parlementaires par le Médiateur ; 8 oct. 1993, *C. Hudin*) ou ouvrir *droit à réparation* pour les préjudices qu'ils causent (29 déc. 1978, *Darmont* ; 6 juill. 1990, *Cie diamantaire d'Anvers*).
Le **pouvoir de sanction** des AAI est très encadré par les jurisprudences combinées du juge constitutionnel (CC, n°s 248 DC et 260 DC, précitées), de la CEDH (27 oct. 2006, *Parent et a.*), du Conseil d'État (4 mars 1991, *Le Cun* ; 16 nov. 2007, *Cie Iberia*) et du juge judiciaire, notamment la cour d'appel de Paris. En particulier, il est soumis au principe de *non-rétroactivité* (CC, n° 155 DC du 30 déc. 1982), à l'obligation de *proportionnalité* des peines (CC, n° 237 DC du 30 déc. 1987), applicables aux sanctions pénales et à l'exigence d'*impartialité* (30 déc. 2010, *Sté M6*, 338273).

COMPAGNIE ALITALIA
CE, Ass. – 3 février 1989 (Rec. 44)

La compagnie Alitalia avait sollicité du Premier ministre l'abrogation de diverses dispositions réglementaires, codifiées dans le code général des impôts, qu'elle estimait incompatibles avec les objectifs d'une directive communautaire, ou contraires à ceux-ci. Elle attaqua avec succès devant le Conseil d'État le rejet implicite de sa demande. Cette décision d'Assemblée est importante car elle confirme une *jurisprudence déjà établie* mais en lui conférant la nature d'un principe général du droit, et elle lui donne une extension considérable *en l'appliquant aux conséquences des directives communautaires.*

I. La réitération solennelle d'un principe jurisprudentiel à éclipses

Dès 1930, la jurisprudence a admis la possibilité, pour tout administré, de solliciter de l'administration l'abrogation d'un règlement devenu illégal postérieurement à sa signature par suite de changement dans les circonstances de droit, lorsque ce changement rend illégal le règlement (10 janvier 1930, *Despujol**). Dans cette décision, la faculté de demander l'abrogation était enfermée dans le délai de deux mois à compter du changement dans les circonstances de droit. Puis le juge (12 mai 1976, *Leboucher et Tarandon*) décida la suppression de tout délai pour demander l'abrogation. Enfin, il fit retour au délai prévu dans l'arrêt *Despujol* (30 janv. 1981, *Min. du Travail*). Dans ce contexte, le décret du 28 novembre 1983, art. 3, avait décidé que l'autorité compétente saisie d'une demande tendant à l'abrogation d'un règlement illégal est tenue d'y déférer, soit que ce règlement ait été illégal dès la date de sa signature, soit que l'illégalité résulte de circonstances de droit (10 oct. 2003, *Commune de Rilleux-la-Pape*) ou de fait postérieures à cette date. Le Conseil d'État, dans l'arrêt *Cie Alitalia*, énonce un **principe général du droit à abrogation des règlements illégaux** (20 déc. 1995, *Mme Vedel et M. Jannot*, à propos d'un décret du 27 avril 1939), ce qui est un apport essentiel. Cette solution a été étendue, comme principe général du droit, à l'abrogation des **décisions non réglementaires** (30 nov. 1990, *Assoc. « Les Verts »*).

II. L'extension du principe aux conséquences des directives communautaires

Le principe du droit à abrogation est étendu de façon doublement spectaculaire : **1°) L'entrée en vigueur de directives communautaires** peut constituer un changement dans les circonstances de droit de nature à fonder ce droit à abrogation dès lors qu'un acte réglementaire de droit interne est susceptible d'en devenir, par voie de conséquence, irrégulier. Le gouvernement a même l'obligation de laisser inappliquée une loi contraire à une directive (24 févr. 1999, *Assoc. des patients de la médecine d'orientation anthroposophique*). **2°)** Le Conseil d'État n'applique pas seulement ce principe à l'égard des incidences découlant des termes mêmes d'une directive, mais encore à celles découlant directement des **objectifs** d'une directive (3 déc. 1999, *Assoc. ornithologique et mammalogique de Saône-et-Loire et autre* ; 28 avr. 2006, *Dellas*). Le traité de Rome oblige les autorités nationales à traduire dans leur droit interne les buts poursuivis par une directive, à la différence du règlement communautaire, qui est, lui, introduit *ipso facto* dans l'ordre interne. L'extension du droit à abrogation est ainsi très importante.

DÉPARTEMENT DE LA MOSELLE
CE, Sect. – 31 mars 1989 (Rec. 105)

Le département de la Moselle et l'État avaient conclu une convention. Le président du conseil général décida de la modifier unilatéralement. Le préfet saisit le juge administratif d'un déféré pour violation des stipulations contractuelles. Selon la jurisprudence traditionnelle, si le juge estimait fondé le recours du préfet, il allouait à l'État une réparation du préjudice subi. Le Conseil d'État, renversant cette jurisprudence séculaire, prononce l'annulation de la décision du président du conseil général.

I. L'apport de l'arrêt *Département de la Moselle*

Le principe constant en jurisprudence est que l'**on ne peut se prévaloir de la violation des clauses d'un contrat à l'appui d'un recours pour excès de pouvoir**, sauf si ce recours est intenté par des tiers au contrat (21 déc. 1906, *Synd. des propriétaires et contribuables du quartier Croix-de-Seguey-Tivoli* ; 8 janv. 1988, *Min. du Plan*. En l'espèce, il s'agissait bien d'un recours formé par une des parties au contrat, et la jurisprudence susrappelée était pleinement applicable. Par ailleurs, le juge avait été saisi par un déféré préfectoral, et la nature du déféré varie selon l'objet du litige : ici, le litige était de nature contractuelle, c'était donc bien le juge du contrat exerçant ses pouvoirs habituels qui se trouvait saisi. Enfin, il s'agissait d'un acte qui n'était pas détachable du contrat lui-même puisque la décision attaquée portait directement modification d'une clause du contrat : la jurisprudence *Martin* * (4 août 1905) était donc inapplicable. Dès lors, si le juge devait décider irrégulière la modification unilatérale du contrat par le président du conseil général de la Moselle, il ne pouvait qu'accorder, éventuellement, une indemnité. Pourtant, le Conseil d'État juge que : « *Si le juge du contrat n'a pas, en principe, le pouvoir de prononcer, à la demande de l'une des parties, l'annulation de mesures prises par l'autre partie comme contraires aux clauses du contrat (...) il en va autrement lorsqu'il s'agit d'un* **contrat passé entre deux personnes publiques en application de l'article 26 de la loi du 2 mars 1982 et ayant pour objet l'organisation d'un service public**. »

II. L'extension de la jurisprudence *Département de la Moselle*

Cet arrêt paraissait limité aux cas où se trouvaient réunies les trois conditions qui y étaient mentionnées. Le Conseil d'État a d'abord réitéré cette jurisprudence (25 mai 1992, *Département de l'Hérault*), puis il lui a donné une extension considérable en supprimant la seconde condition. Désormais, tout contrat passé entre deux personnes publiques et ayant pour objet l'organisation d'un service public relève du pouvoir d'annulation du juge du contrat (13 mai 1992, *Commune d'Ivry-sur-Seine*). Depuis, a été admis le recours pour excès de pouvoir d'une personne privée contre les clauses réglementaires d'un contrat administratif (10 juill. 1996, *M. Cayzeele* *). Enfin, le juge permet désormais au tiers évincé d'un contrat administratif de former contre celui-ci un recours de plein de contentieux (16 juill. 2007, *S[té] Tropic Travaux signalisation* *).

NICOLO
CE, Ass. – 20 octobre 1989 (Rec. 190)

Le 20 octobre 1989, l'Assemblée du Palais-Royal rend une décision fondamentale et l'une des plus fortement médiatisées. Dans une rédaction très discrète, le Conseil d'État admet de contrôler la conformité d'une loi à un traité même antérieur à cette loi, appliquant ainsi pleinement l'art. 55 de la Constitution.

I. L'évolution de la jurisprudence sur les rapports de la loi et du traité

L'art. 55 de la Constitution disposant que le traité est supérieur à la loi, qu'advient-il en cas de contrariété entre une loi et un traité ? **1°**) Si la loi était **antérieure** au traité, le traité primait la loi et les actes administratifs devaient se conformer au traité et non à la loi (23 nov. 1936, *Abdoulhoussen et autres* ; 23 déc. 1949, *S^té^ Cominfi* ; 31 janv.1962, *Office parisien de compensation, a contrario*). **2°**) Si la loi était **postérieure** au traité, longtemps les diverses juridictions ont estimé que la loi devait l'emporter sur le traité. De plus, elles considéraient que l'appréciation de la conformité de la loi au traité relevait de la compétence du Conseil constitutionnel. Cependant, celui-ci décida qu'il n'avait pas compétence sur ce point (n° 74-54 DC du 15 janv. 1975). La Cour de cassation modifia alors sa doctrine (Cass., mixte, 24 mai 1975, *Adm. des Douanes c/ Cafés Jacques Vabre*). Le Conseil d'État, après une longue hésitation (7 juill. 1978, *Croissant*, confirmant : 1er mars 1968, *Synd. gén. des fabricants de semoules de France*), finit par s'incliner dans l'arrêt *Nicolo*. Cette jurisprudence s'applique même lorsque la contrariété ne survient qu'après coup (2 juin 1999, *Meyet*). La solution de l'arrêt *Nicolo* est d'autant plus justifiée que le juge national est « juge de droit commun de l'appliation du droit communautaire » (CJCE 5 fév. 1963, *Van Gend en Loos*).

II. L'état actuel de la jurisprudence

Cette jurisprudence a été confirmée dans toute son ampleur (24 sept. 1990, *Boisdet* ; 28 févr. 1992, *S.A. Rothmans International France* et *S^té^ Arizona Tobacco Products* *, deux arrêts ; avis, 15 avr. 1996, *Mme Doukouré* : Pacte des Nations unies ; 23 avr. 1997, *GISTI* : Convention de New York). Désormais, le juge administratif vérifie si la loi dont le règlement administratif fait application est conforme au traité et à ses normes dérivées. À défaut, il écartera la loi et déclarera le règlement illégal, sauf si se pose en réalité une question de constitutionnalité de la loi (8 juill. 2002, *Commune de Porta**). Toutefois, l'invocabilité ne vaut que pour les traités ou accords internationaux qui sont **directement exécutoires** (*self-executing* : 9 nov. 2007, *Ligue pour la préservation de la faune sauvage*), et qui concernent des **droits individuels** (11 avr. 2012, *GISTI*)et non les relations d'État à État (29 janv. 1993, *Bouilliez* ; 29 juill. 1994, *Préfet de Seine-Maritime*). La supériorité du traité sur la loi ne joue qu'au profit des « traités » ou « accords », et non pour les **règles coutumières** (6 juin 1997, *Aquarone*) ou pour les **principes non écrits du droit international** (28 juil. 2000, *Paulin*), **sauf pour les principes généraux tirés du droit communautaire** (3 déc. 2001, *Synd. nat. des industries pharmaceutiques*). Pour nombre de traités, la supériorité sur la loi suppose respectée la condition de réciprocité. En revanche, dans l'ordre interne, le traité est toujours soumis à la Constitution (30 oct. 1998, *Sarran et autres**), sauf, dans le cas du droit communautaire, lorsque la protection ou la garantie offerte par ce dernier est équivalente à celle qui résulterait de l'application de la Constitution (8 févr. 2007, *S^té^ Arcelor**).

SOCIÉTÉ « COMPAGNIE INDUSTRIELLE ET FINANCIÈRE DES AUTOROUTES (COFIROUTE) » SNCF
CE, Ass. – 6 avril 1990, deux avis (Rec. 95)

La loi du 31 décembre 1987 donne la possibilité, dans son art. 12, aux tribunaux et aux cours administratifs de demander au Conseil d'État son avis sur certaines questions de droit nouvelles, présentant une difficulté sérieuse, et susceptibles de se poser dans de nombreux litiges. Dans ce cadre le tribunal administratif de Paris demande au Conseil d'État son avis sur la question de savoir si l'État, civilement responsable des dommages causés par suite de crimes ou délits commis à force ouverte ou par violence par des attroupements armés ou non armés, soit contre les personnes, soit contre les biens (en vertu de l'art. 92 de la loi du 7 juin 1983), n'est tenu de réparer que les seuls dommages matériels ou corporels ou bien s'il doit aussi réparer les préjudices commerciaux. La solution positive donnée ici à la seconde branche de l'alternative est nouvelle et d'une grande importance pratique. Elle confirme le principe général de réparabilité de tout préjudice.

I. La signification de l'expression « délits commis contre les biens »

Les préjudices commerciaux subis du chef des événements envisagés à l'art. 92 de la loi du 7 juin 1983 peuvent-ils donner lieu à indemnisation ? L'expression « délits contre les biens » utilisée par la loi ne vise-t-elle que les dommages matériels causés aux biens ou bien concerne-t-elle toute espèce de dommages, même non matériels, atteignant un bien du fait de crimes ou de délits commis à force ouverte ou par violence ? La question se pose parce que la loi de 1983 constitue un régime législatif spécial de réparation. Il est de règle qu'un tel régime écarte nécessairement le régime de réparation de droit commun. Le Conseil d'État, pour répondre à cette question, ne disposait d'aucun précédent jurisprudentiel clair, tant du côté des juridictions judiciaires que du côté du Tribunal des conflits. Lui-même n'avait pas encore rencontré cette question. Dans les deux avis présentement commentés, le Conseil d'État propose de juger dorénavant que sont réparables, du chef de ce texte, « ... *les dégâts de toute nature qui sont la conséquence directe et certaine des crimes et délits visés par lesdites dispositions* ».

II. Le préjudice commercial indemnisable

Le Conseil d'État admet le plus largement possible l'indemnisation du préjudice de nature commerciale. Il n'a, en particulier, pas exigé que le préjudice, pour être réparable, revête un caractère anormal et spécial. Il est vrai qu'en général, dans les régimes législatifs spéciaux de responsabilité, le juge, dans le silence de la loi, n'impose pas que le préjudice ait ces caractères (6 juin 1969, *Commune de Sains*). Il se borne à mentionner la nécessité d'un **lien direct** et d'une **causalité certaine**. Sans doute aussi, le cas échéant, considérerait-il que l'existence d'une faute de la victime aurait pour effet d'atténuer ou d'anéantir la responsabilité de la puissance publique. Suivant en cela la jurisprudence de la Cour EDH, il donne la portée la plus large à la notion juridique de « biens ».

FACTORTAME LTD e. a.
(The Queen v/ Secretary of State for Transport)
CJCE – 19 juin 1990 (Rec. I-2433)

Un problème d'inscription des navires britanniques au registre des navires étrangers conduisit la Chambre des Lords (*House of Lords*), qui est alors à la fois une des deux chambres du Parlement anglais et la juridiction britannique suprême, à poser à la CJUE une importante question préjudicielle : lorsqu'une loi nationale est « présumée » par les requérants être incompatible avec le droit communautaire, est-il possible au juge national, en attendant qu'il ait été statué au fond sur cette difficulté, d'écarter l'application du droit communautaire lorsque la loi nationale (comme c'était le cas en l'espèce) interdit de prendre des mesures provisoires ?

I. La portée de l'effet direct des règles communautaires

La CJCE rappelle le principe qui domine la matière, celui de l'effet direct du droit communautaire, conception qu'elle avait déjà exposée (9 mars 1978, *Simmenthal**). Selon elle, l'art. 5 du Traité impose au juge national d'apporter son concours en vue « d'assurer la protection juridique découlant pour les justiciables de l'effet direct des dispositions du droit communautaire » (CJCE, 10 juill. 1980, *Ariete*, et *Mireco*). Cet effet direct, et c'est là son aspect positif, est la conséquence de ce que le droit communautaire doit déployer la plénitude de ses effets dans l'ordre interne de chacun des États. Cet effet direct a aussi un aspect négatif important qui se déduit de sa combinaison avec le principe de primauté de l'ordre communautaire sur l'ordre interne : il entraîne l'invalidité « de toute diposition contraire de la législation nationale ». À la Chambre des Lords il fut donc répondu que celle-ci, statuant comme cour judiciaire suprême, devait écarter toute disposition du droit britannique contraire au droit communautaire. Cette réponse est dans le droit fil de la jurisprudence antérieure de la Cour de justice.

II. La suspension provisoire de la règle nationale

L'aspect le plus nouveau de cette décision concerne la question de savoir ce que doit faire le juge national lorsque le droit interne interdit que soient ordonnées des mesures provisoires de suspension d'un acte de droit interne. Certes, la Cour s'était déjà prononcée sur l'adoption de mesures provisoires par le juge national (17 avr. 1986, *Reed*, et surtout, 4 mai 1988, *Bodson*), mais des doutes subsistaient. Ainsi, la Cour de cassation réservait au seul juge national le soin de vérifier si, et dans quelle mesure, l'application d'un texte de droit interne contraire au droit communautaire était susceptible de causer un trouble manifestement illicite au regard du traité de Rome (Cass. com., 10 juill. 1989). En l'espèce, le juge britannique suprême se trouvait en présence d'un texte interne prohibant toute possibilité de suspension provisoire. La Cour, partant des prémisses que l'on vient de rappeler, ordonne au juge national d'écarter l'application de la règle nationale dès lors que celle-ci ferait obstacle à ce qu'il accorde des mesures provisoires. En revanche, la Cour laisse le juge national libre de décider s'il y a lieu ou non d'accorder ces mesures provisoires.

GROUPE D'INFORMATION ET DE SOUTIEN DES TRAVAILLEURS IMMIGRÉS (GISTI) CE, Ass. – 29 juin 1990 (Rec. 171)

Par cette décision, le Conseil d'État apporte une révolution dans la jurisprudence classique relative à l'interprétation des traités et conventions internationaux non clairs.
L'interprétation d'une disposition de l'accord franco-algérien du 27 décembre 1968 modifié était en cause, et cette clause n'était pas claire : l'ancienne jurisprudence aurait dû conduire le juge à surseoir à statuer jusqu'à ce qu'il ait été procédé à l'interprétation ministérielle du texte. Telle ne fut pas la position adoptée.

I. L'interprétation des traités avant l'arrêt *GISTI*

Le Conseil d'État considérait depuis 1823 (*Dame Vve Murat*, 23 juill. 1823) qu'il ne pouvait s'immiscer dans l'interprétation des traités, lesquels sont des actes de gouvernement. En conséquence, les parties devaient solliciter du ministre des Affaires étrangères, négociateur des traités, l'interprétation de la disposition litigieuse.
Cette conception jurisprudentielle connaissait trois atténuations : **1°**) L'absence d'une interprétation par le ministre n'entraînait point l'irrecevabilité de la requête, mais conduisait le juge à **surseoir à statuer** et à renvoyer les parties devant ce ministre (3 juill. 1931, *Karl et Toto Samé*). L'interprétation faite par ce dernier s'imposait absolument au juge, qui ne pouvait ni la critiquer ni s'y soustraire. **2°**) Ce refus d'interpréter les traités ne jouait que pour les seuls actes internationaux **peu clairs**. Le traité clair ne donnait pas lieu à renvoi préjudiciel (1er juill. 1938, *Jabin Dudognon*) puisque, dans la mesure où il était clair, il n'y avait point lieu de l'interpréter. **3°**) Enfin, le juge administratif se reconnaissait compétent pour interpréter ceux des actes qui sont **détachables** d'un traité ou accord international.

II. L'apport de l'arrêt *GISTI*

Le Conseil d'État accepte de procéder lui-même directement à l'**interprétation** de la disposition litigieuse, au demeurant assez obscure. Désormais donc, il n'y a plus lieu à renvoi obligatoire au ministre (10 juin 1992, *Min. de la solidarité*) et si ce renvoi est cependant effectué, la réponse ne lie aucunement le juge administratif (Nancy, 31 déc. 1992, *Assoc. de sauvegarde des vallées et de prévention des pollutions*). Par ailleurs, cette jurisprudence n'a aucune incidence sur le mécanisme du traité de Rome qui institue un renvoi préjudiciel à la CJCE (devenue CJUE) pour toute interprétation controversée de ce traité. Aujourd'hui, le Conseil d'État étend la solution *GISTI* à toutes les sources du droit international, et même au droit dérivé de ces sources (ex., directives communautaires). La démarche interprétative du juge est assez semblable à celle qu'il utilise pour interpréter les autres sources du droit, et à celle que retiennent juridictions et organisations internationales (29 janv. 1993, *Mme Joséfa Bouilliez*).
S'agissant de la **condition de réciprocité** (art. 55 Const.), celle-ci a longtemps été appréciée par le seul ministre des Affaires étrangères sur renvoi préjudiciel (29 mai 1981, *Rekhou* ; 9 avr. 1999, *Chevrol*) ; cette solution, condamnée par la CEDH en 2003 et maintenue un temps par le Conseil d'État a été abandonnée ensuite (Ass. 9 juil. 2010, *Cheriet-Benseghir* ; Ass. 9 juill. 2010, *Souad X.*, 317747).

BOURGEOIS
CE, Sect. – 27 juillet 1990 (Rec. 242)

Une erreur de saisie informatique a transformé le montant des revenus imposables de M. Bourgeois, en réalité de 35 663 F (5 436,79 €), en la somme de 315 663 F (48 122,51 €). Celui-ci a demandé la correction de cette erreur et la restitution du trop-perçu, mais il a également exigé la réparation du préjudice causé. C'est sur ce dernier point que l'apport de l'arrêt *Bourgeois* est important : il a mis fin au principe de la responsabilité de l'administration fiscale fondée exclusivement sur la faute lourde.

I. De l'irresponsabilité du fisc à la responsabilité pour faute lourde

À l'origine, le fisc était déclaré irresponsable des dommages causés par son action, puis un arrêt du Conseil d'État du 21 février 1913, *Cie parisienne de tramways*, a permis d'engager la responsabilité de l'administration fiscale pour une faute très grave, certains arrêts parlant de « faute d'une gravité exceptionnelle » (1er juill. 1927, *Demoreuil* ; 30 mars 1960, *Duval*). Ensuite la jurisprudence n'a plus exigé que la preuve d'une faute lourde (21 déc. 1962, *Husson-Chiffre*). C'était tout de même un régime sévère pour les contribuables car le juge administratif n'admettait que difficilement d'apercevoir une faute lourde. Ce régime était d'autant plus critiquable qu'aucune justification sérieuse n'était donnée en faveur de ce mécanisme de responsabilité exorbitant du droit commun administratif. En particulier, l'exigence d'une faute lourde semblait un véritable privilège au profit du fisc dans la mesure où les services concernés ne fonctionnent pas différemment des autres services publics, pourtant soumis, eux, à un régime de responsabilité fondé sur la faute simple. Cela était d'autant plus sensible au moment où le juge administratif renonçait à l'exigence de faute lourde dans nombre d'autres matières (pour la police phytosanitaire : 7 août 2008, *Min. Agric. et Pêche*).

II. De la faute lourde à la faute simple généralisée

Le Conseil d'État, sensible aux critiques ci-dessus, a tout d'abord infléchi sa jurisprudence en paraissant admettre la responsabilité du **service d'assiette** pour faute simple (7 févr. 1986, *Min. du Budget c/ Commune de Tallard*, qui constitue l'abandon d'une jurisprudence encore récente : cf. 21 janv. 1983, *Ville de Bastia*). Puis, par l'arrêt *Bourgeois*, il va étendre la solution en n'exigeant plus qu'une faute simple pour le service d'assiette. La nouvelle jurisprudence est assez généreuse pour le contribuable (24 juil. 2009, *Cne de Coupvray*) : il suffit qu'existe une erreur dommageable pour que soit ouvert un droit à réparation et il n'est pas nécessaire que cette erreur dommageable soit elle-même le résultat d'une faute. Toutefois, l'admission de la faute simple n'est pas complètement généralisée. L'arrêt *Bourgeois* réserve le cas où les opérations fiscales d'assiette « *comportent des difficultés particulières tenant à l'appréciation de la situation des contribuables* » : en ce cas joue encore la faute lourde (29 déc. 1997, *Commune d'Arcueil*).

Le service du recouvrement, soumis un temps encore au régime de la faute lourde (16 juin 1999, *Tripot*), relève désormais – et enfin – de la faute simple (Sect. 21 mars 2011, *K.*), qui se trouve ainsi généralisée (Sect. 21 mars 2011, *Christian X.*, 306225).

ZUCKERFABRIK SÜDERDITHMARSCHEN AG
CJCE – 21 février 1991 (Rec. I-415)

Deux juridictions allemandes avaient saisi la CJUE de diverses questions préjudicielles dont l'une sera examinée ici puisque c'est celle qui fait le grand intérêt de l'arrêt *Zuckerfabrik*. Le problème posé était celui de savoir si une juridiction nationale peut ordonner le sursis à exécution d'un acte administratif interne lorsque cet acte est pris en application d'un règlement communautaire dont la validité semble douteuse aux yeux de cette juridiction. Cette difficulté supposait, pour être résolue, que soient examinés deux aspects : la possibilité de principe d'un tel sursis, et, en cas de réponse positive, les conditions d'octroi du sursis.

I. Le sursis à exécution d'un acte administratif national exécutant un règlement communautaire de légalité douteuse

La CJCE relève que le Traité de Rome, s'il oblige à exécuter les actes communautaires, n'a pas pour effet ou pour but « *de faire obstacle à la protection juridictionnelle que les justiciables tiennent du droit communautaire* ». De là découle la possibilité pour les ressortissants de la Communauté de contester par voie d'exception devant le juge national la légalité des règlements communautaires qu'on leur oppose ou qui servent de base à des actes administratifs nationaux. Cette contestation est d'ailleurs la seule voie permettant de faire saisir la CJCE par ce juge. La Cour observe que, puisqu'elle est seule compétente pour constater l'invalidité d'un tel règlement et pour en tirer les conséquences, le requérant qui conteste un règlement communautaire devrait attendre sa décision et subir l'application du règlement contesté s'il n'existait pas de procédure de sursis à exécution. Au surplus, elle estime qu'il y a un strict parallélisme à observer que la contestation porte sur la compatibilité d'une disposition du droit national avec le droit communautaire (CJCE, 19 juin 1990, *Factortame**) ou sur la validité d'actes communautaires dérivés, dès lors que, dans les deux cas, est en cause le droit communautaire lui-même. Ainsi, le juge national peut suspendre l'exécution de dispositions nationales conformes à une disposition du droit communautaire dont la légalité semble douteuse (Bordeaux, 1er mars 2005, *Région de la Guyane, a contrario*).

II. Conditions d'octroi du sursis à l'exécution de règles du droit communautaire

La CJCE, partant de l'idée que tous les ressortissants communautaires doivent bénéficier de la même protection, et ayant constaté la diversité des solutions nationales pour accorder le sursis à l'exécution des actes administratifs, pose le principe que toutes les juridictions nationales doivent se soumettre à des **règles communes** pour cet octroi. Le juge national ne peut accorder le sursis que s'il a des **doutes sérieux** sur la validité du règlement, et il ne peut accorder le sursis qu'**à titre provisoire**, c'est-à-dire jusqu'à ce que la CJCE se soit prononcée sur cette validité. Il doit y avoir **urgence** (le préjudice se réalisant avant que la Cour ait rendu sa décision), et le préjudice doit être susceptible d'être **grave et irréparable**. La juridiction nationale doit, enfin, prendre en compte **l'intérêt de l'UE**. Elle peut même, en ce cas, ordonner des mesures provisoires positives pour aménager certaines situations (CJCE, 9 nov. 1995, *Atlanta*).

BELGACEM-Mme BABAS
CE, Ass. – 19 avril 1991, deux arrêts (Rec. 152 et 162)

Par ces deux arrêts d'Assemblée, le Conseil d'État décide que l'art. 8 de la Convention européenne des droits de l'homme (droit au respect de la vie familiale) est applicable à des ressortissants étrangers. M. Belgacem fait l'objet d'un arrêté de reconduite à la frontière pour avoir commis plusieurs vols en 1980 et 1982. Le Conseil d'État juge cette décision illégale car elle porte une atteinte disproportionnée à sa vie familiale. Celui-ci n'a aucune attache familiale dans son pays d'origine, a constamment résidé en France depuis trente-trois ans avec ses douze frères et sœurs ; il a assumé une partie de la charge familiale depuis le décès de son père et a eu un comportement satisfaisant après les condamnations subies pour vols. Quant à Mme Babas, elle fait l'objet d'un arrêté de reconduite à la frontière car elle est en situation irrégulière. Elle a eu un enfant en France de son concubin marocain, et est enceinte au moment de son renvoi hors de France. Le Conseil d'État juge que la mesure d'éloignement dont elle est l'objet ne porte pas une atteinte disproportionnée au respect de sa vie familiale.

I. L'applicabilité de l'article 8 de la CEDH aux étrangers

Le Conseil d'État jugeait constamment depuis 1980 que l'art. 8 de cette Convention était inapplicable aux étrangers (25 juill. 1980, *Touami ben Abdeslem*). La principale raison en était l'existence d'un texte législatif, l'ordonnance du 2 novembre 1945, faisant écran entre la Convention et la mesure administrative d'expulsion, de refoulement ou de reconduite à la frontière. Cet argument devait tomber avec la décision d'Assemblée du 20 octobre 1989 *Nicolo* *. Un autre argument était invoqué à l'appui de cette jurisprudence négative : l'éloignement d'un étranger ne porte pas atteinte à sa vie familiale dès lors que sa famille n'est pas empêchée de le suivre. Mais ce second argument a été contredit par une abondante jurisprudence de la Commission européenne des droits de l'homme ainsi que de la CEDH, qui a donné une très large portée à l'art. 8 de la Convention (Commiss., 15 déc. 1967, *X., Y. et Z. c/ Royaume-Uni* ; CEDH, 21 juin 1988, *Berrehab c/ Pays-Bas*). Enfin, la position ancienne du Conseil d'État sur ce point était devenue difficilement compatible avec l'interprétation que le Conseil lui-même avait donnée de la notion de « vie familiale normale » dans sa décision d'Assemblée *GISTI* * du 8 décembre 1978. Ainsi, le juge administratif a été conduit à admettre l'applicabilité de l'art. 8 de la CEDH aux étrangers (Sect. 28 déc. 2009, *Hassiba X.*).

II. Les possibilités d'atteinte au droit à la vie familiale d'un étranger

La Convention prévoit la possibilité, pour les États signataires, de porter atteinte au droit à la vie familiale des étrangers à la double condition que cette atteinte soit prévue par une loi et qu'elle « *constitue une mesure qui, dans une société démocratique, est nécessaire à la sécurité nationale, à la sûreté publique (...), à la défense de l'ordre* ». Ces conditions sont remplies en France où c'est toujours sur un texte législatif et sur un motif d'ordre public que se fondent les mesures d'éloignement. Toutefois, le Conseil d'État et la CEDH exercent un contrôle de proportionnalité sur la gravité de la mesure d'éloignement par rapport aux droits protégés par l'art. 8 (TA Montpellier, 2 mars 2007, *El Ouardi* : regroupement familial).

FRANCOVICH, BONIFACI ET AUTRES
CJCE – 19 novembre 1991 (Rec. I-5357)

L'État italien n'avait pas transposé une directive communautaire dans son ordre interne. Des salariées lésées par cette carence saisirent le juge de Vicence. Celui-ci posa à la Cour l'importante double question préjudicielle de savoir si une telle directive pouvait cependant être invoquée à l'encontre de l'État défaillant, et si cette carence était susceptible de fonder une action en responsabilité contre l'État.

I. L'opposabilité à l'État défaillant des directives non transposées en droit interne

Le traité de Rome laisse aux États le soin de transposer les directives communautaires dans leur ordre juridique interne, sauf lorsqu'elles portent sur une matière qui a fait l'objet d'une harmonisation complète au sein de l'UE car aucune règle nationale ne peut, alors, être ajoutée (10 juin 2006, *A.P.I.V.I.R.*). Lorsqu'un ressortissant de cet État prétend se voir appliquer cette directive alors que l'État dont il relève n'a pas effectué cette transposition ou l'a mal transposée (CJCE, 7 mai 2009, *Commis. c/ France*), le principe est, selon la Cour, celui de l'« effet direct » de ces directives si elles sont, du point de vue de leur contenu, « inconditionnelles » et « suffisamment précises ». En ce cas, la directive, bien que non transposée, est opposable à l'État défaillant : négativement, en présence d'une législation nationale contraire (Ass. 6 févr. 1998, *Tête*), positivement, pour obtenir la reconnaissance de droits qu'elle crée (CJCE, 19 janv. 1982, *Becker*). Le Conseil d'État considère, en revanche, que l'État français ne peut pas se prévaloir des dispositions d'une directive communautaire dont il n'a pas assuré la transposition dans son ordre interne (23 juin 1995, *S.A. Lilly France*).

II. La responsabilité découlant de la non-transposition d'une directive en droit interne

Tout d'abord, la CJUE affirme que le traité de Rome institue un ordre juridique propre, intégré à celui des États membres, dont les sujets sont ces États et leurs ressortissants, ces derniers voyant ainsi entrer dans leur patrimoine les droits que leur reconnaît directement le Traité et ceux découlant d'une obligation imposée par le Traité à l'État dont ils relèvent. De là l'obligation pour l'État de faire produire son plein effet à toute disposition communautaire (CJCE, 9 mars 1978, *Simmenthal** ; CJCE, 19 juin 1990, *Factortame**). La non-transposition d'une directive porte ainsi directement atteinte tant aux droits des particuliers qu'à cette obligation générale de l'État ; elle ne peut trouver sa réparation que par la mise en jeu de la responsabilité de l'État (30 oct. 1996, *Min. du Budget*) qui « *est inhérente au système du traité* ».

Ensuite, un droit à réparation est ouvert aux particuliers sous trois conditions : **1°**) la directive non transposée doit comporter attribution de droits au profit des particuliers, **2°**) le contenu de ces droits doit pouvoir être identifié sur la base de la seule directive, et **3°**) il doit exister un lien direct de causalité entre la violation des obligations communautaires et le dommage allégué.

Les modalités de la réparation sont propres à chaque droit national (CJCE 2 déc. 1997, *Fantask*).

PRÉFET DE PARIS, COFACE c/ COMPAGNIE FINANCIÈRE DU CIC ET DE L'UNION EUROPÉENNE TC – 2 décembre 1991 (Rec. 478)

Un litige s'était élevé à propos d'une décision du ministre français de l'Économie et des Finances modifiant unilatéralement la répartition, entre la Compagnie française d'assurance pour le commerce extérieur (COFACE) et les banques de deux pools bancaires, du prix de cession des créances tel que ce dernier avait été fixé par un accord intergouvernemental franco-colombien. Des contestations s'étant par la suite élevées sur cette répartition par décision ministérielle, il fallut déterminer la juridiction compétente. Le Tribunal des conflits, abordant la question de la notion d'acte détachable des relations internationales, décida que : « (…) *cette décision ne peut être regardée ni comme une mesure d'exécution de l'accord intergouvernemental – accord dont elle est détachable –, ni comme un acte relevant de la protection diplomatique.* »

I. La mesure d'exécution non détachable d'un accord international

Il s'agissait de déterminer si la décision ministérielle française de modifier la répartition du prix de la cession des créances entre la COFACE et les banques se rattachait directement ou non à l'accord intergouvernemental franco-colombien. L'accord lui-même avait la nature d'un acte international constitutif d'un acte de gouvernement, et donc insusceptible d'être déféré au juge. Si la décision ministérielle était déclarée non détachable, elle revêtait la même nature que cet accord et n'était pas discutable au contentieux (13 juill. 1979, *S^té^ COPAREX*). Le Tribunal des conflits y vit une décision détachable car elle ne constituait pas « une mesure d'exécution de l'accord intergouvernemental ». La notion de mesure d'exécution est délicate. Le principe traditionnel est que la mesure, même purement nationale, prise en exécution d'un accord international n'est pas détachable de celui-ci et revêt la même nature juridique que lui (16 mars 1962, *Prince Sliman Bey* ; 22 déc. 1978, *Vo Thanh Nghia*). La raison en est, semble-t-il, qu'une telle mesure d'exécution est « tournée vers l'ordre international » et non vers l'ordre interne (Paul Duez).

II. La mesure, conséquence nécessaire d'un accord international, mais détachable de celui-ci

Il existe des mesures qui ne constituent point l'exécution de l'acte international mais en sont la conséquence nécessaire et liée. Elles sont pourtant déclarées détachables : tel est le cas dans la présente espèce. L'accord intergouvernemental fixait le prix de cession des créances aux créanciers mais il y avait d'une part, les pools bancaires, et d'autre part, l'assureur du risque commercial, la COFACE, or l'accord ne fixait point la répartition entre eux de ce prix de cession. Certes, à proprement parler, la décision ministérielle **n'exécute** pas une disposition de cet accord. Elle a cependant un rapport nécessaire et direct avec celui-ci puisque, à l'évidence, sans cette répartition interbancaire, l'accord est inexécutable. C'est la latitude d'action dont dispose l'auteur de l'acte-conséquence qui permet d'y apercevoir un acte détachable (28 janv. 1948, *Lecanu* ; 30 mai 1952, *Kirkwood*). Cette position du juge traduit une vision restrictive de l'acte de gouvernement.

SA ROTHMANS INTERNATIONAL FRANCE SOCIÉTÉ ARIZONA TOBACCO PRODUCTS
CE, Ass. – 28 février 1992, deux arrêts (Rec. 78 et 80)

Des fabricants de tabacs importés en France affirmaient contraire à une directive communautaire le pouvoir reconnu par la loi au ministre de l'Économie et des Finances de fixer un prix national unique du tabac. Le Conseil d'État était donc amené à se prononcer sur l'extension de sa jurisprudence d'Assemblée du 20 octobre 1989, *Nicolo**.

I. L'extension de l'arrêt *Nicolo* aux directives communautaires

L'arrêt *Nicolo* faisait application, à un traité international, de l'art. 55 de la Constitution qui fait primer le traité international sur la loi interne. Dans les deux décisions commentées, la question était de savoir si l'on devait traiter le **droit communautaire dérivé** de la même façon. L'art. 55 énonce-t-il un principe valable pour les seuls traités ou accords internationaux, entendus *stricto sensu*, ou bien joue-t-il également pour le droit produit par les institutions créées par ces traités ou accords ? Cette question revêt une importance capitale en droit communautaire où le droit dérivé est très important, notamment sous la forme de règlements et de directives. Elle a également une connotation politique marquée : si le traité de Rome a été soumis aux Parlements nationaux, les directives, quant à elles, ne sont pas élaborées dans des conditions de transparence et de discussion équivalentes à celles qui caractérisent la procédure législative. Le Conseil constitutionnel ne distingue pas, pour l'application de l'art. 55, entre le traité et le droit dérivé (déc. n° 70-39 DC du 19 juin 1970 ; n° 77-90 DC du 30 déc. 1977). Dans sa jurisprudence la plus récente, il excepte même les lois de transposition des directives communautaires, à certaines conditions, du contrôle de constitutionnalité (CC, n° 2004-496 DC, 10 juin 2004 ; v. aussi les décisions n°s 2004-497 DC à 2004-499 DC incluses). La CJUE elle-même adopte une conception large du droit communautaire, celui-ci englobant tout le droit dérivé (CJCE, 9 mars 1978, *Simmenthal**). Enfin, l'art. 55 ne distingue pas entre les traités et accords qui sont ratifiés après autorisation parlementaire et les autres. Le Conseil d'État va donc juger que les règles de droit international dérivé, telles les directives communautaires, sont supérieures aux lois nationales (26 juil. 2006, *Bolukbas*).

II. La responsabilité de l'État à raison du non-respect législatif des directives

La responsabilité de l'État peut être recherchée pour non-respect d'une directive par un acte administratif ou une loi. Il en va d'autant plus ainsi que la mise en œuvre du droit communautaire est une exigence constitutionnelle (art. 88-1 de la Const. ; CC, 10 juin 2004, 2004-496 DC ; CE, 8 févr. 2007, *S^{té} Arcelor*). D'abord engagée sans faute (Ass, 23 mars 1984, *Min. du Commerce extérieur c/ S^{té} Alivar* ; 20 janv. 1988, *Aubin*), cette responsabilité de l'État a été fondée par la suite, dans les deux arrêts commentés, sur la faute résultant de l'illégalité que constitue ce non-respect de la directive, en raison de la jurisprudence de la CJCE (19 nov. 1991, *Francovich et Bonifaci* * puis : 5 mars 1996, *Brasserie du Pêcheur*). Il a été jugé (Paris, 1er juill. 1992, *S^{té} Dangeville*) qu'en ce cas l'État était responsable pour faute du fait de cette situation *illicite*. La CJUE estime engagée la responsabilité de l'État même lorsque ce non-respect émane de sa cour suprême (30 sept. 2003, *Köbler*).

M. et Mme V.
CE, Ass. – 10 avril 1992 (Rec. 171)

En l'espèce, une série de décisions d'ordre médical prises en vue d'un accouchement par césarienne avait abouti à un grave accident clinique et neurologique pour Mme V. Mais aucune de ces décisions, prise isolément, ni non plus l'enchaînement de ces décisions, quoiqu'ils fussent discutables, ne pouvait, en l'état de la jurisprudence et des connaissances médicales, être qualifié sérieusement de **faute lourde**, condition jusque-là exclusive de la responsabilité médicale administrative. Le Conseil d'État, suivant les suggestions de son commissaire du gouvernement, substitua à la notion de faute lourde celle, d'un maniement plus souple, de « **faute médicale** ».

I. De la faute lourde à la « faute médicale »

Le dommage résultant d'un acte médical, c'est-à-dire accompli par un médecin, ou sur son ordre, ou sous son contrôle, n'engageait la responsabilité de l'administration que si une faute lourde était cause du dommage. Il en était ainsi car la médecine est un art difficile, l'acte médical repose sur une obligation de moyens et non de résultat, et, souvent, les conditions d'intervention sont très délicates. En revanche, la jurisprudence n'exigeait qu'une faute simple lorsque l'acte dommageable n'était pas un acte médical ou résultait d'une organisation défectueuse du service public hospitalier (8 nov. 1935, *Dame Vion* et *Dame Philipponeau*, deux arrêts). Cette jurisprudence était sujette à critiques, surtout en raison de l'attitude différente du juge judiciaire. Par ailleurs, le recours à la faute lourde était souvent artificiel : la faute était dite lourde non en raison de la **gravité du comportement** du médecin, mais en raison de la **gravité de ses conséquences**. Le Conseil d'État a donc décidé, dans l'arrêt *M. et Mme V.*, d'abandonner la faute lourde au profit de la « faute médicale », en réalité aussi difficile à établir que la défunte faute lourde.

II. La portée de cette jurisprudence

Cette jurisprudence officialise la technique jurisprudentielle d'appréciation *in concreto* du caractère fautif de l'événement. Le juge discrimine désormais entre les erreurs ou fautes vénielles d'une part, et les fautes d'une certaine gravité d'autre part. Pour déterminer dans quel groupe doit être classée la faute alléguée, il tient particulièrement compte des **conditions d'exercice** de la médecine : urgence, intervention très aléatoire, difficulté objective ou, au contraire, « classicisme » de l'acte médical en cause. La faute, vénielle dans un cas, sera dite « médicale » dans un autre. L'arrêt *M. et Mme V.* ne remet pas en cause la spécificité de l'univers médical et le particularisme de la faute médicale par rapport aux autres fautes rencontrées dans les services publics. Cette jurisprudence, reliée à l'arrêt du 27 juillet 1990, *Bourgeois**, a marqué l'abandon progressif de l'exigence de faute lourde pour nombre de services publics : manquement d'un médecin à son obligation d'informer un patient (5 janv. 2000, *Consorts Telle*) ; lutte contre l'incendie (29 avr. 1998, *Commune de Hannappes*) ; transport et secours médical d'urgence (20 juin 1997, *Theux*) ; services pénitentiaires (23 mai 2003, *Chabba*) ; sauvetage en mer (13 mars 1998, *Améon et autres*) ; édifices menaçant ruine (27 déc. 2006, *Cne de Baalon*). Le régime de la responsabilité médicale a été profondément remanié par la loi du 4 mars 2002 sur les droits des malades.

MEYET
CE, Ass. – 10 septembre 1992 (Rec. 327)

La question posée dans l'arrêt *Meyet* était la suivante : **Qui est l'auteur des décrets délibérés en Conseil des ministres ?** À cette question la jurisprudence n'a pas toujours apporté une réponse claire.

I. La solution classique et sa remise en cause

Le Conseil d'État considère traditionnellement que, dès lors qu'un décret est délibéré en Conseil des ministres, il **doit** être revêtu de la signature présidentielle. Le chef de l'État est donc l'auteur, et l'auteur exclusif, de tout décret en Conseil des ministres. En effet, ce dernier ne prend pas de délibérations ayant une portée juridique mais formule seulement « *de simples déclarations d'intention* » (25 nov. 1977, *Cie des architectes en chef des bâtiments civils et palais nationaux*). L'établissement de l'ordre du jour du Conseil relevant en dernier lieu du président de la République, celui-ci peut étendre, à sa guise, l'ampleur du pouvoir réglementaire dont il dispose. C'est l'application stricte du critère formel : la délibération en Conseil des ministres impose la signature du chef de l'État (9 nov. 1973, *Siestrunck*), même lorsque le décret soumis au Conseil n'aurait pas dû lui être soumis (24 nov. 1976, *Synd. nat. du personnel de l'énergie atomique [CFDT] et autres* ; 12 juin 1981, *Grimbichler et autres*). Cette jurisprudence semblait avoir été abandonnée par un arrêt qui avait substitué au critère formel un critère matériel (16 oct. 1987, *Synd. autonome des enseignants de médecine*) : le président de la République ne devait plus obligatoirement signer que ceux des décrets délibérés en Conseil des ministres pour lesquels cette formalité était prévue par un texte exprès, autrement dit les seuls décrets **nécessairement délibérés en ce Conseil**. C'était restreindre considérablement le pouvoir du chef de l'État : tout décret en Conseil des ministres ne devait plus revêtir nécessairement sa signature pour être valide, et il ne pouvait plus, en refusant de signer, opposer son veto à un tel décret.

II. Le retour à la solution classique

Bien vite, le Conseil d'État est revenu à sa solution traditionnelle, d'abord timidement (19 janv. 1990, *Section de la Polynésie française du Synd. nat. des enseignements techniques et professionnels [CGT]* ; 20 mars 1992, *Union syndicale des magistrats et autres*), puis avec éclat dans la décision d'Assemblée commentée, *Meyet*, qui est une décision de principe. Le Conseil d'État y juge, en effet, que « *les décrets attaqués ont été délibérés en Conseil des ministres ; que, par suite, et alors même qu'aucun texte n'imposait cette délibération, ils devaient être signés, comme ils l'ont été, par le président de la République* ». Le chef de l'État est donc l'auteur de **tout décret délibéré en Conseil des ministres**, que cette délibération soit nécessaire ou non. Ce retour à la jurisprudence classique est, davantage que la solution précédente, en harmonie avec la place du chef de l'État dans les institutions de la Ve République. Ultérieurement, le Conseil d'État a été amené à préciser qu'un décret délibéré en Conseil des ministres alors qu'il n'avait pas à l'être ne peut plus être modifié que par le seul chef de l'État, et non par le Premier ministre qui aurait dû, primitivement, en être l'auteur (23 mars 1994, *Comité d'entr. de la Régie nationale des usines Renault* ; 27 avr. 1994, *Allamigeon et Pageaux*). Enfin, un décret non pris en Conseil d'État ne peut décider que des décrets devront être pris en Conseil d'État (11 oct. 2010, *Synd. unitaire....- FSU*).

UNION NATIONALE ÉCOLOGISTE (UNE) ET PARTI POUR LA DÉFENSE DES ANIMAUX (PPDA)
CE, Ass. – 12 mars 1993 (Rec. 67)
M. MARINI
CE, Sect. – 14 septembre 2001

Dans ces diverses affaires était posée la question de la juridiction compétente pour connaître du contentieux des actes administratifs préparatoires aux élections législatives. Les solutions retenues ont été étendues aux référendums et aux élections présidentielles.

I. L'évolution du contentieux des actes préparatoires aux élections législatives

Si la Constitution confie au Conseil constitutionnel le contentieux des élections législatives, elle est muette sur les actes **préparatoires** à de telles élections. Le Conseil constitutionnel ayant entendu très restrictivement sa compétence (théorie des actes détachables) et le Conseil d'État répugnant à intervenir dans un domaine où existe un autre juge, il s'ensuivait dans certains cas un risque de déni de justice. C'est pourquoi le Conseil constitutionnel a estimé devoir se prononcer lui-même, d'une part lorsque la contestation des actes préparatoires **met en cause l'ensemble des opérations électorales**, d'autre part lorsque l'absence d'examen de cette contestation nuirait gravement à l'efficacité de son propre contrôle ultérieur ou risquerait de vicier le déroulement général des opérations électorales, et donc **compromettrait le fonctionnement normal des pouvoirs publics** (CC, 3 juin 1981, *Delmas* ; 16 et 20 avr. 1982, *Bernard*). Le Conseil d'État, dans les deux premiers arrêts commentés, s'affirme compétent pour connaître de tout le contentieux des actes administratifs préparatoires à de telles élections. Le maintien, par le Conseil constitutionnel, de sa position (CC, 17 déc. 1993, *Meyet* ; 6 avr. 1995, *Durand* ; 8 juin 1995, *Bayeurte*), allait-il conduire à une évolution du Conseil d'État ?

II. L'évolution du contentieux de l'ensemble des actes préparatoires à des élections ou votations

C'est à un rythme accéléré que s'est effectuée cette évolution, grâce au « dialogue des juges ». Tout d'abord, en matière d'actes préliminaires aux **référendums**, le Conseil constitutionnel réitère la jurisprudence qu'il avait édifiée en 1981-1982 à propos des élections législatives : il est compétent à titre exceptionnel pour connaître des actes préparatoires aux référendums (CC, 25 juill. 2000, *Hauchemaille* ; 25 août 2000, *Hauchemaille et Larrouturou*) et le Conseil d'État s'incline (1er sept. 2000, *Larrouturou et autres*). Ensuite, en matière d'**élections présidentielles**, le Conseil constitutionnel adopte la même démarche que pour les scrutins législatifs (CC, 14 mars 2001, *Hauchemaille*). Enfin, en matière d'**élections législatives** elles-mêmes, le Conseil d'État fait sienne cette jurisprudence (14 sept. 2001, *M. Marini*). Il faut saluer ce bel effort de simplification : toutes les élections nationales connaissent un régime contentieux unique. Au juge constitutionnel appartiennent : le contentieux de l'élection et, à titre exceptionnel, aux conditions ci-dessus, le contentieux des actes préparatoires. Au juge administratif revient normalement le contentieux des actes préparatoires lorsqu'il ne relève pas – à titre dérogatoire – du Conseil constitutionnel.

BIANCHI
CE, Ass. – 9 avril 1993 (Rec. 127)

Moins d'un an après avoir admis que la responsabilité de la puissance publique à raison d'actes médicaux puisse être engagée sans qu'il soit besoin d'établir une faute lourde (10 avr. 1992, *M. et Mme V.**), le Conseil d'État a franchi un nouveau pas, considérable, en admettant que cette responsabilité médicale pouvait être engagée sans faute, en cas d'« aléa thérapeutique ».

I. La jurisprudence du Conseil d'État en matière de responsabilité médicale : de la faute lourde à la responsabilité sans faute

Depuis 1992, il suffisait, pour engager la responsabilité médicale de la puissance publique, de prouver l'existence d'une « faute médicale », sans avoir, en outre, à établir son caractère lourd. En revanche, l'admission de la responsabilité pour risque en ce domaine avait été discutée, notamment pour les nombreux accidents consécutifs à des vaccinations obligatoires (concl. Jouvin sur 7 mars 1958, *Secr. d'État à la Santé publique c/ Dejous*), mais l'idée était très controversée (concl. Questiaux sur 25 janv. 1974, *Centre hospitalier spécialisé Sainte Marthe d'Avignon*). En effet, la raison principale en était que, normalement, en dehors du cas précédent, le malade est volontaire pour subir un traitement et, surtout, retire un avantage direct de l'intervention ou du traitement. Il paraissait difficile, dans ces conditions, de voir dans ce patient la victime d'une rupture de l'égalité devant les charges publiques. Pas davantage, il ne paraissait pouvoir relever du régime du collaborateur bénévole de la puissance publique.
Une juridiction (Lyon, 21 déc. 1990, *Consorts Gomez*), pour accepter de réparer sans faute le préjudice lié au recours à une thérapeutique nouvelle (« aléa thérapeutique ») aux effets non entièrement connus, s'était placée sur le terrain du risque encouru. Le Conseil d'État, dans l'arrêt *Bianchi*, va plus loin en admettant la responsabilité sans faute, mais il paraissait l'avoir fortement encadrée.

II. La portée de la jurisprudence *Bianchi*

Le Conseil d'État, soucieux de cantonner strictement la portée de l'arrêt *Bianchi*, avait subordonné la réparation du préjudice subi par M. Bianchi à la réunion de **cinq conditions cumulatives** : **1°)** un acte médical **nécessaire**, **2°)** qui comporte un **risque connu mais de réalisation exceptionnelle**, **3°)** auquel le patient n'est **pas particulièrement exposé**, **4°)** causant des dommages d'une **extrême gravité**, **5°)** sans rapport avec **l'état initial** du patient. Le juge a cependant, par la suite, donné une assez grande portée à la jurisprudence *Bianchi* en l'étendant à des interventions sans caractère médical ou thérapeutique (circoncision rituelle : 3 nov. 1997, *Hôpital Joseph-Imbert d'Arles*) et, de façon générale, à tout accident anesthésique (même arrêt ; 28 oct. 2000, *Centre hospitalier d'Aubagne, Centre hospitalier de Seclin*, deux espèces) ainsi qu'au préjudice subi par un donneur d'organes (Lyon, 26 sept. 2006, *Astier*). Cette solution a été confirmée en partie par la loi du 4 mars 2002 sur les droits des malades, qui institue une présomption simple de responsabilité (Bordeaux, 12 nov. 2004, *Établissement français du sang*).

MILHAUD
CE, Ass. – 2 juillet 1993 (Rec. 194)

La décision d'Assemblée *Milhaud* apporte un démenti à tous ceux qui pariaient sur le déclin de la fonction normative du juge administratif, ou qui prédisaient la mort du caractère prétorien du droit administratif. Les faits étaient les suivants : à la suite d'une affaire médicale qui avait défrayé la chronique hospitalière et judiciaire, affaire dite de « Poitiers », où une jeune femme était décédée mystérieusement sur la table d'opération, ou à peu près, intoxiquée par du protoxyde d'azote, un médecin d'Amiens, le docteur Milhaud, entreprit de vérifier les thèses en présence en procédant à une expérimentation sur un cadavre, celui d'un jeune homme, accidenté de la route, en état de mort cérébrale mais maintenu en survie somatique. L'expérience fut filmée. Les instances ordinales furent saisies et sanctionnèrent l'intéressé, ce que confirma la juridiction ordinale d'appel. Saisi d'un pourvoi contre cette sanction, le Conseil d'État trancha de très importantes questions.

I. La définition de la mort

Le Conseil d'État retint que la constatation de la mort clinique, qui n'avait pas été effectuée par le docteur Milhaud lui-même, était conforme aux prescriptions du décret du 31 mars 1978 fixant les éléments dont la concordance permet d'établir la mort (deux artériographies et deux électroencéphalogrammes). Ce faisant, il adopta une position identique à celle du juge répressif qui, dans cette même affaire, avait refusé d'apercevoir dans le comportement de ce médecin une infraction de coups et blessures car une telle infraction ne peut atteindre que des personnes vivantes. C'est ce qui explique qu'en l'espèce, le Conseil d'État ait écarté l'applicabilité du code de déontologie médicale pour sanctionner M. Milhaud, et retenu l'atteinte à des « principes fondamentaux ».

II. L'existence d'une « déontologie médicale de la mort »

Le Conseil d'État proclame : « *Les principes déontologiques fondamentaux relatifs au respect de la personne humaine, qui s'imposent au médecin dans ses rapports avec son patient, ne cessent pas de s'appliquer avec la mort de celui-ci.* » La formulation retenue, d'une grande solennité, repose sur une certaine conception de la personne humaine, de ses composantes, de l'unité profonde de son être, voire de sa destinée ultime. Allant plus loin, le Conseil d'État va donner aux médecins une directive très claire d'action. Deux hypothèses dérogatoires, et deux seulement, existent. La première est législative, c'est la loi de 1976 sur le prélèvement d'organes. L'autre, forgée en l'espèce par le juge, est que l'expérimentation *post-mortem* doit obéir, pour être légale, à trois conditions cumulatives : **1°**) La mort doit avoir été **constatée comme indiqué par le décret de 1978** précité. **2°**) L'expérimentation doit répondre à une **nécessité** (non pas un « besoin », mais une « nécessité ») **scientifique reconnue. 3°**) L'intéressé doit avoir donné son **accord** de son vivant, ou, à défaut, doit exister l'accord de ses proches. Le juge ne le dit pas mais cela va de soi : le refus par une personne, de son vivant, de toute expérimentation sur son propre cadavre constitue un empêchement dirimant. On mesure le considérable effort constructif réalisé par ce qui demeurera l'une des « grandes » décisions de la jurisprudence administrative.

ROYAUME-UNI DE GRANDE-BRETAGNE ET D'IRLANDE DU NORD ET GOUVERNEUR DE LA COLONIE ROYALE DE HONG KONG
CE, Ass. – 15 octobre 1993 (Rec. 267)

Cet arrêt d'Assemblée, connu sous le nom de *Saniman* – nom d'un financier de Hong Kong, peu scrupuleux, au centre de l'affaire –, exclut les refus d'extradition de la catégorie des actes de gouvernement en même temps qu'il affirme un contrôle étendu du Conseil d'État sur ce type d'actes.

I. L'évolution de la jurisprudence sur les refus d'extradition

La jurisprudence sur les décrets d'extradition était passée du refus de tout examen de tels décrets (2 juill. 1836, *Boidron*) car il s'agissait d'actes de gouvernement, à l'admission progressive (28 mai 1937, *Decerf*) d'un contrôle complet (30 mai 1952, *Dame Kirkwood* ; et, surtout, 24 juin 1977, *Astudillo Calleja*). L'originalité de l'affaire Saniman vient d'abord de ce que le refus d'accorder l'extradition de l'intéressé était contesté par un État étranger. Si l'octroi de l'extradition concerne directement l'individu extradé, en revanche le refus d'extradition paraît relever des relations d'État à État, et être difficilement détachable de la conduite des relations diplomatiques de la France, constituant ainsi un acte de gouvernement. Le Conseil d'État n'en a pas jugé ainsi en l'espèce : « *(...) la décision rejetant une demande d'extradition est détachable de la conduite des relations diplomatiques de la France avec l'État dont émane cette demande* ».

II. L'étendue du contrôle juridictionnel des refus d'extradition

Cet arrêt se situe dans un mouvement jurisprudentiel qui tend à cantonner strictement la notion d'acte de gouvernement (23 oct. 1987, *S^té^ Nachfolger Navigation Company Ltd**) au point que sa disparition a été parfois envisagée. Le Conseil d'État enserre l'action diplomatique de l'État français dans un réseau de conventions internationales et de principes généraux du droit international, qui a pour effet de faire pénétrer l'État de droit dans un milieu qui lui était traditionnellement hostile (29 avr. 1987, *Consorts Yener et Erez* ; 29 janv. 1993, *Mme Joséfa Bouilliez* ; 14 mai 1993, *Min. de la Coopération c/ Bonn* ; 7 oct. 1994, *Min. de l'Intérieur c/ Mlle Ponnudurai* ; 13 nov. 2002, *Min. de l'Équipement c/ S^té^ Hélitransport*). L'arrêt *Saniman* ne se borne pas à poser un principe, il démontre la volonté d'exercer un contrôle très étendu du juge sur les refus d'extradition. En l'espèce, la Couronne britannique sollicitait l'extradition de l'intéressé pour une série d'infractions couvrant trente-trois chefs d'inculpation dont cinq furent retenus par la chambre d'accusation de la cour d'appel de Versailles. Le gouvernement français contestait la réalité de ces cinq chefs d'accusation pour justifier le refus d'extrader. Le Conseil d'État censure cette attitude pour « erreur de droit », en opérant un examen minutieux du dossier afin de vérifier la réalité de chacun des chefs d'inculpation retenus par la cour de Versailles. Le Conseil d'État a encore manifesté par la suite sa volonté de contrôle accru puisque, désormais, il considère que le **retrait d'un décret d'extradition** ne constitue plus, à son tour, un acte de gouvernement (14 déc. 1994, *Gouvernement suisse* : annulation du retrait d'un décret qui avait accordé à la Suisse l'extradition de deux ressortissants iraniens poursuivis pour l'assassinat d'une importante personnalité politique iranienne d'opposition).

HAUT-COMMISSAIRE DE LA RÉPUBLIQUE EN NOUVELLE-CALÉDONIE
CE, Ass. – 29 avril 1994 (Rec. 205)

Le territoire de Nouvelle-Calédonie comporte en son sein, à l'époque de cette décision, des provinces gouvernées chacune par une assemblée dotée d'un président, et disposant d'importantes prérogatives. L'assemblée de la Province sud a décidé que la déclaration des associations régies par la loi du 1er juillet 1901 serait faite auprès du président de l'assemblée de la Province pour les associations dont le siège social est situé sur le territoire de celle-ci. Saisi par le haut-commissaire de la République, représentant de l'État en Nouvelle-Calédonie, le Conseil d'État a annulé cette délibération par un raisonnement qui garde toute sa valeur en dépit de la révision constitutionnelle de l'art. 74 effectuée le 17 mars 2003 et des modifications apportées à l'organisation de la France outre-mer, particulièrement en Nouvelle-Calédonie.

I. L'étendue de l'autonomie des collectivités d'outre-mer (COM) en matière de libertés publiques

La Constitution a prévu (art. 74 alors en vigueur) une très large autonomie pour les collectivités d'outre-mer, notamment celle de Nouvelle-Calédonie. Le Conseil constitutionnel a expressément reconnu leur droit à une organisation particulière (CC, nos 85-196 DC du 8 août 1985 et 85-197 DC du 23 août 1985). Le législateur peut habiliter les organes du territoire à exercer en certaines matières les compétences attribuées au législateur lui-même pour le reste de la République (CC, n° 65-34 L du 2 juill. 1965). Le principe demeure cependant l'indivisibilité de la République, d'où l'absence de pouvoir normatif autonome : la collectivité d'outre-mer n'est jamais la source de sa propre compétence en matière de libertés publiques et peut voir ses actes contrôlés, voire anéantis, par les organes de l'État. Elle ne peut détenir de pouvoirs propres que s'ils lui ont été expressément attribués par une loi en dérogation des règles applicables pour le reste du territoire français : ce n'est pas le cas, selon le Conseil d'État, de la loi du 1er juillet 1901.

II. Les caractères essentiels de la liberté d'association

Le Conseil d'État commence par affirmer que la notion constitutionnelle de la liberté d'association est au nombre des « principes fondamentaux reconnus par les lois de la République », ce qui ne saurait surprendre puisque c'est la qualification même donnée à cette liberté par le Conseil constitutionnel (16 juill. 1971, *Liberté d'association**). Le statut d'une liberté fondamentale ainsi que les conditions de son exercice doivent être impérativement les mêmes pour l'ensemble de la République (CC, n° 84-185 DC du 18 janv. 1985). Faute de loi dérogatoire, il ne pouvait être porté atteinte à une liberté fondamentale. On aurait pu soutenir (et c'était l'opinion du commissaire du gouvernement dans cette affaire) que la décision critiquée ne portait pas atteinte à un élément essentiel de cette liberté puisque, en définitive, il ne s'agissait que de fixer l'autorité compétente pour recevoir la déclaration de création d'une association, déclaration prévue par la loi de 1901 elle-même : le Conseil d'État en a jugé autrement. Pour lui, cette déclaration est au nombre des conditions générales d'exercice de la liberté d'association qui revêtent un caractère substantiel pour celle-ci.

COMMUNE DE DREUX
CE, Sect. – 13 mai 1994 (Rec. 233)

Le conseil municipal de la ville de Dreux avait décidé que l'accès à l'école de musique de la commune serait désormais réservé aux adultes habitant cette ville ainsi qu'aux enfants dont les parents avaient leur domicile effectif à Dreux. Des dérogations ne pouvaient être accordées qu'aux personnes non domiciliées à Dreux pour lesquelles existeraient des financements extérieurs complémentaires. Le Conseil d'État annula partiellement cette décision en ce qu'elle excluait des personnes non résidentes mais travaillant ou étant scolarisées à Dreux, et ayant ainsi un lien suffisant avec ladite commune. La possibilité de discrimination entre usagers d'un service public est ainsi limitée.

I. Service public et discrimination

L'un des trois principes fondamentaux du service public est celui de l'**égalité devant le service public** (16 févr. 2007, *Bidaut*), qu'il s'agisse de l'égalité dans l'accès au service, de l'égalité devant les prestations fournies par le service, ou de l'égalité devant les tarifs et/ou les charges du service public. Cette règle suppose une identité de situation entre les usagers : les différences objectives de situation justifient des solutions différentes (10 mai 1974, *Denoyez et Chorques* * ; 22 oct. 2010, *SNES*). Cette question revêt un aspect pratique important et une dimension politique non négligeable dans le cas de services publics non obligatoires assumés par les collectivités locales ou les intercommunalités. Celles-ci sont tentées d'opérer des discriminations fondées sur l'existence de liens avec la commune ; en effet, il paraît difficile de faire supporter le coût d'activités non obligatoires aux seuls habitants de celle-ci tout en y permettant l'accès à des non-résidents. Telle était la situation de l'espèce. Le Conseil d'État admet, à titre de principe, la légalité des limitations d'accès à un **service public non obligatoire**. Cela permet de concilier le principe d'égalité du service public et l'autonomie d'action des collectivités territoriales. La solution serait différente pour un service obligatoire (10 juill. 1995, *Contremoulin*). L'admission des discriminations trouve sa limite dans le respect, au moins minimal, du principe d'égalité.

II. La limite des discriminations devant le service public

Le Conseil d'État admet que la discrimination puisse être fondée sur un critère d'appartenance territoriale. C'est ainsi que le juge a admis comme légales la réserve d'une certaine quantité de courant électrique aux seuls résidents communaux permanents (29 janv. 1971, *Commune de Lescun*), ou bien des différences tarifaires entre élèves des cantines scolaires (5 oct. 1984, *Commissaire de la République de l'Ariège*), ou fréquentant une école municipale de musique (26 avr. 1985, *Ville de Tarbes* ; 2 déc. 1987, *Commune de Romainville*), selon qu'ils sont ou non résidents dans la commune. Ainsi, dans des conservatoires municipaux de musique, peuvent être institués des tarifs différents selon les revenus familiaux pourvu que le plus élevé de ces tarifs soit inférieur au coût réel du service (29 déc. 1997, *Commune de Gennevilliers* et *Commune de Nanterre*, deux espèces). Ces discriminations ne peuvent cependant concerner ceux des services facultatifs dont l'objet est incompatible avec un accès restreint ou discriminatoire (restauration scolaire : 23 oct. 2009, *FCPE du Rhône*).

COMMUNE DE CABOURG
CE, Ass. – 10 juin 1994 (Rec. 300)

Le développement du recours au procédé contractuel, la nécessité de solutions rapides en rapport avec le rythme moderne des affaires, puis certains textes communautaires (notamment, à l'origine, la directive du 21 déc. 1989), ont conduit le législateur (loi du 4 janv. 1992 et loi du 29 janv. 1993) à instituer une procédure d'urgence propre au domaine contractuel : le **référé pré-contractuel** (art. L. 551-1 et L. 551-2, CJA suivi plus tard du **référé contractuel**). C'est la mise en œuvre de cette voie de droit qui est au centre de l'arrêt d'Assemblée *C^ne^ de Cabourg*. Depuis, la loi a créé, parallèlement, un référé contractuel (art. L. 551-13 et s. CJA ; sur l'articulation des deux référés : 30 sept. 2011, *Cne de Maizières-les-Metz* ; 30 nov. 2011, *Sté DPM protection et a.*).

I. Le champ d'application du référé pré-contractuel

Les textes communautaires (directive « travaux ») concernent tout à la fois les marchés de travaux et les concessions de travaux passés notamment par une personne morale territoriale de droit public ou par un établissement public administratif. La ville de Cabourg avait conclu une convention de financement et un bail emphytéotique en vue de la réhabilitation et de l'exploitation du casino de Cabourg. Le Conseil d'État a jugé qu'un tel contrat entrait dans le champ d'application de l'art. L. 551-1 précité, dans la mesure où le preneur du bail emphytéotique pouvait être assimilé à un « entrepreneur » au sens des textes précités, cela d'autant plus que pendant les soixante ans de la durée du bail, la commune serait privée de la propriété de ce bien. Le Conseil d'État donne une extension considérable à ce type de référé (21 juin 2000, *Synd. intercommunal de la Côte d'Amour et de la Presqu'île guérandaise*), notamment s'agissant de l'existence d'un marché public (20 mai 1998, *Communauté de communes du Piémont de Barr et autre*), même s'il en a raisonnablement restreint la recevabilité (Sect. 3 oct. 2008, *SMIR-GEOMES* ; 1er avr. 2009, *Min. Écologie*).

II. La procédure du référé pré-contractuel

L'art. L. 551-1 du code de justice administrative permet au président du tribunal administratif, statuant en premier et dernier ressort en référé, d'ordonner des mesures provisoires (injonction de respecter les obligations légales ou suspension de la procédure de conclusion du contrat) ou définitives (annulation de la décision de conclure un contrat, ou de clauses contractuelles) dans le délai de vingt jours, sous réserve d'un pourvoi en cassation. Le référé est une procédure d'urgence aux formes considérablement allégées et simplifiées, et aux délais très raccourcis. Les référés connus jusque-là n'étaient pas soumis à l'obligation d'une audience publique, quoique celle-ci puisse être ordonnée de manière facultative (3 déc. 1976, *Badani*). L'art. L. 551-1 est muet sur la procédure du référé pré-contractuel. Pourtant, dans sa décision *Ville de Cabourg*, le Conseil d'État a posé l'**exigence d'une audience publique**. Il a de même jugé que l'ordonnance devait tirer toutes les conséquences d'un refus de révéler les motifs de rejet d'une offre (21 janv. 2004, *S^té^ Aquitaine démolition*). Pareillement, le juge de l'art. L. 551-1 a l'obligation d'informer les parties de l'existence d'un moyen d'ordre public qu'il entend soulever d'office (2 oct. 1996, *S^té^ Entr. gén. d'électricité Noël Béranger*).

COMMUNE DE MORSANG-SUR-ORGE VILLE D'AIX-EN-PROVENCE CE, Ass. – 27 octobre 1995, deux arrêts (Rec. 372)

Un spectacle de « lancer de nain » dans des discothèques va ouvrir la voie à une solution jurisprudentielle nouvelle et audacieuse. Les maires des deux communes en cause avaient interdit ce genre de divertissement où le spectateur, profitant du handicap physique d'une personne, utilise toute sa force pour propulser le nain le plus loin et le plus fort possible sous la forme d'un projectile. Les arrêtés municipaux furent annulés par les tribunaux administratifs saisis car les maires concernés n'invoquaient point de circonstances locales particulières pour justifier leurs mesures d'interdiction. Le Conseil d'État en a jugé différemment : le « lancer de nain » porte atteinte à la dignité de la personne humaine, or cet élément est une composante de l'ordre public.

I. L'atteinte à la dignité de la personne humaine

La notion de dignité de la personne humaine n'est pas nouvelle, on la rencontre notamment dans la jurisprudence constitutionnelle (déc. n°s 94-343 et 94-344 DC, 19 janv. 1995) et elle a été entérinée par la CJUE (14 nov. 2004, *Omega Spielhallen*). Elle prend un relief particulier avec son introduction dans le domaine de la police administrative. Pour juger ce spectacle attentatoire à la dignité de la personne humaine, le Conseil d'État s'est arrêté au fait que c'est à raison même de son handicap physique (nanisme) que la personne est transformée en objet de curiosité : la petitesse de sa taille et la faiblesse relative de son poids permettent aisément son « lancer ». À quoi s'ajoutent un certain voyeurisme et un certain sadisme à exercer sur un être humain une puissance dont on le sait dépourvu. Pour parvenir à ce résultat, le Conseil d'État a dû surmonter une objection très importante. Le nain en question est volontaire pour ce genre d'exercices, il perçoit une rémunération, et il en acquiert une certaine célébrité. Interdire un tel spectacle ne revient-il pas à le priver d'emploi, de rémunération et, finalement, de statut social ? Le juge répond que, par son objet même, « *une telle attraction porte atteinte à la dignité de la personne humaine* ».

II. La dignité de la personne humaine, composante de l'ordre public

Pour annuler les arrêtés municipaux de police, les tribunaux administratifs s'étaient fondés sur ce que la police municipale ne peut interdire une activité qu'à raison de circonstances particulières propres à la commune (CE, 18 déc. 1959, *S^té^ des Films Lutetia**). Dans le cas présent, les maires n'invoquaient aucun trouble à l'ordre public, ni non plus une atteinte à la tranquillité publique, à l'hygiène ou à la salubrité publiques. Le Conseil d'État, dépassant l'acception traditionnelle de la notion d'ordre public entendue comme ordre matériel et non comme ordre intérieur ou moral, décide que « *le respect de la dignité de la personne humaine est une des composantes de l'ordre public* ». Le maire étant compétent pour prendre toute mesure préventive d'une atteinte à l'ordre public et l'atteinte à la dignité de la personne humaine n'étant pas susceptible d'appréciations variables d'une commune à l'autre, le recours aux circonstances locales particulières n'est pas nécessaire en l'espèce. La police municipale n'a pas à attendre la survenance de « troubles » pour être fondée à agir.

PRÉFET DES BOUCHES-DU RHÔNE C/ COMMUNE DE LAMBESC CE – 15 avril 1996 (Rec. 137)

La distinction entre la **concession** et le **marché public**, les deux principales catégories de contrats administratifs, est très importante en raison de la différence de leurs régimes juridiques. La loi du 29 janvier 1993, dans un souci de lutte contre la corruption et pour la transparence, a institué des règles particulières de passation pour les contrats entrant dans la catégorie, ressuscitée par cette loi, des « **délégations de service public** ». D'où un débat, capital en pratique comme en doctrine, sur le point de savoir si demeure l'ancien critère de distinction, débat qu'entend trancher la présente décision.

I. La portée de la loi du 29 janvier 1993

Cette loi soumet à une procédure nouvelle, assez contraignante, les contrats comportant « *délégation de service public* », sans définir la notion, ni les contrats qui en font partie, or les deux régimes, celui de la délégation et celui des marchés, sont très différents, le premier laissant sauf le principe du libre choix du cocontractant par l'administration, le second reposant sur une mise en concurrence systématique. Selon le Conseil d'État, dans cette décision qui sera constamment confirmée ou non contredite par la suite, n'entrent dans le champ d'application de la loi de 1993 **que ceux des contrats qui, jusque-là, n'étaient pas soumis au Code des marchés publics** : la loi n'a pas eu pour objet de soustraire à ce code certains contrats qui y étaient soumis auparavant. Le Conseil prend ainsi le contre-pied de ceux qui pensaient, au contraire, que cette loi avait fait sortir certains contrats du Code des marchés publics.

II. La distinction délégation de service public/marché

Cette prise de position obligeait le juge à préciser le critère de distinction entre ces deux catégories. Le Conseil d'État a maintenu, et cela a été abondamment critiqué, le critère traditionnel tiré de la **rémunération**, mais en lui donnant une formulation un peu différente et, partant, d'une relative obscurité. Sont des marchés « *les contrats dans lesquels la rémunération du cocontractant de l'administration n'est pas substantiellement assurée par les résultats de l'exploitation* ».

Les deux notions de « substantiellement » et de « résultats d'exploitation » sont peu éclairantes. L'idée du juge est cependant nette : ce n'est que si le cocontractant encourt les risques financiers liés à l'aléa de toute action économique qu'il peut y avoir délégation de service public. La rémunération du délégataire doit être assurée « **par** » les résultats d'exploitation (c'est-à-dire les usagers) et non « **en fonction** » de ces résultats (ce qui aurait pu autoriser un paiement par la collectivité publique contractante). Se situant dans la stricte lignée de la jurisprudence antérieure, cette décision, quoique très décriée, a été logiquement maintenue (Paris, 11 déc. 1997, *Synd. des eaux d'Ile-de-France et Cie générale des Eaux*, à propos d'une régie intéressée ; 20 mai 1998, *Communauté de communes du Piémont de Barr et autre*, à propos d'un marché ; 8 févr. 1999, *Préfet des Bouches-du-Rhône c/ Commune de La Ciotat* ; 7 avr. 1999, *Commune de Guilherand-Granges*, à propos d'un contrat de gérance et, surtout, 30 juin 1999, *SMITOM* ; 7 nov. 2008, *Dpt de la Vendée*) et a d'ailleurs été entérinée par la législation postérieure (loi du 11 déc. 2001).

MOUSSA KONÉ
CE, Ass. – 3 juillet 1996 (Rec. 255)

Le Mali sollicite de la France l'extradition d'un de ses ressortissants, M. Koné, qu'il estime coupable de graves infractions financières. Ce dernier ayant contesté la légalité du décret autorisant son extradition, ce qui aurait pu n'être qu'une banale affaire de police va devenir l'un des arrêts fondamentaux de la décennie. Le Conseil d'État y décide à la fois qu'il peut **proclamer des principes à valeur constitutionnelle** et qu'il peut **déterminer la hiérarchie des règles juridiques entre l'ordre interne et l'ordre international**.

I. Le Conseil d'État, créateur d'un principe fondamental reconnu par les lois de la République (PFRLR)

La loi du 10 mars 1927 interdit l'extradition des ressortissants étrangers lorsque celle-ci « *est demandée dans un but politique* ». Jusqu'en 1989 (20 oct. 1989, *Nicolo* *), le Conseil d'État refusait l'extradition à but politique lorsque la convention d'extradition était antérieure à la loi de 1927 (24 juin 1977, *Astudillo Calleja*) ; en revanche, lorsque la convention postérieure à cette loi n'excluait pas l'extradition pour un tel motif, le Conseil faisait prévaloir le traité postérieur sur la loi (7 juill. 1978, *Croissant*). Avec l'arrêt *Nicolo**, le traité d'extradition est toujours supérieur à la loi de 1927 et, s'il n'exclut pas le but politique, la loi de 1927 est inopérante (23 oct. 1991, *Urdain Cirizar*). Le progrès de l'État de droit constitué par l'arrêt *Nicolo* * conduisait donc à réduire la protection des individus susceptibles d'être extradés. Pour sortir de ce paradoxe, l'arrêt *Koné* décide que **la prohibition du but politique de l'extradition constitue un PFRLR** : sous l'empire de la Constitution de 1958, le Conseil d'État (qui l'avait déjà fait sous la IVe République) peut proclamer un tel principe alors qu'existe un Conseil constitutionnel. Il est mis fin à l'apparente exclusivité dont paraissait jouir ce dernier en ce domaine.

II. Le Conseil d'État, défenseur de la primauté de l'ordre interne

En décidant que le caractère constitutionnel d'un PFRLR permet de l'imposer même à une convention internationale antérieure à sa proclamation, l'arrêt *Koné* comporte une seconde révolution : l'État français peut opposer son ordre interne à un traité international. La solution est d'importance et elle va à contre-courant. Le principe *pacta sunt servanda* (auquel a été reconnu un caractère constitutionnel : CC, n° 92-308 DC du 9 avril 1992) s'oppose à ce que l'une des parties à un traité puisse en paralyser certains des effets en invoquant, unilatéralement, et postérieurement à la ratification, un empêchement tiré de son droit interne (Cass., plén., 14 oct. 1977, *Bloch*). Ce jugeant, le Conseil d'État considère que l'article 55 de la Constitution a pris clairement parti pour une subordination inconditionnelle du traité international à la Constitution, ce qui est loin d'être évident et contredit le principe constitutionnel de l'obligation de respecter les traités. (Voir, pour une illustration particulièrement nette et solennelle de cette position : 30 oct. 1998, *Sarran, Levacher et autres* * ; 8 févr. 2007, *Sté Arcelor**). En réalité, l'audace du juge dans cette affaire manifeste au plus haut point la capacité du Conseil d'État, niée par certains qui invoquent la puissance du Conseil constitutionnel, de jouer un rôle décisif dans l'orientation du droit public français.

CAYZEELE
CE, Ass. – 10 juillet 1996 (Rec. 274)

Le recours pour excès de pouvoir est ouvert seulement contre les actes unilatéraux, il est impossible contre un contrat, à l'exception des actes détachables du contrat. Tel est, pour l'essentiel, le sens de la jurisprudence *Martin* * du 4 août 1905. Dans ce contexte, l'arrêt *Cayzeele* apparaît aussi important par le mouvement qu'il annonce que par ce qu'il décide lui-même. Le temps est venu pour le Conseil d'État d'admettre le recours de tout tiers y ayant intérêt contre les clauses, même non réglementaires, des contrats administratifs (16 juil. 2007, Sté *Travaux Tropic Signalisation**).

I. De l'arrêt *Martin* à l'arrêt *Cayzeele*

Les parties à un contrat ont la faculté (évidente) de saisir, pour tout motif pertinent, le juge du contrat ; elles peuvent aussi obtenir de lui qu'il tire **toutes les conséquences découlant**, pour le contrat, **de l'annulation par le juge de l'excès de pouvoir** : **1°) d'un acte détachable du contrat** (1er oct. 1973, Sté « *Le Yacht-Club international de Bormes-les-Mimosas* ») mais ayant de fortes incidences sur le contrat ; **2°) de la décision de passer le contrat** (7 oct. 1994, *M. et Mme Lopez*).
Pour les tiers, le juge admettait, d'une part qu'ils puissent **obtenir l'annulation d'un acte détachable du contrat** (4 août 1905, *Martin** ; 29 juin 1979, Ve *Bourgeois* ; 30 oct. 1996, *Mme Wajs et M. Monnier*), d'autre part qu'ils puissent **se prévaloir des clauses réglementaires d'un contrat** (21 déc. 1906, *Synd. des propriétaires et contribuables du quartier Croix-de-Seguey-Tivoli*). L'arrêt *Cayzeele* ajoute une nouvelle hypothèse aux deux précédentes : désormais, les tiers à un contrat peuvent demander **l'annulation** des clauses réglementaires de ce contrat. En l'espèce, M. Cayzeele a été jugé recevable à contester l'obligation qui lui était faite par la clause d'un contrat conclu entre un syndicat intercommunal et une société de ramassage d'ordures ménagères, de participer à l'acquisition d'un conteneur destiné à recueillir ces ordures. Cette clause était réglementaire, ayant des effets directs sur un tiers au contrat.

II. L'avenir de la jurisprudence *Cayzeele*

L'évolution jurisprudentielle tendant à l'admission généralisée du recours contre le contrat, pour inéluctable qu'elle puisse paraître, met en cause des aspects très importants : la distinction du contentieux de l'excès de pouvoir et du contentieux contractuel, celle des tiers et des cocontractants, le point de départ du délai de recours contre un contrat, l'équilibre entre la sécurité des contractants et le droit des tiers au respect du droit. C'est ce qui explique une **jurisprudence progressant par petites touches**. Ainsi, par l'arrêt de section du 30 octobre 1998, *Ville de Lisieux*, le Conseil d'État a admis le recours pour excès de pouvoir d'un conseiller municipal contre des contrats de recrutement d'agents publics municipaux conclus entre la commune et ces agents. Poursuivant et accentuant fortement cette évolution, le juge permet désormais à un candidat à un contrat administratif écarté de sa procédure de conclusion de former, en sa qualité de tiers, un recours – qui sera de plein contentieux et non d'excès de pouvoir – contre les stipulations de ce contrat. Cette faculté exclut pour ce tiers la possibilité de recourir à la théorie des actes détachables du contrat (16 juill. 2007, Sté *Tropic**).

PRÉFET DE POLICE C/ TGI DE PARIS
TC – 12 mai 1997 (Rec. 528)

Deux passagers clandestins, de nationalité marocaine, se trouvant à bord d'un navire sans les documents administratifs nécessaires pour entrer en France, se virent notifier un refus d'entrée sur le territoire national et furent empêchés de débarquer. Cela fut qualifié de voie de fait par le juge civil des référés (TGI de Paris). Le Tribunal des conflits, saisi par le préfet de police, statuant, après partage, sous la présidence du garde des Sceaux, estima qu'**il n'y avait pas eu voie de fait**, et que c'est à tort que le premier juge avait cru pouvoir juger le contraire sur le fondement de l'**art. 136 du Code de procédure pénale**.

I. La portée de l'article 136 du code de procédure pénale (CPP)

Selon cet article, les juridictions judiciaires sont toujours exclusivement compétentes pour connaître des atteintes à la liberté individuelle. Il y avait, avant l'arrêt du 12 mai 1997, deux manières de comprendre ce texte. Soit on l'interprétait comme signifiant que **toute atteinte** à la liberté individuelle relevait exclusivement de la compétence du juge judiciaire même lorsqu'elle est le fait de l'administration ou de ses agents car l'art. 66 de la Constitution fait de l'autorité judiciaire la « *gardienne de la liberté individuelle* ». Soit on envisageait le texte à la lumière de la loi des 16-24 août 1790 et du décret du 16 fructidor an III, ainsi qu'au regard du principe constitutionnel jurisprudentiel selon lequel *seul un juge administratif* peut décider de paralyser un acte de la puissance publique. L'art. 136 ne conférerait alors au juge judiciaire plénitude de juridiction qu'en cas d'atteinte à la liberté commise par la puissance publique ou ses agents constituant une **voie de fait**. En effet, l'art. 66 de la Constitution précise que c'est « *dans les conditions prévues par la loi* » que le juge judiciaire assure le respect de la liberté individuelle. La loi de 1790 est l'une des lois visées par l'art. 66 et permettant au juge judiciaire d'intervenir en matière administrative.

II. La solution adoptée par le Tribunal des conflits

Le Tribunal des conflits juge que : **1°**) L'art. 136 du CPP, de nature simplement législative, est dérogatoire à la règle générale instituée en 1790 et en l'an III, elle aussi de nature législative, instituant un principe de séparation des autorités administratives et judiciaires. Il est donc d'**interprétation stricte**. **2°**) Par suite, l'art. 136 n'autorise le juge judiciaire à intervenir qu'à l'égard des seuls comportements constitutifs de **voie de fait**. Or l'exécution forcée, même irrégulière, lorsqu'elle est fondée sur un texte, comme c'est le cas ici, ne constitue jamais une voie de fait (19 janv. 2004, *Préfet de Paris* ; TC, 19 nov. 2007, *Grieux*. **3°**) Le pouvoir judiciaire d'injonction pourrait aboutir à priver les décisions administratives de tout caractère exécutoire ; il est donc de même nature que le pouvoir d'annulation ou de réformation de ces décisions, qui n'appartient qu'au juge administratif, en vertu d'un principe constitutionnel jurisprudentiel, sauf pour les matières relevant « par nature » du juge judiciaire : tel n'est pas le cas de l'art. 136. Cette décision paraissait annoncer la mort de l'archaïque voie de fait, surtout depuis l'institution du référé-liberté administratif (voir 18 janv. 2001, *Commune de Venelles, M. Morbelli* *) ; il n'en a, d'abord, rien été (TC, 23 oct. 2000, *Boussadar* ; TC, 19 nov. 2001, *Mohamed* ; TC, 6 mai 2002, *Binet c/ EDF*), puis le juge du référé-liberté s'est reconnu compétent pour statuer sur un acte constitutif de voie de fait (23 janv. 2013, *C^ne^ de Chirongui*).

SOCIÉTÉ MILLION ET MARAIS
CE, Sect. – 3 novembre 1997 (Rec. 406, concl. J.-H. Stahl, p. 395)
SOCIÉTÉ EDA
CE, Sect. - 26 mars 1999 (Rec. 95 et 108, concl. J.-H. Stahl)

Une ordonnance du 1er décembre 1986 prohibe les atteintes à la libre concurrence (abus de position dominante ou entraves), commises par « *les activités de production, de distribution et de services* ». Plusieurs décisions du Tribunal des conflits (6 juin 1989, *Ville de Pamiers*) et du Conseil d'État (23 juill. 1993, *CGE* ; 29 juill. 1994, *CAMIF*) ont, tout d'abord, jugé cette ordonnance inapplicable aux activités de service public qui n'étaient pas « de production, de distribution et de services ». Cette jurisprudence est ici renversée, la prise en considération du droit de la concurrence est désormais une véritable source et un principe général du droit administratif (3 mars 2010, *Dpt de la Corrèze*) sauf lorsque la personne publique assure elle-même directement des missions de service public (Ass. 26 oct. 2011, *Assoc. pour la promotion de l'image*).

I. L'affirmation de principe : application du droit de la concurrence à la plupart des services publics

C'est l'apport propre de la décision *Sté Million et Marais*. Saisi par voie de question préjudicielle sur renvoi du juge judiciaire, le Conseil d'État y affirme l'applicabilité de principe des art. 7 à 10 de l'ordonnance de 1986, inversant ainsi la jurisprudence antérieure. En l'espèce, un contrat attribuait à une société, pour une période de six années renouvelable une fois, un droit exclusif sur les prestations du service extérieur des pompes funèbres d'une commune. La question était de savoir s'il n'était pas porté atteinte à la liberté de concurrence du fait d'un risque d'abus de position dominante de la part de cette société. Le Conseil d'État répond négativement par un raisonnement qui constitue le point capital de la décision. Il n'hésite pas à dire qu'il s'agit bien d'une activité « de production, de distribution et de services », qu'en conséquence les dispositions de l'ordonnance de 1986 sont *ipso facto* applicables ; simplement, en l'espèce, l'abus de position dominante n'est pas établi.

II. L'évolution ultérieure : le droit de la concurrence, source du droit administratif

La solution de 1997 a été amplifiée en 1999 avec la décision *Sté EDA* (et aussi *Dpt de la Corrèze*, préc.). L'examen et le respect du droit de la concurrence comme du principe de la liberté du commerce et de l'industrie sont une obligation pour toute décision ou tout contrat administratif intervenant en matière « de production, de distribution et de services » (28 nov. 2011, *SNC DOUX Élevage* ; 23 déc. 2011, *Sté Groupe Partouche*). Sont désormais à respecter non seulement les **règles** internes ou communautaires, mais également les **principes** dont ces textes s'inspirent ou découlent. Enfin, le champ d'application du droit de la concurrence est particulièrement large : il concerne, d'une part, toutes les formes de décisions administratives, qu'elles soient unilatérales ou contractuelles, y compris en matière de police (avis, 22 nov. 2000, *Sté L&P Publicité SARL*), d'autre part, toutes les variétés de « faussement » de cette concurrence, directe ou indirecte, de droit ou de fait, etc. (Ass. 26 oct. 2011, *Ass. pour la promotion de l'image*)

Mme LAMBERT
MINISTRE DE L'ÉDUC. NAT. C/ OGEC DU COLLÈGE PRIVÉ DE L'ABBAYE DE SAINT-SAUVEUR-LE-VICOMTE
CE, Ass. – 5 décembre 1997, un arrêt et un avis (Rec. 464)

Le pouvoir exécutif, lorsque certains de ses actes sont menacés d'annulation contentieuse, voire ont été annulés par le juge, a longtemps eu pour habitude de faire voter des **lois de validation** pour couvrir – rétroactivement – ces illégalités. Ce procédé, aussi courant que fâcheux même s'il a parfois une certaine utilité, fait l'objet d'un cantonnement de plus en plus strict, du fait des jurisprudences convergentes de la Cour européenne des droits de l'homme, du Conseil constitutionnel et du Conseil d'État. De ce mouvement, la décision et l'avis commentés sont une importante illustration.

I. L'évolution du droit des validations législatives jusqu'en 1997

Le **Conseil d'État** s'est longtemps montré réservé à l'égard du contrôle des lois de validation, estimant que celui-ci relève du juge constitutionnel, même s'il admet la réparation du préjudice causé par de telles lois (1er déc. 1961, *Lacombe*). Le **Conseil constitutionnel**, à partir de 1980 (n° 80-119 DC du 22 juill. 1980 *), a édifié une jurisprudence plus restrictive : les lois de validation devaient reposer sur un motif d'intérêt général (n° 95-369 DC du 28 déc. 1995) et ne pas valider un acte administratif inconstitutionnel (n° 97-390 DC du 19 nov. 1997). Enfin, la *CEDH* a développé une conception très extensive de la notion de procès équitable (art. 6 § 1 de la Convention) comme du principe de l'égalité des armes, la conduisant à refuser les lois de validation, sauf exceptions très limitées (9 déc. 1994, *Raffineries Stran* ; 23 oct. 1997, *National and Provincial Building Society et a.*). La jurisprudence interne n'était plus conforme à celle de la Cour européenne.

II. La primauté de l'État de droit à partir de 1997

C'est dans ce contexte que s'inscrit l'arrêt *Mme Lambert*. Le Conseil d'État était saisi du préjudice causé par une loi ayant validé un décret antérieurement déclaré illégal par le juge. La requérante invoquait la violation de l'art. 6 § 1 de la Convention EDH par la loi de validation. Une question semblable se posait dans l'avis *OGEC de Saint-Sauveur-Le-Vicomte* où était également en cause une loi validant un décret antérieurement annulé par le Conseil d'État (25 mai 1992, *OGEC du Lycée La Baugerie*). Les deux demandes sont rejetées au motif qu'il existait un **intérêt général** suffisant pour justifier le recours à la loi de validation (11 févr. 2004, *Assoc. gén. des étudiants de Sciences-Po*). Le juge pose le principe qu'**une loi de validation est normalement contraire à la Convention EDH**. La Cour européenne des droits de l'homme ayant condamné une loi française de validation rétroactive (28 oct. 1999, *Zielinski et Pradal*) que le Conseil constitutionnel avait auparavant jugée non contraire à la Constitution, celui-ci se montre désormais très restrictif pour admettre la constitutionnalité de lois de validation (n° 99-422 DC du 21 déc. 1999 et n° 99-425 DC du 27 déc. 1999). Le juge administratif confirme sa propre jurisprudence en écartant les lois de validation contraires à l'art. 6 § 1 (28 juill. 2000, *Tête* ; 8 déc. 2000, *Hoffner et autres* ; sect. 10 nov. 2010, *Cne de Palavas-les-Flots et a.*) et en instituant, de ce chef, un régime spécifique de responsabilité du fait des lois de validation violant une stipulation de traité international (8 févr. 2007, *Gardedieu* *).

SARRAN, LEVACHER ET AUTRES
CE, Ass. – 30 octobre 1998 (Rec. 368)

L'arrêt d'Assemblée *Sarran*, annoncé par l'arrêt *Koné** du 3 juillet 1996, est capital par la contribution qu'il apporte à la hiérarchie des normes juridiques dans le cadre de la Constitution de 1958. Il a été confirmé par la Cour de cassation (Cass., plén., 2 juin 2000, *Fraisse*). En vue de l'évolution de la Nouvelle-Calédonie vers l'indépendance, a été conclu l'accord de Nouméa (5 mai 1998) devant être soumis à référendum. Cependant, l'article 76 de la Constitution a prévu que seuls pourraient participer à ce référendum les électeurs ayant leur domicile en Nouvelle-Calédonie à la date du 6 novembre 1988 : tous les autres individus sont exclus. Des électeurs ont contesté le décret du 20 août 1998 organisant en conséquence le référendum. Leur recours sera rejeté par cette décision qui est de principe tant pour les rapports entre l'ordre interne et l'ordre international que pour le statut du référendum et des lois référendaires.

I. Ordre interne et ordre international

Les requérants soutenaient que le décret attaqué était contraire à divers traités internationaux. Cependant, comme ce décret ne faisait, sur ce point, que reprendre les termes mêmes de l'art. 76 de la Constitution, leur critique revenait à demander au juge de dire que les traités sont supérieurs à la Constitution. La réponse du Conseil d'État est limpide : « *La suprématie ainsi conférée* (par l'art. 55 Const.) *aux engagements internationaux ne s'applique pas, dans l'ordre interne, aux dispositions de nature constitutionnelle...* » (solution solennellement étendue aux « *règles et principes à valeur constitutionnelle* » : Ass. 23 déc. 2011, *Kandyrine de Brito Paiva**, ainsi qu'aux mystérieux « *principes d'ordre public* », même décision). Bien que critiquée, cette réponse est, à la fois, logique et inévitable. Dans l'ordre interne de l'État français, la Constitution est supérieure à toute autre règle juridique car elle ne peut instituer elle-même un pouvoir qui lui serait supérieur et donc conférer aux traités une autorité supra-constitutionnelle. Le principe « *pacta sunt servanda* » (CC, n° 92-308 DC du 9 avril 1992, *Maastricht I* ; 3 déc. 2001, *Synd. nat. de l'industrie pharmaceutique*) parfois invoqué à l'encontre de cette jurisprudence, n'a qu'un caractère constitutionnel et non supra-constitutionnel.

II. Statut du référendum et des lois référendaires

Le Conseil d'État juge que sont seuls des référendums, au sens de l'art. 60 de la Constitution, ceux organisés au titre de l'art. 11 ou de l'art. 89. Mais surtout, s'agissant des lois référendaires, il décide que : **1°**) celles-ci ne peuvent porter que sur des matières législatives, ordinaires ou organiques, non sur des matières constitutionnelles (cf. la vaste polémique de 1962 et 1969) ; **2°**) ces lois, comme toutes les autres lois, sont soumises au respect des traités internationaux. Ainsi, les lois référendaires qui, parce qu'elles émanent directement du peuple souverain, ne sont pas soumises au contrôle de constitutionnalité, n'échappent pas pour autant au contrôle de conventionnalité. Il y a là une situation pour le moins paradoxale tant au regard des principes de l'État de droit qu'à ceux de la démocratie.

COMMUNE DE VENELLES, M. MORBELLI
CE, Sect. – 18 janvier 2001 (Rec. 18)

Dans un souci d'efficacité plus grande de certaines décisions de justice, la loi du 30 juin 2000 a profondément modifié le contentieux de l'urgence. Elle a tantôt supprimé ou remanié des procédures existantes, tantôt créé des procédures nouvelles dont la plus originale est le « **référé-liberté** » (lorsqu'il y a **urgence**, le juge des référés peut, dans les 48 heures, ordonner toute mesure contre une décision administrative portant une **atteinte grave et manifestement illégale** à une **liberté fondamentale**).

I. « Liberté fondamentale » et contentieux administratif de l'urgence

Le Conseil d'État s'attache à résoudre au cas par cas si est en cause une liberté fondamentale. Cette notion ne se limite pas aux libertés constitutionnellement proclamées ou reconnues par un texte international mais comprend celles « *auxquelles* **le législateur a entendu accorder une protection juridictionnelle particulière** » (*Commune de Venelles*) : liberté d'entreprendre, liberté d'association, droit de propriété, liberté de culte, droit de solliciter le statut de réfugié (12 janv. 2001, *M*[me] *Hyacinthe*), libre administration des collectivités locales (*Commune de Venelles*), liberté d'opinion (28 févr. 2001, *Casanovas*). Ne sont pas des libertés « fondamentales » : le droit de mener une vie familiale normale (*Hyacinthe*, précité) ou, en matière de service public, les principes d'égalité entre usagers et de continuité (31 janv. 2001, *Commune de Saint-Laurent-du-Var*), ou le droit au logement (13 nov. 2009, *Min. Immigrat.*).

II. L'atteinte « grave et manifestement illégale »

Toute atteinte à une liberté, même fondamentale, n'est pas nécessairement justiciable de la procédure du référé-liberté : encore faut-il qu'elle excède un certain seuil de gravité et que son illégalité soit évidente, c'est-à-dire indiscutable (29 oct. 2003, *S*[té] *Résimmo*). Dès que l'atteinte ne présente pas un certain degré de gravité ou que son illégalité peut être discutée, le juge du référé est incompétent. Il s'agit par là d'éviter qu'il ne soit submergé sous des recours abusifs et de cantonner strictement la notion de voie de fait.

III. La notion contentieuse de l'urgence

Le Conseil d'État a une vision très concrète et non théorique de cette notion, en fonction de la situation propre à chaque requérant (19 janv. 2001, *Conféd. nat. des radios libres* ; 1er févr. 2001, *M*[me] *Combret et autres*). L'urgence ne suppose pas nécessairement une situation « irréversible » (26 oct. 2005, *S*[té] *des crématoriums de France*) mais *l'imminence* d'un événement, d'une échéance ou d'une décision (12 mai 2010, *X.* , 317941). Elle peut résulter du contenu même de la décision attaquée (28 déc. 2005, *Synd. intercommunal de Lens-Avion*). C'est au requérant à faire la preuve de l'urgence (12 janv. 2001, *S*[té] *L'armement Pétrel*) et de ce que celle-ci ne résulte pas de sa propre attitude (6 nov. 2003, *Assoc. AC ! et autres*). Si le juge du fond dispose en cette matière d'un pouvoir souverain d'appréciation, sous réserve du contrôle de cassation (14 mars 2001, *Min. de l'Intérieur c/ M*[me] *Ameur*), il a cependant l'obligation de motiver l'admission de l'urgence ou son refus (25 avr. 2001, *Assoc. des habitants du littoral du Morbihan c/ Commune de Baden*). L'urgence est désormais invocable en matière de décisions pécuniaires (*Radios libres*, précité).

Mme KRESS C/ FRANCE
CEDH – 7 juin 2001 (Rec. CEDH 2001-VI)

L'existence, devant les juridictions administratives, d'un **commissaire du gouvernement**, devenu **rapporteur public** en 2009, personnage indépendant chargé de donner à la juridiction à laquelle il appartient, ses conclusions sur le litige dont celle-ci est saisie, est une particularité procédurale notable. Par son intervention orale à la fin de l'audience, à l'époque non communiquée aux parties et sans possibilité de lui répliquer, comme par sa participation au délibéré sur la décision, était-il contraire à l'une des exigences découlant du principe du procès équitable (art. 6 § 1 Conv. EDH), « **l'impartialité du juge** » ? C'est à cette question que répond ici la CEDH, s'insérant dans un vaste courant tendant à une apparence d'impartialité objective maximum du juge.

I. Le commissaire du gouvernement (rapporteur public) et l'impartialité du juge

Depuis l'arrêt *Gervaise* (10 juill. 1957), l'on sait que le commissaire du gouvernement « *a pour mission d'exposer* (à la juridiction) *les questions que présente à juger chaque recours contentieux et de faire connaître, en formulant en toute indépendance ses conclusions, son appréciation, qui doit être impartiale, sur les circonstances de fait de l'espèce et les règles de droit applicables, ainsi que son opinion sur les solutions qu'appelle, suivant sa conscience, le litige soumis à la juridiction* » (égalt, 29 juil. 1998, *Esclatine*). Dans l'arrêt *Kress*, la CEDH s'est montrée assez compréhensive envers ce « monument » du contentieux administratif. Si elle admet le maintien de **conclusions prononcées *in fine***, c'est sous la réserve qu'il puisse **leur être répliqué** au moyen de notes en délibéré. En revanche, **la Cour a considéré la présence du commissaire au délibéré comme portant atteinte – du moins en apparence – au principe d'impartialité** (CEDH, 12 avr. 2006, *Martinie*), d'où la réforme de l'art. 731-7 CJA (2009).

II. L'universalisation de l'exigence d'impartialité du juge

Cette solution met l'accent sur l'exigence d'impartialité *objective* apparente du juge (notion floue : CEDH, 6 mai 2003, *Kleyn et autres*). Cette exigence concerne la **composition de la juridiction**, son **mode de saisine**, le **déroulement de l'instruction et de l'audience**, la **participation du rapporteur au délibéré**. La recherche d'impartialité est ancienne (21 oct. 1966, *S^té franç. des mines de Sentein*) et constante (30 janv. 2008, *Assoc. OREAG*). L'art. 6 § 1 est **d'application fort large** : décisions des juridictions ordinales (14 févr. 1996, *Maubleu*), d'aide sociale (24 juill. 1994, *Département de l'Indre*), de la Cour de discipline budgétaire et financière (30 oct. 1998, *Lorenzi*), du Conseil des marchés financiers (3 déc. 1999, *M. Didier*), de la Cour des comptes (16 nov. 1998, *SARL Deltana*), de l'Office des migrations internationales (28 juill. 1999, *GIE Mumm-Perrier-Jouët*), des chambres régionales des comptes (6 avr. 2001, *S.A. Entr. Razel frères*), de l'Éducation nationale, de la fonction publique, de la Commission bancaire, de la Cour nationale du droit d'asile (17 févr. 2010, *Souleymane X.*) etc. En revanche, la dualité fonctionnelle du Conseil d'État (à la fois donneur d'avis et juge) ne porte pas atteinte aux exigences de l'art. 6 § 1 (11 juil. 2007, *Union synd. des magistrats administratifs*), ce qui n'a pas empêché l'instauration, désormais, d'une séparation nette des deux fonctions (décr. 6 mars 2008).

M. TERNON
CE, Ass. – 26 octobre 2001 (Rec. 497)

Lorsqu'**un acte administratif irrégulier a créé des droits** au profit d'un individu, le principe du respect du droit pousse à admettre largement le pouvoir de l'administration de revenir sur cet acte, celui du respect des droits acquis individuels pousse à admettre l'intangibilité de l'acte. La jurisprudence *Dame Cachet* * (3 nov. 1922) tente un délicat équilibre entre ces deux exigences contradictoires. Cet équilibre a été malmené par la jurisprudence postérieure (voir, en particulier, 6 mai 1966, *Ville de Bagneux*), qui avait fait prévaloir le respect du droit sur le souci de sécurité juridique. Désormais plus sensibles à ce dernier aspect, le juge et le législateur ont tenté un nouvel équilibre.

I. Vers la fin de la jurisprudence *Ville de Bagneux* : l'arrêt *Mme de Laubier*

Cette jurisprudence était fondée sur un parallélisme strict entre la durée du délai de recours contentieux ouvert contre un acte et celle du délai de retrait reconnu à l'administration. Lorsque l'acte n'a pas fait l'objet d'une mesure de publicité suffisante, voire n'a pas fait l'objet du tout d'une telle mesure, le délai de recours contentieux dont disposent les tiers étant infini, le délai de retrait l'était également. Cette solution était particulièrement choquante lorsque la défaillance dans la publicité de l'acte était imputable à l'administration qui, en ce cas, tirait bénéfice de ses illégalités : parce qu'elle n'avait pas correctement organisé la publicité d'un acte, elle obtenait de pouvoir le retirer perpétuellement. Dans sa décision d'Assemblée du 24 oct. 1997, *Mme de Laubier*, le Conseil d'État, rejetant la jurisprudence *Ville de Bagneux*, a estimé qu'une décision individuelle irrégulière créatrice de droit ne pouvait être retirée **que dans le délai de deux mois à compter de cette notification**.

II. L'abandon de la jurisprudence *Ville de Bagneux* : la loi du 12 avril 2000 et la décision *M. Ternon*

La **loi du 12 avril 2000** a réglé la question du retrait des actes administratifs irréguliers individuels lorsqu'il s'agit de **décisions implicites d'acceptation créatrices de droits**. Si une mesure d'information des tiers a été prise, le délai de retrait est de deux mois à compter de cette publicité et si aucune mesure d'information des tiers n'est intervenue, il est de deux mois à compter de la date de la décision. Dans les deux cas, l'acte est encore retirable pendant tout le cours de l'instance contentieuse dirigée contre lui.

L'**arrêt Ternon** s'attache au régime du retrait des **décisions individuelles irrégulières créatrices de droits**, lorsqu'elles sont **explicites**. Ce faisant, il apporte une solution doublement remarquable. Tout d'abord, le délai de retrait est fixé à quatre mois afin d'éviter toute confusion avec l'habituel délai de deux mois ; à l'expiration de ce délai, l'administration perd définitivement tout droit de retrait (3 oct. 2003, *Wetzstein* ; 3 mai 2004, *Fort* ; 27 avr. 2007, *S^té^ Métropole télévision*). Ensuite, c'est de manière prétorienne et absolument souveraine que le juge fixe cette durée, dans le silence des textes, à quatre mois. Il est ainsi fait retour au souci des auteurs de la décision *Dame Cachet* et à son inspiration profonde (cf. concl. Rivet sur cet arrêt : « *le retrait à toute époque ne saurait être admis, à raison du régime d'incertitude qui résulterait d'une telle conception* »). Cette solution a été étendue, par parallélisme, à l'**abrogation** des décisions individuelles irrégulières créatrices de droits (6 mars 2009, *Coulibaly*).

MINISTRE DE LA JUSTICE, GARDE DES SCEAUX c/ MAGIERA
CE, Ass. – 28 juin 2002 (Rec. 247)

Une illustration supplémentaire des effets, en droit interne français, de la jurisprudence de la Cour européenne des droits de l'homme, telle est la leçon de cette importante décision. Elle concerne une question ancienne et irritante à force d'être mal résolue en France : peut-on considérer qu'une justice très lente est encore une justice ? L'évolution de la jurisprudence de la Cour EDH a progressivement convaincu les juges nationaux que les notions de « procès équitable », de « droit au juge », de « recours effectif » comprenaient à la fois et le droit de trouver un tribunal impartial pour y plaider sa cause et le droit à ce que la justice soit rendue dans un délai raisonnable.

C'est cette véritable « inculturation » du concept de « délai raisonnable de jugement » que traduit la décision commentée qui, tout en proclamant cette exigence, l'assortit d'une volonté certaine de la rendre effective.

I. Le principe : affirmation du droit du justiciable à un « délai raisonnable de jugement »

Longtemps le droit français n'a pas prêté grande attention à deux questions pourtant essentielles : le délai de jugement et l'application effective du jugement rendu. C'est à la première de ces questions que s'attache la solution *Magiera*. Elle décide solennellement que « *les justiciables ont droit à ce que leurs requêtes soient jugées dans un délai raisonnable* ». Ce droit, le Conseil d'État le fait découler des art. 6 § 1 et 13 de la Convention EDH et des « *principes généraux qui gouvernent le fonctionnement des juridictions administratives* ». La notion de « délai raisonnable » n'est pas évidente (ici, M. Magiera a attendu plus de sept ans le jugement d'un dossier sans complexité…) ; le juge l'apprécie à la date où la décision de justice a été entièrement exécutée (19 oct. 2011, *Robert X.*). Même au cas où la durée globale d'un procès est satisfaisante, à l'intérieur de celle-ci une instance peut être jugée d'une durée excessive (Sect. 17 juil. 2009, *Ville de Brest*).

II. La sanction du principe : mise en jeu de la responsabilité de la puissance publique

La décision *Magiera* frappe par un autre aspect. Le Conseil d'État assortit le droit au respect d'un délai raisonnable du droit automatique à réparation du préjudice causé par « *le fonctionnement défectueux du service public de la justice* ». Toutefois, le régime de réparation des dommages du fait du fonctionnement de la justice administrative s'en trouve compliqué car la jurisprudence *Darmont* (29 déc. 1978) n'est pas complètement abandonnée. Même après l'arrêt *Magiera*, le dommage causé par le contenu d'une décision de justice devenue définitive n'est pas réparable sauf quand il constitue « une violation manifeste du droit communautaire » : 18 juin 2008, *Gestas*. Le dommage résultant de l'exercice même de la fonction juridictionnelle n'est, lui, réparable que s'il résulte d'une faute lourde, sauf, précisément, l'exception *Magiera* : la faute simple suffit en cas de non-respect d'un délai raisonnable.

COMMUNE DE PORTA
CE – 8 juillet 2002 (Rec. 260)
KANDYRINE DE BRITO PAÏVA
CE, Ass. – 23 décembre 2011

Les faits à l'origine des ces deux affaires sont modestes : un échange de quelques hectares de terrains entre la France et Andorre dans un cas (*Cne de Porta*), le remboursement d'emprunts russes à des particuliers dans l'autre cas (*Kandyrine de Brito Païva*). Pourtant elles soulèvent deux délicates questions : le régime contentieux des lois de ratification des traités ; la combinaison des traités internationaux entre eux.

I. Le régime contentieux des lois de ratification des traités internationaux

La commune de Porta contestait le décret publiant l'accord franco-andorran d'échange de terrains, cet acte étant **détachable** de l'accord. S'agissant d'un acte administratif de publication, la possibilité de le contester est, en effet, admise depuis longtemps (5 févr. 1926, *Dame Caraco*). S'agissant de la loi publiant ou ratifiant un tel accord, soit une telle loi n'existe pas, ce qui entraîne toujours la nullité du décret d'application de la loi inexistante (23 févr. 2000, *Bamba Dieng* ; 5 mars 2003, *Aggoun*), soit la loi existe et le Conseil d'État refuse d'examiner son décret d'application car cela reviendrait à se prononcer sur la constitutionnalité de la loi dont il n'est pas juge. D'où la solution *Cne de Porta* qui réitère une position traditionnelle et donc constante. En revanche, après avoir refusé d'examiner l'irrégularité éventuelle des conditions de ratification du traité (16 nov. 1956, *Villa*), le juge accepte désormais d'exercer ce contrôle (18 déc. 1998, *SARL du parc d'activités de Blotzheim*).

II. Le régime contentieux du contenu des dispositions d'un accord international

Beaucoup plus délicate encore était l'autre question, commune aux deux arrêts commentés, celle du contrôle contentieux de la régularité des traités et accords internationaux. Étant des **actes de gouvernement**, ils échappent à tout contrôle juridictionnel qu'il s'agisse de l'appréciation de leur bien-fondé, de leur méconnaissance éventuelle de la Constitution ou de l'incompétence du signataire français de cet acte, car ces éléments ne sont pas détachables du traité ou accord lui-même (30 mars 1966, *Guyot* ; 4 nov. 1970, *de Malglaive* ; 22 nov. 1978, *Vo Thanh Nghia*, etc.). Ici, en particulier, était invoquée la non conformité du décret d'exécution d'un traité à un autre traité. En principe, c'est là un moyen irrecevable par le juge (Outre, *Blotzheim, v. Cne de Porta* ; Ass. 9 juil. 2010, *Féd. nat. de la libre pensée et a.**). Ce sont deux normes d'égale valeur mettant en cause des auteurs différents. Si l'arrêt *Kandyrine* confirme l'absence de contrôle juridictionnel de la **validité** des normes internationales, en revanche, il innove considérablement s'agissant de leur **applicabilité**. Le juge administratif est désormais compétent, en présence d'un acte administratif faisant application des stipulations inconditionnelles d'un accord international et ne relevant pas du droit de l'Union européenne, pour apprécier le grief tiré de son incompatibilité avec les stipulations d'un autre accord international. Cet arrêt fixe le « mode d'emploi » que le juge va appliquer en ce cas : soit conciliation entre des exigences différentes, soit constat de leur caractère inconciliable et appréciation de l'acte administratif attaqué au regard du seul traité pour l'exécution duquel il a été pris. Ces principes ont été étendus à la combinaison d'une norme internationale avec le droit de l'Union européenne (6 déc. 2012, *S^té^ Air Algérie*).

Mme DUVIGNÈRES
CE, Sect. – 18 décembre 2002 (Rec. 463)

L'arrêt *Jamart** (7 février 1936) reconnaît aux ministres et aux chefs de service, en vertu de leur pouvoir hiérarchique, la possibilité de s'adresser à leurs subordonnés par voie d'instructions, notes de service, etc., appelées génériquement **circulaires**. Destinées aux seuls subordonnés, elles ont, pour eux, un caractère obligatoire. En revanche, elles n'ont aucun effet à l'égard des tiers, notamment les usagers du service. Cependant, certaines circulaires, en réalité, créent ou rappellent de véritables règles de droit. La célèbre décision *Institution Notre-Dame du Kreisker* (29 janv. 1954) avait posé la distinction entre **circulaires réglementaires** et **circulaires interprétatives**. C'est cette distinction qu'abandonne l'arrêt commenté en lui substituant une autre distinction entre **circulaires impératives à caractère général** et **circulaires non impératives**.

I. L'abandon de la solution *Institution Notre-Dame du Kreisker*

Normalement, la circulaire n'est pas destinée à sortir de l'univers administratif qui est soumis au pouvoir hiérarchique de l'auteur de la circulaire. Cependant, nombre de circulaires vont au-delà de cette limite en posant une règle nouvelle, créant ainsi directement des droits ou des obligations au bénéfice ou à la charge des administrés ; en bref, elles leur font grief. L'arrêt *Institution Notre-Dame du Kreisker* avait décidé, très logiquement, de distinguer entre les circulaires réglementaires, qui étaient traitées comme de véritables décisions déférables au juge de l'excès de pouvoir (*Notre-Dame du Kreisker*, précité ; 30 juin 2000, *Assoc. «Choisir la vie »*), et les circulaires purement interprétatives, qui, n'ajoutant rien au droit, étaient traitées comme des mesures d'ordre intérieur, non déférables au juge (19 mars 1997, *Synd. de la magistrature*). Cette distinction, commode à énoncer, était, en pratique, d'un maniement délicat. C'est ce qui a déterminé le juge à faire évoluer sa jurisprudence.

II. L'apport de la solution *Mme Duvignères*

L'arrêt *Mme Duvignères* oppose les circulaires impératives à caractère général, qui font grief et sont donc déférables au juge, aux autres circulaires. Le changement n'est pas seulement terminologique. Dans l'ancienne jurisprudence, il fallait s'attacher à la portée de la circulaire (modification ou non de l'ordonnancement juridique), dans la nouvelle, c'est le critère de l'impérativité qui domine (6 oct. 2004, *Synd. mixte de défense et de valorisation forestière* ; 26 mai 2009, *CEAFL* ; 28 nov. 2012, *Assoc. « Libérez les Mademoiselles »*). Ainsi, le champ d'application est plus large que sous l'empire de l'arrêt de 1954 car le juge admet plus facilement le caractère impératif qu'il n'admettait le caractère réglementaire (12 févr. 2003, *Synd. Lutte pénitentiaire* ; 19 févr. 2003, *SARL Auberge Ferme des Genêts* ; 8 mars 2006, *FCPE de l'enseignement public*). Ensuite, pour déterminer si la circulaire déclarée impérative est légale ou pas, le juge pratique le même examen que celui utilisé jadis envers les circulaires réglementaires : incompétence de l'auteur de la circulaire dont la nullité, en ce cas, sera d'ordre public (8 févr. 2010, *min. Défense* ; 16 avr. 2012, *Comité Harkis et Vérité*), sauf nécessité absolue : (3 mars 2004, *Assoc. Liberté, Information, Santé*), erreur de droit, etc., maintenant sur ce point la jurisprudence *Notre-Dame du Kreisker*. Enfin, la réitération d'une disposition irrégulière, si elle revêt un caractère impératif, sera considérée comme faisant grief alors que, en réalité, elle n'ajoute rien au droit existant (7 oct. 2009, *Ass. perman. chbres métiers* ; 8 nov. 2010, *David X.*).

ASSOCIATION AC ! ET AUTRES
CE, Ass. – 11 mai 2004 (Rec. 197)

Saisi par plusieurs associations de chômeurs de recours dirigés contre des arrêtés ministériels portant agrément d'avenants à des conventions d'assurance-chômage, le Conseil d'État décide audacieusement que, désormais, les annulations prononcées par le juge de l'excès de pouvoir n'ont plus, automatiquement, un effet rétroactif. Cette « révolution », comme on l'a parfois appelée, connaît un certain cantonnement.

I. La fin du caractère automatiquement rétroactif des annulations contentieuses : une révolution ?

Traditionnellement, lorsqu'il relevait l'illégalité d'une décision administrative, le juge considérait qu'étant illégale depuis l'origine, elle devait être annulée à compter de celle-ci, ainsi que toutes les mesures prises en exécution de cette décision (26 déc. 1925, *Rodière* *). Ce principe, qui donnait un effet rétroactif aux revirements jurisprudentiels, soulevait une difficulté au regard de la sécurité juridique en remettant en cause des situations acquises depuis plusieurs années. L'exemple européen, où le juge décide cas par cas si l'annulation qu'il prononce aura, ou n'aura pas, un effet rétroactif a pesé lourdement dans le choix opéré en 2004 de ne plus donner aux annulations un caractère automatiquement rétroactif. Aussi, plusieurs arrêts avaient préparé ce revirement (*Vassilikiotis*, 29 juin 2001 ; *Titran*, 27 juill. 2001). Le Conseil constitutionnel a suivi ce mouvement (n° 2005-528 DC, 15 déc. 2005, *Loi de financement de la sécurité sociale pour 2006* ; n°2008-564 DC, 19 juin 2008, *Loi dissémination OGM*).

II. Une révolution encadrée

Le principe énoncé en 1925 par l'arrêt *Rodière* est maintenu : « *l'annulation d'un acte administratif implique en principe que cet acte est réputé n'être jamais intervenu* » (*AC ! et autres*). Cependant, dans certains cas, la règle sera désormais écartée. Pour ce faire, le juge doit opérer une balance. D'une part, il doit prendre en considération à la fois « *les conséquences manifestement excessives* » d'une annulation rétroactive au regard des effets produits et des situations engendrées par l'acte litigieux, et l'intérêt général, qui peut exiger le maintien temporaire des effets d'un tel acte. D'autre part, il doit prendre en compte les inconvénients qu'une limitation dans le temps des effets d'une annulation pourrait avoir au regard du principe de juridicité comme du droit des justiciables à un recours effectif. C'est au terme de cette confrontation que le juge pourra **déroger au principe – qui continue d'exister** (4 nov. 2009, *Dpt Réunion* ; 10 nov. 2010, *Dpt du Lot* – **de l'effet rétroactif des annulations contentieuses**, en décidant soit que certaines situations demeureront acquises malgré leur irrégularité, soit même que l'annulation ne prendra effet qu'à une date ultérieure qu'il fixe (25 févr. 2005, *France Télécom* ; 11 janv. 2006, *Assoc. des familles victimes de saturnisme* ; 12 déc. 2007, *Sire* ; 10 déc. 2012, *S^té^ Lyonnaise des eaux*). Cette solution vaut également pour les décisions de rejet (7 oct. 2006, *S^té^ Techna*). Le juge peut même inviter les parties à débattre entre elles de la possibilité et des limites de l'exercice, ultérieur, par celui-ci, de son pouvoir de modulation (28 nov. 2011 *FGSEN*).

MINISTRE DES AFFAIRES SOCIALES, DU TRAVAIL ET DE LA SOLIDARITÉ ET SYNDICAT NATIONAL DES HUISSIERS DE JUSTICE
CE, Ass. – 16 décembre 2005 (Rec. 570)

La Constitution de 1958, tout comme celle de 1946, ainsi que divers textes internationaux auxquels adhère la France, proclament et garantissent la liberté syndicale. Celle-ci s'exprime, en particulier, par le droit reconnu aux syndicats de se constituer librement et de participer à la négociation collective des conditions de travail. Une ordonnance du 2 nov. 1945 – laquelle a valeur législative – portant statut des huissiers a confié à une Chambre nationale des huissiers un ensemble de compétences exclusives dont la négociation de conventions ou accords collectifs relatifs aux conditions de recrutement, de rémunération et de travail des personnels des études d'huissiers. Les organisations professionnelles d'huissiers se trouvent ainsi empêchées d'exercer certaines des attributions syndicales essentielles. Le Conseil d'État devait trancher la question de l'abrogation implicite de la loi et de sa délimitation par rapport au contrôle de constitutionnalité de la loi.

I. L'abrogation implicite de la loi

L'**abrogation explicite** d'une loi ne fait pas difficulté : une loi postérieure peut toujours, par une disposition expresse, anéantir, modifier ou compléter une loi antérieure (application du principe « *Lex posterior derogat priori* »). Cette abrogation explicite pourrait résulter d'une convention internationale ou d'une disposition constitutionnelle postérieure. Le Conseil d'État y voit même « un principe éternel » (avis du 4 nivôse an VIII).
Plus délicate est l'**abrogation implicite** puisqu'en ce cas, du fait du mutisme du texte postérieur, le juge doit apprécier s'il y a, ou non, inconciliabilité radicale entre la loi antérieure et le texte nouveau. En cas d'incompatibilité absolue entre deux lois ou dispositions législatives, le juge constate l'abrogation implicite de la première (1er avr. 1960, *Guanter* ; 2 avr. 2003, *Sarrat*). Il en va de même quand l'incompatibilité survient entre une loi et un traité postérieur (16 oct. 1953, *Huckel* ; 30 janv. 1981, *Jacquesson*). L'hypothèse d'une incompatibilité entre une loi et une disposition constitutionnelle postérieure est plus complexe.

II. Abrogation implicite de la loi et contrôle de constitutionnalité

Dans la présente décision, le juge constate que l'ordonnance de 1945 sur l'organisation des huissiers est incompatible avec le Préambule de la Constitution du 27 octobre 1946 et en déduit son abrogation implicite ; pour lui, dire cela n'est pas apprécier la conformité de l'ordonnance à la Constitution. Cela est exact en théorie mais soulève deux difficultés. Pour constater l'abrogation, il faut bien interpréter la disposition constitutionnelle en cause, d'où un risque de conflit avec une interprétation différente que donnerait le Conseil constitutionnel. Ensuite, lorsqu'est constatée l'abrogation postérieure de la loi non par une disposition formelle de la Constitution mais par un principe non écrit dans la Constitution, la situation est encore plus difficile. C'est pourquoi le juge administratif ne constate l'abrogation implicite d'une loi par une disposition constitutionnelle postérieure que si celle-ci est évidente ou incontestable (9 oct. 1959, *Taddéi* ; 7 déc. 1973, *Le Couteur et Sloan* ; 22 janv. 1988, *Assoc. «Les Cigognes »* [*a contrario*] ; ord. référés 21 nov. 2005, *Boisvert* [*a contrario*] ainsi que la présente décision).

SOCIÉTÉ ARCELOR ATLANTIQUE ET LORRAINE ET AUTRES

CE, Ass. – 8 février 2007 (Rec. 56, concl. M. Guyomar)

Un décret pris pour l'application de dispositions législatives du code de l'environnement était argué d'inconstitutionnalité par les sociétés requérantes : il portait atteinte à plusieurs principes à valeur constitutionnelle, dont le principe d'égalité. Or ce texte se bornant à transposer une directive communautaire, il était demandé au juge d'apprécier la constitutionnalité d'une directive communautaire. Sa réponse est d'une grande importance théorique et pratique.

I. Les données du problème

Depuis la décision *Sarran** (Ass., 30 oct. 1998 ; 3 déc. 2001, *Synd. nat. de l'industrie pharmaceutique*), est affirmée la suprématie de la Constitution sur les textes internationaux y compris communautaires. Par ailleurs, une fois entrée dans l'ordre juridique interne, la disposition de droit international ne peut plus être contestée même par voie d'exception (principe *pacta sunt servanda* : 14è alinéa du préambule de la Constitution de 1946 et CC, 92-308 DC, 9 avr. 1992, *Maastricht II*). Cette immunité couvre, normalement, outre les traités et autres engagements internationaux, les actes pris directement et nécessairement pour l'exécution de ces traités ou engagements (Sect. 13 mars 1964, *Vassile* ; 3 nov. 1999, *Porteurs de titres russes*). Cependant, l'importance du droit dérivé communautaire soulève la question de savoir s'il faut lui réserver un sort particulier en ce domaine. Le Conseil d'Etat répond en ménageant un subtil équilibre entre primauté de la Constitution et respect des exigences communautaires.

II. Une solution audacieuse et bien venue

Pour la première fois, le juge administratif combine les art. 55 et 88-1 de la Constitution dont il déduit, d'une part (art. 55), la suprématie de la Constitution, dans l'ordre interne, sur les engagements internationaux, d'autre part (art. 88-1), une obligation constitutionnelle de transposition des directives. De là l'existence d'un contrôle de constitutionnalité des actes réglementaires assurant directement la transposition des directives. Quand sont transposées des directives aux dispositions précises et inconditionnelles et qu'est invoquée la méconnaissance, par le règlement assurant la transposition, d'une disposition ou d'un principe de valeur constitutionnelle : 1°) le juge doit déterminer s'il existe une règle ou un principe général du droit communautaire qui, tel qu'interprété par le CJUE, est substantiellement équivalent à la disposition ou au principe constitutionnel dont la violation est alléguée ; 2°) en cas de réponse positive, le juge doit vérifier si la directive que ce décret transpose est conforme à cette règle ou à ce principe général communautaire. En l'absence de difficulté sérieuse, le moyen sera écarté par le juge français. En cas de difficulté, la CJUE sera saisie d'une question préjudicielle, sa réponse s'imposant au juge national, comme cela s'est produit en l'espèce (CJCE, 16 déc. 2008, S[té] *Arcelor* ; CE, 3 juin 2009, S[té] *Arcelor*) ; 3°) en cas de réponse négative (le droit communautaire ne contenant pas de disposition ou de principe garantissant l'effectivité du respect de la disposition ou du principe constitutionnel invoqué), le juge examinera la constitutionnalité de la directive à travers le contrôle du règlement national. Ceci atteste la recherche d'un équilibre délicat entre les pouvoirs respectifs du Conseil d'État et de la CJUE.

SOCIÉTÉ TROPIC TRAVAUX SIGNALISATION
CE, Ass. – 16 juillet 2007 (Rec. 360, concl. D. Casas)

Cette décision constitue une illustration particulièrement remarquable d'une tension permanente entre deux logiques : celle qui pousse à faire produire tous ses effets au principe de juridicité, et donc à la construction de l'État de droit, sans égard pour les situations individuelles atteintes par les effets de celle-ci, et celle qui pousse à atténuer la puissance des exigences de respect du droit pour faire une certaine place aux situations individuelles déjà existantes et, généralement, constituées en toute bonne foi sous l'empire des règles et principes alors en vigueur. L'arrêt commenté se situe dans une importante lignée jurisprudentielle d'affaiblissement de la force du principe de légalité au profit de la sécurité juridique.

I. L'inexorable ascension de la sécurité juridique

Le souci de la sécurité des relations juridiques est ancien (non-rétroactivité des actes administratifs et des lois, exigences de publicité des actes juridiques, etc.). Par ailleurs, le juge, lorsqu'il contrôle le respect de la hiérarchie des normes, se place au jour où a eu lieu le comportement prétendu irrégulier. Ainsi, l'acte annulé, censé n'avoir jamais existé, est anéanti pour le passé, ainsi que toutes les situations constituées sur la base de cet acte. Ceci peut aboutir à un véritable séisme juridique (droit de la fonction publique, concours et examens, cas des actes successifs s'emboîtant les uns les autres). Devant ces inconvénients, le juge décide de moduler dans le temps les effets des annulations qu'il prononce (11 mai 2004, *Assoc. AC ! et autres* * ; 12 déc. 2007, *Sire*) et même de certains jugements de rejet (27 oct. 2006, *S*[té] *Techna*), ainsi que des injonctions (11 déc. 2006, *Mas*). Il voit dans la *sécurité juridique* un principe général du droit (24 mars 2006, *S*[té] *KPMG et autres* ; 30 mars 2007, *S*[té] *ENEL*). Puis, il décide – lorsque, à un certain moment, cela porterait une « atteinte excessive » à l'intérêt général comme aux droits fondamentaux de certains administrés – de limiter dans le temps la faculté d'exercer son pouvoir d'annulation (6 avr. 2007, *Blondeau*) ou le droit pour un requérant de saisir le juge d'une illégalité (16 janv. 2008, *Hahn*).

II. La sécurité juridique et les revirements de jurisprudence

L'arrêt commenté apporte à son tour une pièce majeure à l'édifice en choisissant de ne pas donner, dans certains cas, une portée rétroactive aux revirements de jurisprudence, consacrant, à la suite de la Cour de cassation (Plén. 21 déc. 2006), les revirements pour l'avenir. Il s'agit par là d'échapper aux inconvénients d'une jurisprudence à portée exclusivement rétroactive, qui aboutit à censurer des actes accomplis à une époque où cette jurisprudence n'existait pas en leur reprochant de n'avoir pas été conformes, par anticipation, à ce qu'allait être la jurisprudence nouvelle et future.

Cette solution est conforme à celle adoptée par nombre de juridictions européennes et par la CJUE. Cependant, le déplacement du curseur a peut-être aujourd'hui tendance à aller trop dans le sens des situations subjectives au détriment de l'État de droit, la sécurité juridique prenant nettement le pas sur le respect du droit.

FÉDÉRATION NATIONALE DE LA LIBRE PENSÉE ET AUTRES
CE, Ass. – 9 juil. 2010 (Rec. 268)

L'art. 53 de la Constitution énumère ceux des traités ou accords dont la ratification ou l'approbation doit faire l'objet d'une autorisation législative. L'examen de leur constitutionnalité est assuré par le Conseil constitutionnel à travers le contrôle de la loi d'autorisation. Les autres traités sont intégrés dans l'ordre juridique interne par décret : comment assurer en ce cas le contrôle de constitutionnalité de ces traités ? La signature d'un accord international entre la France et le Saint-Siège relatif à la reconnaissance mutuelle de diplômes universitaires donne l'occasion au Conseil d'État d'examiner cette très délicate question, qui met en jeu la primauté de la Constitution.

I. Le contrôle du juge administratif sur les traités ou accords introduits par décret

Selon la décision commentée, quand un accord international, qui ne relève pas des dispositions combinées des art. 53 et 54 de la Constitution, est introduit dans l'ordre interne français par décret, l'étendue du contrôle du juge administratif est la suivante. Saisi d'un recours pour excès de pouvoir contre le décret de publication d'un tel accord, il lui revient d'apprécier, d'une part, l'existence éventuelle de vices propres à ce décret, d'autre part, si cette introduction en droit interne aurait du être effectuée par une loi de ratification ou d'approbation au regard de l'art. 53 de la Constitution. Sur ce dernier point, il est ici jugé que l'expression traité ou accord «*modifiant des dispositions de nature législative* » au sens de l'article 53, désigne tout accord international intervenant dans des matières réservées à la loi ou affectant le contenu de dispositions de forme législative. En revanche, le juge administratif, comme cela est normal, ne vérifie pas la conformité du traité ou de l'accord à la Constitution, d'où une interrogation sur la portée de la primauté de la Constitution.

II. La portée de la primauté de la Constitution sur les traités

La détermination de la place du traité est importante car il est, à certaines conditions, supérieur à la loi (art. 55) et il est devenu une source majeure de notre droit interne. Si l'art. 54 permet de soumettre à un contrôle préventif de constitutionnalité les traités devant être autorisés par une loi (art. 53), il est muet sur l'application de ce contrôle aux traités introduits dans l'ordre juridique français par décret. Ceci n'a d'ailleurs pas empêché le Conseil d'État d'exercer un certain contrôle : sur l'existence réelle de la ratification (16 nov. 1956, *Villa*) ou sur sa régularité (18 déc. 1998, *SARL du parc d'activités de Blotzheim*). Ici, il était proposé au juge administratif, par les requérants, d'exercer lui-même un contrôle de constitutionnalité sur cette seconde catégorie de traités. La réponse négative donnée à cette invite ne surprend pas même si elle laisse sans contrôle des traités pourtant soumis – théoriquement – à la Constitution (30 oct. 1998, *Sarran et autres*) ; le Conseil d'État ne saurait sortir de son rôle pour combler un vide juridique résultant directement de la Constitution. De plus, une fois ratifiés, les traités relevant de l'art. 53 ne peuvent plus faire l'objet d'un contrôle, même indirect, par le Conseil constitutionnel, comment justifier que le juge administratif ait, lui, un tel pouvoir à l'égard des traités non visés à cet art. 53 ? Que deviendrait en ce cas le principe constitutionnel « *pacta sunt servanda* » ?

Mme SALEH ET AUTRES
CE, Sect. – 14 octobre 2011

Des femmes de ménage employées par l'ambassade du Koweït à Paris, obtiennent du juge judiciaire la condamnation de cet État à leur verser des salaires impayés. En raison de l'inexécution de la décision de justice par le Koweït, elles tentent d'en obtenir l'exécution forcée. Celle-ci est impossible en raison du privilège coutumier d'immunité d'exécution dont bénéficient les États pour les actes qu'ils accomplissent à l'étranger. Les intéressées saisissent donc le juge administratif d'une action en responsabilité contre l'État français du chef de l'incorporation dans son droit interne de règles traduisant une coutume internationale, incorporation qui, ici, est dommageable.
Se posaient deux questions importantes : celle de l'invocabilité et donc de l'applicabilité de la coutume internationale en droit interne (I), celle du régime de réparation des dommages résultant de l'application de cette coutume (II). Les réponses données par le Conseil d'État traduisent la montée en puissance du droit international parmi les sources du droit administratif.

I. Application de la coutume internationale en droit interne

Pour échapper à ses obligations, le Koweït invoquait une règle coutumière du droit international, celle de l'immunité d'exécution, qui empêche toute voie d'exécution forcée contre un État. Le Conseil d'État doit, d'une part, constater son existence, d'autre part, en vérifier l'applicabilité en France. Sur l'existence même de la coutume, le juge n'a aucune hésitation et n'essaie même pas d'en faire la démonstration : l'immunité d'exécution pour les actes que les États accomplissent à l'étranger est une évidence. Pour dire cette coutume applicable en France, le juge recourt au préambule de la Constitution de 1946 par lequel la France affirme se conformer aux « règles du droit international ». L'immunité d'exécution prévue par la loi du 9 juillet 1991, traduit cette exigence constitutionnelle. Le dommage qui résulte de l'application, à la victime d'un dommage, de cette disposition législative découle directement de la coutume internationale ainsi transposée et ouvre droit à réparation.

II. La responsabilité du fait de la coutume internationale

La responsabilité de l'État à raison de ses engagements internationaux est, classiquement, une responsabilité non fondée sur la faute. La victime se borne à établir un lien de causalité entre une stipulation ou un principe découlant d'un tel engagement et le dommage dont elle sollicite réparation. Celle-ci est acquise sans qu'il soit besoin de prouver le caractère fautif de la souscription d'un tel engagement.
Fallait-il étendre ce système au dommage résultant d'une coutume internationale ?
En réalité le Conseil d'État avait, à plusieurs reprises indiqué, implicitement certes mais nécessairement, qu'il n'était pas hostile au principe d'une telle responsabilité sans faute à prouver même si tous ses arrêts ont été jusque-là de rejet (Sect. 23 oct. 1987, *S^{té} Nachfolger navigation company**; 4 oct. 1999, *Synd. copropriétaires du 14-16 boulevard Flandrin*, surtout, Ass. 6 juin 1997, *Aquarone*). Ici, il affirme, positivement cette fois, qu'en vertu du principe d'égalité devant les charges publiques, le dommage résultant de l'application d'une règle coutumière du droit international engage la responsabilité de l'État lorsque celui-ci est grave et spécial.

Index alphabétique des notions

Nota : les numéros renvoient aux pages.

C

E

F

G

M

N

O

Q

R

S

T

Dans la même collection :

Droit, Politique

7 *Les institutions de la Ve République* (Ph. Ardant)

9 *La fiscalité en France* (P. Beltrame)

12 *Introduction à la science politique* (J.-M. Denquin)

16 *Introduction à l'étude du droit* (J.-C. Ricci)

17 *La Constitution commentée, article par article* (S.-L. Formery)

18 *Finances publiques de l'État - La LOLF* (J. Mekhantar)

19 *Les collectivités territoriales en France* (E. Vital-Durand)

22 *Contentieux administratif* (D. Turpin)

34 *Philosophie politique / 1. Individu et société* (M. Terestchenko)

35 *Philosophie politique / 2. Éthique, science et droit* (M. Terestchenko)

46 *Droit administratif* (J.-C. Ricci)

47 *Mémento de la jurisprudence administrative* (J.-C. Ricci)

48 *Les grands textes constitutionnels de la France* (S.-L. Formery)

57 *Introduction au droit de l'Union européenne* (J. Dutheil de la Rochère)

75 *Mémento des institutions politiques françaises* (E. Vital-Durand)

86 *Droits fondamentaux et libertés publiques* (J.-M. Pontier)

121 *Droit des sociétés* (J. Bonnard)

129 *Droit du travail* (M. Le Bihan-Guénolé)

132 *Droit pénal général* (P. Canin)

137 *Droit des entreprises en difficulté* (J. Bonnard)

144 *Droit commercial* (P. Canin)

148 *Droit civil / Les obligations* (P. Canin)

156 *Droit civil / Les biens* (R. Desgorces)

161 *Quel droit pour l'environnement ?* (S. Maljean-Dubois)

173 *Mémento de Droit des sociétés : le juge et la société* (J.-L. Navarro)

178 *Mémento de la jurisprudence de la CDEH* (Y. Lécuyer)

179 *Droits et libertés constitutionnels* (Ph. Blanchèr, J.-É. Gicquel, P. Jan)

180 *La QPC* (M. Verpeaux)